Klaus Farin / Leo A. Müller

Die Wende-Jugend

rororo

Rowohlt

rororo aktuell – Herausgegeben von Freimut Duve

Originalausgabe
Redaktion Klaus Humann

Veröffentlicht im Rowohlt Taschenbuch Verlag GmbH,
Reinbek bei Hamburg, Dezember 1984

Umschlagentwurf Werner Rebhuhn (Foto des Basisgruppentreffens
der Schüler Union Bremerhaven: Reinhard Janke/argus)
Satz Times (Linotron 202)
Gesamtherstellung Clausen & Bosse, Leck
Printed in Germany
1080-ISBN 3 499 15527 3

Inhalt

Vorwort

Bonn, im Herbst 1983. In einer jener Kneipen, in der Journalisten, Parlamentarier und politische Mitarbeiter aus Ministerien und Parteien gerne unter sich sind, sitzen einige junge Journalisten beim Bier. Ein Rundfunkkorrespondent mit linkem Image, Demo-erprobt durch viele Reportage-Einsätze in der linken Szene, und ein *TAZ*-Korrespondent, der sich regelmäßig in der Bundeshauptstadt aufhält, plaudern über jüngste Neuigkeiten in der Friedensbewegung. Das Inside-Gespräch wird erst richtig interessant, als die beiden Redakteure das Thema wechseln: Heiner Geißler. «Irgendwie fasziniert mich der Geißler», erzählt der *TAZ*-Reporter. «Der ist eigentlich nur auf der falschen Seite.»

In dem folgenden Gespräch im Kneipendunst erklärt der junge *TAZ*-Mann seine Faszination. Er ist noch neu in der Bonner Szenerie, machte hier – mit großem Interesse – zum erstenmal Erfahrungen mit Unionspolitikern. Er ist nach Bonn gekommen, weil er «die Wende richtig verstehen will». Denn der Alternativjournalist hat sich «vorher» nicht für die Konservativen im Lande interessiert. Seinem Blatt war die Unionspolitik kaum eine Zeile wert. Wichtig waren der Häuserkampf, die Entwicklung der Grünen und anderer alternativer Bewegungen, der Streit mit der SPD usw. In einem sozialdemokratisch regierten Bundesland aufgewachsen, linke Sozialkundelehrer immer als Selbstverständlichkeit erlebt, politisch sozialisiert in der Reformphase der sozialliberalen Koalition, brach «die Wende» wie eine Naturkatastrophe auf den jungen Szene-Journalisten ein. Das Programm der Wende, das Politikverständnis der Unionspolitiker und deren politische Kultur konnte er nicht verstehen.

Wie dem *TAZ*-Korrespondenten erging es vielen jungen Liberalen und Linken in der Szene, aber auch anderen Gegnern der Bonner Wende. So wie die Jugendkultur generell in verschiedene Szenen und Gruppen gespalten ist (Alternative, Punks, Skins, Popper usw.), so haben auch progressive Jugendliche nichts mit konservativen Jugendlichen gemein. Sie besuchen oftmals andere Schulen, haben andere Freizeitinteressen und Treffpunkte, eine andere Literatur und andere Umgangsformen. Ihr Wissen über «die Rechten» ist von simplen Klischees geprägt, wie sie in der eigenen Szene kolportiert werden. Schon so mancher brave Jungunionist wurde auf diese Weise zum «rechtsradikalen Neonazi». Die Medien transportieren vor allem intensiv Analysen über jene Jugendlichen, die durch ihre aggressiven, protestierenden

Ausdrucksformen in der Gesellschaft auffallen. Doch über die «positive Jugend», wie Heiner Geißler seine junge Gefolgschaft nennt, findet man selten einen kritisch untersuchenden Beitrag.

Dieses Buch soll dabei mithelfen, das Defizit zu beseitigen, um konservatives Denken und Handeln des politischen Nachwuchses zu verstehen. Ohne den Anspruch einer vollständigen Analyse zu erheben, soll ein Ausschnitt der «Wende-Jugend» vorgestellt werden. Die verschiedenen Fraktionen, Gruppen und gesellschaftlichen Sektoren der jungen konservativen Welt sollen an Hand exemplarischer Porträts von Akteuren präsentiert werden.

Wie sich der Einstieg in die konservative Politik vollzieht, beschreibt Julia, eine Schülerin an einem streng konservativen Nonnen-Gymnasium, im Streitgespräch mit einer sich selbst liberal einstufenden Mitschülerin und einem 17jährigen Jungsozialisten: «Ich will jetzt in die Junge Union eintreten.»

Wer erst einmal in die CDU-Jugend aufgenommen worden ist, wird schon sehr bald mit den politischen «infights» der Partei-Jugendorganisation konfrontiert. Da geht es schon an der Basis um Posten und Funktionen, um die Karriere in der Partei, in Redaktionen oder im Staatsapparat. Wie dabei mit politisch Andersdenkenden und selbst mit braven Kritikern umgegangen wird, erzählt Eberhard Kohlhas, ein Jungunionist aus dem Main-Taunus-Kreis.

Einer, der es schon fast geschafft hat, plaudert heute über seinen politischen Werdegang ganz in der Art, wie seine um 30 oder 40 Jahre älteren Parteifreunde über ihren Karriereweg berichten. Peter Stefan Herbst war immerhin schon mit 17 Jahren Mitarbeiter im Bundestag und Bundessprecher der Schüler Union. Eines ist dem jungen Unionspolitiker klar: «Ein Weg nach oben soll's schon sein.»

In zahlreichen Begegnungen und Gesprächen mit Mitgliedern der Jungen Union, ob in Bonn oder an der «Basis», auf Landesversammlungen, bei Kundgebungen, Seminaren und Klausurtagungen – überall sind wir auf Mitglieder gestoßen, die bei einem Glas Bier, manchmal nur hinter vorgehaltener Hand, ähnliche Pläne äußerten. Die Karrierewünsche und das Profilierungsbestreben zahlreicher Jungfunktionäre bestimmen oftmals in kaum vorstellbarem Ausmaß die Aktivitäten der rechten Jugendverbände.

Besonders hart werden diese Machtkämpfe seit eh und je in Berlin ausgetragen. Organisierte «Massenaustritte», Polizeieinsätze nach handgreiflichen Auseinandersetzungen zwischen Mitgliedern des «Reformflügels» und solchen der «Betonfraktion», aber auch rechtsradikale Vorfälle und der Ruf nach dem «ganzen Deutschland» bestimmen heute das Bild der Unionsjugend in der Mauerstadt. Wir sprachen mit drei Exponenten dieser Auseinandersetzungen.

In Hamburg trafen wir Markus Rapp, einen 18jährigen Unternehmersohn und eifrigen Verfechter der Idee einer autoritären Leistungsgesellschaft. Eine «geistige Wende» habe es bisher nicht gegeben, klagt er, und auch das vorrangige Ziel der Schaffung einer «neuen Elite» werde selbst von der Unionsjugend nur zögernd in Angriff genommen.

Die Politik der offiziellen Union ist vielen ihrer jugendlichen Anhänger zu «liberal», zu «lasch». Sie fordern unverblümt: Kommunisten raus aus dem Staatsdienst, Ausländer raus aus Deutschland, «Besatzer» raus aus «Mittel- und Ostdeutschland» ... Torsten Wüst, wie wir ihn nennen wollen, hat uns offen und eindeutig aufs Tonband erzählt, was er von Kommunisten und Ausländern hält und wie er die Sache anpacken würde. Vier Wochen später – wir hatten ihm seinen Text wie allen Gesprächspartnern zur Autorisierung zugeschickt – kamen ihm Bedenken. Per Einschreiben und Rückschein drohte er im Falle einer Veröffentlichung mit juristischen Konsequenzen. Zum Inhalt des Gesprächs könne er weiterhin stehen, begründete er seine Sorgen zuvor am Telefon, «aber ob das gut für mich ist, wenn das jetzt so in der Öffentlichkeit publiziert wird ...»

Bereits vor drei Jahren formierte sich eine neue Sammlungsbewegung mit dem erklärten Ziel, die Union nach rechts zu drängen, um eine «wirkliche Wende» zu erreichen. Die aggressive Politik dieser «Konservativen Aktion» (KA) der Strauß-Freunde Ludek Pachman, Joachim Siegerist und Gerhard Löwenthal wurde recht bald sogar gestandenen Unionspolitikern zu peinlich. «Gegen Kommunisten, Chaoten, Aussteiger und Asoziale» lautet ein Schlachtruf der konservativen Aktivisten, den sie in entsprechend aggressiven Kampagnen und Aktionen vertreten. Die «Volksparteienmentalität» auch der Union widert sie an. So entflammt immer wieder in ihren Reihen die Idee einer eigenen Parteigründung. Doch noch scheint ihnen die Zeit dafür nicht reif zu sein – ein eigener Jugendverband existiert jedoch bereits. Die in der Regel 14–18jährigen Kämpfer der «Konservativen Jugend Deutschlands» (KJD) bilden heute das wichtigste Kaderpotential dieser aktionsorientierten «Bewegung für Deutschland».

Wir sprachen mit zahlreichen Aktivisten dieses jungen Kampfbundes, vereinbarten Interviews mit dem 18jährigen «Bundesvorsitzenden» Michael Stange sowie mit Berliner Aktivisten.

Diese Gesprächsbereitschaft der jungen Konservativen führte zu heftigen Konflikten mit dem KA-Bundesvorstand. Joachim Siegerist, Chefreporter im Springer-Verlag und Geschäftsführer in der Hamburger KA-Zentrale, intervenierte. Die Interviews waren damit «gestorben».

Ebenso öffentlichkeitsscheu zeigte sich ein Verein, der sich zur Zeit den harmlosen Namen «Stiftung politische und christliche Jugendbildung e. V.» zugelegt hat und bereits seit zehn Jahren unter wechselnden Bezeichnungen («Arbeitskreis für Freiheitliche Gesellschaftspolitik» oder «Jugendarbeit '80») in geheimbundartiger Manier versucht, «letztgültige Wahrheiten in praktische Politik umzusetzen». Das allerdings so erfolgreich, daß zeitweise ganze Landesverbände der Schüler Union und zahlreiche Kreisverbände der Jungen Union von «Mitarbeitern» dieses «Lebensbundes» dominiert wurden. Die Junge Union faßte bereits 1976 einen Unvereinbarkeitsbeschluß zu dieser Vereinigung, konkrete Folgen für die Betroffenen ergaben sich daraus bisher jedoch nicht. Da es uns nicht möglich war, Mitarbeiter dieses Bundes zu öffentlichen Aussagen in Form von Interviews zu bewegen, dokumentieren wir die Aktivitäten dieser Vereinigung an Hand interner Unterlagen: Korrespondenzen und Rechenschaftsberichte, Protokolle von «Führungsseminaren» und «Bundesversammlungen», aber auch parteiinterner Gutachten, mit denen liberale Kräfte innerhalb der Jungen Union auf die Gefahr der «Unterwanderung» aufmerksam machten.

Andreas Domeyer, einer unserer Berliner Interviewpartner, hat wie viele junge Unionspolitiker schon in etlichen konservativen Organisationen mitgemacht: bei Seminaren der «Jugendarbeit '80» war er stets ein gern gesehener Gast, in der Konservativen Aktion hatte er ebenso Funktionen inne wie in Schüler Union und Junger Union. Als Schülerzeitungsredakteur stieg er sogar bis in den Bundesvorstand des «Dachverbandes der Jugendpresse» (DdJ) auf. Der DdJ ist eine der vielen Organisationen, die sich um den rechten Medien-Nachwuchs kümmern. Eine zweite nennt sich «Initiative Jugendpresse» (IJP). Trotz des gemeinsamen großen Zieles, für die kommende «Medien-Wende» den notwendigen journalistischen Nachwuchs zu rekrutieren, bekämpfen sich die beiden. Sie konkurrieren um die Gunst prominenter Unionspolitiker.

Im Interview erläutern die Vorsitzenden Martin Lessenthin (DdJ) und Frank-Dieter Freiling (IJP) ihr Weltbild. Interessante Details aus der Praxis ihrer Arbeit kamen bei unserer Hintergrundrecherche ans Tageslicht. Wir dokumentieren interne Zusammenhänge und die Intrigen dieser auf Karriere bedachten jungen Leute.

Die Jugend spielt in konservativen Vereinigungen und Organisationen oft eine ganz besondere Rolle. Anders als in Vereinen und Parteien der Linken werden die politisch aktiven Jungmitglieder in den

Unionsparteien, aber auch in den vielen Sammlungsbewegungen der Rechten von den Alten gezielt gefördert. In väterlicher Umsorgung kümmern sich die alten Herren und erfahrenen Politiker in den konservativ beherrschten Institutionen um ihren Nachwuchs – vorausgesetzt, er muckt nicht auf. Bernd Posselt, Vorsitzender der Paneuropa-Jugend Deutschlands, Assistent des Kaisersohnes Otto Habsburg, erzählte über diese politische Fürsorge und über seine eifrige «Activitas».

Christoph Böhr, der Vorsitzende der Jungen Union, gilt in der Parteijugendorganisation als «Liberaler». Der Jungpolitiker machte erstmalig von sich reden, als er auf dem Stuttgarter Parteitag der CDU die Amnestiepläne seiner älteren Parteifreunde hart kritisierte. Nach der Wende hat er nun die Aufgabe übernommen, seiner Jugendorganisation ein neues Profil zu geben. Die Junge Union hat ihre Rolle als Jugendverband einer Regierungspartei noch nicht bestimmt. Ein Porträt des JU-Vorsitzenden und ein Interview beschreiben das Selbstverständnis der «liberalen» Kräfte.

Norman Rentrop, erfolgreicher Jungunternehmer in Bonn, interessiert die große Politik (noch) nicht. Seine Lebensphilosophie ist vor allem auf das große Geschäft fixiert. Obwohl er sich über seinen Umsatz nicht beschweren kann, mit den Ergebnissen der Wende ist er noch nicht zufrieden. Er will mehr, etwa soviel wie Margaret Thatcher in Großbritannien bietet. Im Gespräch plaudert Norman Rentrop über seine politische und geschäftliche Philosophie.

Eigens für die Durchsetzung der Wende wurde ein neuer Jugendverband geschaffen. Wie die «Jungen Liberalen» ihre Organisation aufbauten, welche Ziele sie dabei verfolgten, darüber klärt ein eigenes Kapitel auf. Unser Gesprächspartner Christian Münter war von Anfang an dabei, er gehörte zu den Initiatoren der «Julis» und sorgte auch mit seiner Berliner Truppe beim Gründungskongreß in der Bad Godesberger Stadthalle für den ersten großen Eklat.

Viele Monate recherchierten wir in den Jugendorganisationen der FDP und der Union, in den rechten Sammlungsbewegungen und den Vorfeldorganisationen. Wir führten Dutzende Interviews, werteten unzählige, größtenteils interne Dokumente aus, besuchten Kundgebungen und Aktionen, Delegiertentreffen und Mitgliederversammlungen, «workshops» und einfache Seminare an der «Basis».

Doch nicht immer gestaltete sich die Arbeit für dieses Buch einfach. Mehrere Interviews konnten nicht gedruckt werden, weil die Gesprächspartner mit allen ihnen zur Verfügung stehenden juristischen Mitteln die Veröffentlichung untersagten.

Ein Grund dafür war eine Rufmord-Kampagne, die Funktionäre

aus dem konservativen Lager entfachten, nachdem sie von unseren unbequemen Recherchen erfuhren. Ein Interviewpartner legte vor dem Gespräch ein Dossier mit Presseberichten von und über uns auf den Tisch. «Damit ihr wißt, daß auch wir recherchiert haben.»

«Stimmt die Behauptung, daß Sie in der DKP sind?» fragte ein Berliner Gesprächspartner in dankenswerter Offenheit. Ein nordrhein-westfälischer Jugendpressefunktionär hatte ihm telefonisch diese Falschinformation «gesteckt», nachdem dieser von unseren Interviewplänen erfahren hatte. Auf Nachfrage hin bestätigten auch weitere Gesprächspartner und JU-Aktivisten in Berlin, Hamburg und Nordrhein-Westfalen, daß sie ebenfalls von diesem konservativen Jugendpressefunktionär, über dessen Aktivitäten wir zu recherchieren begonnen hatten, «gewarnt» worden seien. «Keine Interviews, keine Informationen», legte er seinen jungen Freunden «dringendst» nahe.

Dennoch haben viele aktive Jugendliche aus dem konservativen Lager bei der Arbeit an diesem Buch mitgeholfen. Ohne die Bereitschaft zur intensiven Diskussion mit uns und zur Bereitstellung auch interner Informationen wäre eine differenzierte Einschätzung der verschiedenen Strömungen innerhalb der «Wende-Jugend» – vom humanistisch orientierten Liberalen bis zu deutschnationalen Konservativen – nicht möglich gewesen.

Wir hoffen, daß wir mit diesem Buch nicht nur den im Jugendbereich politisch Engagierten beim Verständnis und bei der Beurteilung der «Wende-Jugend» helfen können.

Berlin und Wiesbaden
im Oktober 1984

Klaus Farin
Leo A. Müller

SU
Aufwärts mit Deutschland
Mit uns für Europa
CDU
SÜ
1.

Mit der
Bafög
Höchstsatz
620,-

gend
onstration 22.11.'81

«Einsteigen statt aussteigen»

Porträt einer «positiven Jugend»

«Die neue Generation hat weiß Gott keine Ähnlichkeit mehr mit den Lemmingen, jenen seltsamen Tieren, die sich ohne Not von hohen Felsen in den Tod stürzen. Solche Mentalität hatte die Apo-Generation. Aber die ist nun runtergestürzt und somit nicht mehr da.

Da ist: eine neue, leistungswillige, positive Jugend – ob einem das nun paßt oder nicht. Es ist die ‹Jugend der Wende›, wie *Stern* und *Spiegel* spotten werden. Was aus jungen Menschen, die auf so altmodische Dinge wie Disziplin und Etikette setzen, einmal wird, bleibt abzuwarten. Aber mehr als aus ihren Vorgängern allemal.»

Die «Wende-Jugend» als neuer Hoffnungsträger für die Konservativen im Lande, die sich von der Apo-Generation in den vergangenen Jahrzehnten zu sehr gebeutelt fühlten. Vorbei soll es nun sein mit der kritischen Grundhaltung «der Jugend», vorbei mit der politischen und kulturellen Opposition der Jugendlichen, vorbei mit den Straßenschlachten der unzufriedenen Generation. Es klingt ein wenig wie ein Wunschbild, was der Reporter Joachim Lottmann im Februar 1984 in der *Bunten* über die bundesdeutsche Jugend schrieb. Seine Serie, begonnen mit dem Titel «Im Takt und auch intakt», schildert ein Glanzbild der «positiven deutschen Jugend». Im Schwarzweiß-Schema werden schon in den Fotos und Bildtexten «Jugend heute» und «Jugend früher» kontrastiert:

«Früher: Haltlose Jugendliche irrlichtern durch die Stadt. Beruf und Leistung sind ihnen vergällt.

Heute: Ein Junge küßt seiner Tisch-‹Dame› die Hand.

Früher: ‹Alles egal, prost!› Junge Leute flohen in den Alkohol.

Heute: Drei frische ‹Popper› fühlen sich wohl in ihrer Haut und in ihren Klamotten.»

Bettina, eine 25jährige Malerin aus Düsseldorf, ist eine der Vorzeige-Jugendlichen in Joachim Lottmanns *Bunte*-Serie. «Bettina

Semmer gehört zu einer neuen, zupackenden Generation, zur ‹Jugend mit Biß›. Sie ist typisch für eine breite Mehrheit der jungen Leute, die nicht mehr rummäkeln und kritisch verharren will.» Die Illustrierte zeigt ein Foto von Bettinas Stammlokal, dem Düsseldorfer «Tamara's», einem jener «geometrisch schicken New Wave-Lokale aus Chrom und Glas», in denen die neue Generation «ihr karges Taschengeld in Sekt und Cola investiert». Das ist die Wunsch-Jugend der konservativen Meinungsmacher: «Wir, die Einsteiger. Jugend '84: Immer mehr junge Leute glauben an die Zukunft. Was sie wollen, ist nicht wenig: Werte, Wissen, Wohlstand.»

Befriedigt registriert der *Bunte*-Reporter, wie die jahrelang von jungen Menschen erkämpften politischen Veränderungen bei seiner neuen Generation nur noch ein Achselzucken hervorbringen: «Emanzipation? Ihr Gesicht verzieht sich, ihr Pferdeschwanz wippt mädchenhaft. Emanzipieren mußte sie sich nur von den ‹armen Künstlern›, von der lähmenden Attitüde der ‹brotlosen› und somit ‹guten› Kunst. Heraus wollte sie aus dem Milieu der Versager, der Kaffeehauskünstler, der ewigen Kunststudenten mit ihren depperten Diskussionen und dem gepflegten Phlegma. Zum Glück geht diese Welt – seit den Bafög-Kürzungen – von selbst den ‹Bach runter›.»

Joachim Lottmanns Einsteiger-Typen:

- Hagar Groeteke (16), Gymnasiastin mit immer neuen Berufswünschen: Immobilienmakler, Drehbuchredigeuse, Kamerassistentin. Sie «haßt ihre Lehrer», weil die immerzu Gesellschaftskritisches in den Unterricht bringen: «Mülldeponien, Aluminiumreste und Umweltskandale». Doch: «Bei der munteren Hagar fruchtet alle Agitation nicht. Für sie gibt es Interessanteres als Umweltskandale. ‹Ich will Geld verdienen. Ich will einmal zur James Bond-Premiere nach New York fliegen können!›»
- Andreas Mink (23), Student der Geschichte, Berufswunsch: Presseattaché im Auswärtigen Amt mit 6000 Mark im Monat. Lieblingslektüre: Bismarck, Clausewitz, Thomas Dehler. «Viele wissen leider nicht mehr, daß Deutschsein noch anderes ist als die Nationalmannschaft.»
- Oliver Blofeld (24), er «verdient ein Heidengeld mit selbstgeschriebenen Computerprogrammen». «Er strahlt die Zuversicht eines Öl-Erben aus: immer sonnig, unverbindlich, freundlich. Was kann ihm auch passieren? Die Zukunft gehört seinen Computern und ihm.»
- Eschi Fiege (22), genannt «Giggimaus». Sie managt ein neues Kabelfernsehprogramm mit dem beziehungsreichen Titel «Schön ist die Welt».

Die ideologischen Grundlagen der *Bunte*-Jugendlichen scheinen – trotz aller jung-dynamischen Vorbilder – wie aus einem Handbuch der Wende-Regierung entnommen. Die Familie wird wieder großgeschrieben, Frauen-Emanzipation spielt keine Rolle mehr, die alte Rollenverteilung stimmt wieder, soziale Leistungen des Staates («Almosen») sind unfein, jeder soll sein Geld selber verdienen. In dem *Bunte*-Report liest sich das so:

«Viele junge Leute suchen eine starke Anlehnung an die Eltern. Bei den Geschäftsfreunden des Vaters konversieren zu dürfen gilt als erstrebenswert. Sven Vikander (20), Hotellehrling: ‹Festliche Essen bei den Erwachsenen finde ich ausgesprochen interessant.› Erst redet man über Hotels, Reisen, Weine, dann mit den Vätern über Geschäfte, Länder, Präsidenten, über die ökonomische Lage. Die Damen absentieren sich, zwitschern lustig über Kleider. Ein Erlebnis. Noch aufregender sind die Partys im größeren Kreis. Mit allem Drum und Dran wie früher: gedruckte Einladung, Vorstellung, Tanz, Trinksprüche. Zehn bis zwölf solcher Partys hat Sven in den letzten vier Wochen mitgemacht. Am meisten gefallen ihm die ‹Damenreden›, fein gesponnene Liebenswürdigkeiten zu Ehren der anwesenden Damen. Klar, daß die jeweils per Tischkärtchen ihm zugeteilte Tischdame in ihm einen treuen Tänzer hat. ‹Manchmal bekommt man ein langweiliges Mädchen. Aber ich laß mir nichts anmerken.›»

Joachim Lottmanns Fazit: «Bei der Jugend ist wieder Stil gefragt. Und das ist nicht nur eine Äußerlichkeit. Überall treten selbst- und zielbewußte Mädchen und junge Männer an, um den verheerenden Schaden zu beseitigen, den die Null-Bock-Generation angerichtet hat.»

Es soll nun in den Medien und den Politiker-Reden nicht mehr so viel von den Problemen und Schwierigkeiten der jungen Generation gesprochen werden. Gesellschaftskritik, «Zukunftspessimismus» und Verständnis für die «No-future-Generation» steht nicht auf der Tagesordnung der Werte-Lieferanten von rechts. Kurz nach der Wende formulierte Bundespräsident Carl Carstens die neue Marschrichtung: Die Jugendlichen sollten sich nicht einreden lassen, daß das Leben ohne Sinn und Perspektive sei. Sie sollten sich vielmehr für konkrete Aufgaben und Ziele einsetzen. Jugendminister Heiner Geißler spricht gerne von der Jugend «in den Dörfern draußen», über «Jugend musiziert», oder über beispielhafte Verbände wie die Deutsche Sportjugend, das Jugendrotkreuz, den Christlichen Verein junger Männer, über die Landjugend: «Das ist der Erlebnisbereich junger Menschen», nicht die «sogenannte Friedensbewegung».

Gerd Langguth, Jahrgang 1946, zur Zeit der Studentenbewegung

Bundesvorsitzender des Ringes Christlich-Demokratischer Studenten (RCDS) und heute Direktor der Bundeszentrale für politische Bildung in Bonn, betitelt seine politikwissenschaftliche Studie über «die junge Generation» zufrieden: «Jugend ist anders.» Seine These: «Alles in allem ist aber die junge Generation viel weniger rebellisch, als es in der Presseberichterstattung erscheint.» Problemorientierte Betrachtungsweise, so empfiehlt er den Politikern in seiner Partei, sollte nicht mehr im Vordergrund stehen – denn das fördert nur den Protest der Jugendlichen: «Die junge Generation darf nicht nur von ihren Rändern her, von den (wenngleich auch erschreckenden) Daten zur Jugendkriminalität oder zum Drogenkonsum etc. her beurteilt werden. Nach wie vor sind die meisten Jugendlichen auch für Ideale zu gewinnen – wenn man sie nur anbietet. Auch diejenigen jungen Menschen müssen gesehen werden, die beispielsweise ein freiwilliges soziales Jahr leisten, die zur Bundeswehr gehen oder in Behinderten-Initiativen mitwirken. Die Jugend ist anders, als sie vielfach in den Medien dargestellt wird. Wenn hingegen nur auf Minderheiten geachtet wird, wird deren Protesthaltung verstärkt, und diejenigen werden letztlich entmutigt, die engagiert in unserer Demokratie mitarbeiten.»

«Es liegt heute auch in einem erheblichen Maße an jedem einzelnen, seine Zukunft im Rahmen unserer Gesellschaft selbst zu gestalten» – so sieht es auch Matthias Wissmann, der Ex-Bundesvorsitzende der Jungen Union, der seine Zukunft nun als Abgeordneter im Bundestag gesichert hat. Der dynamische Jungpolitiker bringt seine Lebensphilosophie auf eine klare Formel: «Einsteigen statt aussteigen!»

Er kann beruhigt in die Zukunft blicken, denn seine Basis wächst. Jene positive Jugend, wie sie sich der *Bunte*-Reporter, Geißler und Wissmann, Kohl und Carstens wünschen, dominiert in der Tat wieder das Bild der Schulhöfe und Diskotheken, der Tanzschulen und Sportcenter. Mit den «Alternativen», den «Langhaarigen», den «Freaks» und «Punks» haben sie nichts zu tun. Sie grenzen sich mit ihren Gruppen von «den anderen» ab. Sie besuchen andere Lokale, tragen andere Kleidung, reden über andere Themen.

Joachim ist ein «Alternativer», Julia gehört zu der frischmunteren Generation der «positiven Jugend», Tatjana steht ein wenig dazwischen, sie will sich nicht als Konservative bezeichnen lassen, deklariert sich selbst eher als Liberale. Aber wenn es um Grundpositionen geht, rüttelt sie nicht an ihrer konservativen Herkunft und Prägung. Drei Jugendliche aus Mainz, 16 und 17 Jahre alt, Schüler an konservativ orientierten Gymnasien, mit unterschiedlichem politischen Interesse, aber schon festgefügten Grundpositionen: Joachim (17) macht mit bei den Jungsozialisten und ist Mitherausgeber einer kritischen Schülerzeitung. Julia (16) besucht ein Mädchen-Gymnasium in einem Nonnenkloster. Sie kann sich vorstellen, auch einmal in der großen Politik aktiv zu sein, und will jetzt einsteigen: in die Junge Union. Ihre Mitschülerin Tatjana (17) verläßt nun diese Klosterschule, um ein noch strengeres Internat zu besuchen – auf ihren eigenen Wunsch hin. Mit Politik will sie nichts zu tun haben.

Tatjana und Julia, ihr geht auf eine Klosterschule. Spielt da Politik überhaupt eine Rolle?

JULIA: «Eigentlich nicht. Unsere Lehrer fordern, daß Politik nichts mit der Schule zu tun hat. Es wird vor allem von den anderen Schulen gesagt, daß zuviel Politik gemacht wird: Schulen gehen einheitlich auf Demonstrationen usw. Genau das wollen unsere Lehrer nicht, und auch ein großer Teil der Schüler.»

TATJANA: «Ich finde das auch ganz gut so. Diese unterschiedlichen Meinungen kann man ja unter keinen Hut bringen. Wenn man die Politik aus der Schule heraushält, können wir ohne Politik zusammenleben, ohne uns dauernd am Kopf zu haben. Das trägt dann auch zu einem guten Klima bei.»

Tatjana, du fällst im Sozialkundeunterricht dadurch auf, daß du auch schon einmal Kritik übst, mehr als deine Mitschülerinnen. Bist du die einzige?

TATJANA: «Die Julia meint: ja.»

JULIA: «Ja.»

TATJANA: «Aber wir sitzen mit vier Freundinnen in einer Ecke. Da bin ich zwar die einzige, die laut etwas sagt, aber die anderen motzen leise auch ganz schön. Ich wehre mich auch offen gegen die Sozialkundelehrerin, während die anderen das nicht machen.»

Um welche Themen geht es dabei?

JULIA: «Bei der Nachrüstungsdiskussion hast du viel gesagt.»

TATJANA: «Ja, das war eine heiße Diskussion.»

JULIA: «Und da warst du die einzige auf deiner Seite.»

TATJANA: «Ich habe aber nie den Eindruck, daß ich alleine dastehe. Mit meiner Sozialkundelehrerin habe ich schon öfters darüber gesprochen. Sie nimmt mich dann nach dem Unterricht beiseite und spricht ein ernstes Wort mit mir. Sie behauptet dann auch, ich würde mit meiner Meinung alleine stehen. Ich sage ihr immer wieder, daß das nicht stimmt. Ich bin der festen Überzeugung, daß ich nicht allein bin. Das macht mir auch Mut.»

JULIA: «Aber daß du in der Minderheit bist, das weißt du!»

TATJANA: «Ja gut, aber das macht mir nichts aus. Die Lehrerin hat ja die Pflicht, uns so objektiv wie möglich an die Themen heranzuführen. Sie kann aber dabei einiges unterschlagen und weist uns dadurch doch in eine Richtung. Ich denke, daß viele das gar nicht merken oder das einfach schlucken. Ich weigere mich, wenn ich spüre, daß sie uns in eine Richtung schieben will.»

Hast du das Gefühl, daß du von ihr benachteiligt wirst?

JULIA: «Mit dem ‹ordentlich hinsetzen›, da hat sie schon einen Kick auf dich, aber das hat sie auch bei anderen.»

TATJANA: «Sie haut mich fast jede Stunde an.»

JULIA: «Ja, wir dürfen unseren Kopf nicht aufstützen, dürfen unsere Beine nicht übereinanderschlagen ...»

TATJANA: «... und gerade sitzen halt ...»

Müßt ihr zu Anfang einer Unterrichtsstunde auch aufstehen?

TATJANA: «Ja, manche Lehrer verlangen das noch, auch in der Oberstufe.»

Kommt es auch vor, daß Schüler dich wegen deines kritischen Verhaltens im Unterricht kritisieren?

TATJANA: «Also im Unterricht nicht.»

JULIA: «Doch! Das weiß ich noch ganz genau. Da kam nämlich die Lehrerin danach zu mir und meinte: ‹wir müssen viel Geduld mit ihr haben.› Da hattest du im Unterricht gesagt, daß die Rechten alle wie eine Hammelherde irgend jemandem nachlaufen. Darauf hatte ich geantwortet, daß das umgekehrt sei. Bei einer Demonstration würden die Linken dasselbe tun.»

Tatjana, du willst jetzt die Schule wechseln. Warum?

TATJANA: «Nicht wegen der Lehrer, mit denen habe ich keinen Ärger. Ich habe zu vielen auch privaten Kontakt.»

Und zu der Klosterschule stehst du?

TATJANA: «Ja, absolut.»

JULIA: «Mich stört halt, daß es nur eine Mädchenschule ist. Aber sonst ist die Schule gut. Die Lehrer sind auch über den Unterricht hinaus bereit, sich um einen zu kümmern, wenn man zum Beispiel Schwierigkeiten hat.»

TATJANA: «Ich finde das ausgezeichnet, daß das eine reine Mädchenschule ist. Das garantiert uns einen verhältnismäßig ruhigen Ablauf des Unterrichts. Daß wir unter uns sind, empfinde ich als ganz große Wohltat. Mich würden Jungs stören. Deshalb habe ich jetzt auch wieder ein Mädchengymnasium gewählt.»

Joachim, würdest du auch auf eine reine Jungenschule gehen?

JOACHIM: «Ungern. Weil ich diesen Interessenkonflikt auch brauche. Ohne das fände ich es zu langweilig.»

Warum bist du gerade auf dem einzigen humanistischen Gymnasium in dieser Region?

JOACHIM: «Weil mich meine Mutter damals hinschickte.»

TATJANA: «Warum hat sie dich dahin geschickt?»

JOACHIM: «Weil humanistische Bildung anscheinend eine höhere Bildung verspricht. Das ist eben das gewisse Image, daß jemand von einer humanistischen Schule kommt.»

Wie war das bei euch?

JULIA: «Meine Mutter entschied so, weil sie schon selbst gute Erfahrungen mit der Schule gemacht hat. Mein Vater wollte mich auf das humanistische Gymnasium schicken.»

TATJANA: «Ja, bei meiner Mutter war das auch so.»

Ist das auch bei anderen Eltern eurer Mitschülerinnen so?

TATJANA: «Die Schule hat einen ausgezeichneten Ruf. Es heißt, daß den Mädchen eine gute Allgemeinbildung garantiert wird, eigentlich auch eine ganz gute Erziehung.»

Warum haben sich eure Eltern für ein reines Mädchen-Gymnasium entschieden?

JULIA: «Es gab ja kaum andere Schulen.»

Spielte der soziale Status bei dieser Entscheidung eine Rolle?

JULIA: «Ja.»

TATJANA: «Es scheint schon etwas krampfhaft, wie unsere Schule sich bemüht, auch von anderen sozialen Schichten Schüler zu bekommen. Aber die scheiden meistens schon nach der 6. Klasse aus. Die schaffen das gar nicht. Woran das liegt, weiß ich nicht.

Ich habe auch schon gehört, daß welche bei dem Vorstellungsgespräch nach dem Einkommen des Vaters gefragt wurden. Es geht darum, daß gespendet werden muß, weil es ja eine Privatschule ist.»

Eine Arbeiterfamilie mit zwei oder drei schulpflichtigen Kindern kann sich das wohl nicht leisten.

JULIA: «Die gibt's ja auch kaum bei uns.»

TATJANA: «Es gibt schon mehrere große Familien, aber die Väter dieser Kinder sind meist Doktoren oder Professoren. Die sind dann natürlich nicht reich, wenn sie so viele Kinder haben. Aber sie haben wenigstens geistig einen hohen Stand.»

Wäre das nicht interessanter, wenn auch Arbeiterkinder auf der Schule wären?

TATJANA: «Es ist gerade interessant, mit Leuten zusammenzusein, die auch intellektuell sind. Da können sich Gespräche entwickeln, die einen wahnsinnig weiterbringen.»

JOACHIM: «Wohin weiterbringen?»

TATJANA: «Im Denken, in neuen Meinungen, in neuen Gesichtspunkten. Du bekommst mehr mit, als wenn du von Leuten umgeben bist, die keine andere Art zu reden haben wie ‹Scheiße› oder ‹Is ja wohl nix› usw., wo sonst nichts dahinter ist. Jemand, der sachlich argumentieren kann und eine andere Meinung auch gut begründen kann, das ist doch unheimlich interessant.»

JOACHIM: «Glaubst du, daß ein Arbeiterkind immer nur ‹Scheiße› sagt und nicht sachlich argumentieren kann?»

TATJANA: «Doch, kann es, bestimmt. Aber ein Arbeiter zeigt auf Grund seiner Tätigkeit schon einen gewissen Stand seiner Intelligenz. Zum Beispiel die Leute, die am Fließband stehen, oder ganz normale Straßenarbeiter, die sind nicht gerade mit Intelligenz gesegnet. Und die interessieren sich auch nicht dafür, sich weiterzubilden. Was die sich im Fernsehen oder im Video anschauen, ist nur Unterhaltung, nichts, was sie weiterbildet, in ihrem Geist weiterbringt.

In der Familie bekommst du ja die meiste Bildung mit, auch die Richtung, in der du dann weiterlebst. In diesen Familien, wo der Vater beispielsweise nichts redet, hinter der Illustrierten oder dem Fernseher sitzt und die Mutter putzen oder bügeln geht, da haben die Kinder gar nicht die Möglichkeiten, sich weiterzuentwickeln. Es ist ja bewiesen, daß sich die Intelligenz entwickeln muß.»

Findest du nicht, daß die Schule auch und gerade diesen Kindern die Chance bieten sollte, sich weiterzuentwickeln?

TATJANA: «Wenn sie es überhaupt schaffen, auf das Gymnasium zu kommen, dann ist das schon ein ganz schönes Aushängeschild für sie selbst.»

Warum schaffen denn viele es nur bis zur 6. Klasse?

JULIA: «Weil die Eltern auch helfen müssen, zum Beispiel in Mathematik. Wenn ich damals mal etwas nicht gekonnt habe, bin ich immer zu meinen Eltern gelaufen. Wenn die mir nicht hätten helfen können, dann hätte ich wahrscheinlich auch schnell den Faden verloren.»

TATJANA: «Die Arbeiterkinder haben überhaupt nicht die Chance, sich weiterzubilden. Nur wenn sie ausgesprochen intelligent sind – was eigentlich selten vorkommt –, können sie weiterkommen. Ohne Nachhilfe zum Beispiel hätte ich es nie geschafft – und Nachhilfe kostet Geld! Meine Eltern konnten das bezahlen. Käme ich aus einer armen Familie, könnten sie das gar nicht bezahlen.»

Was haltet ihr davon, daß die Ausbildungsförderung für Schüler weitgehend abgeschafft wurde?

JULIA: «Ist das ganz abgeschafft worden? Ohne Ausnahme? Das finde ich, ist eine Schweinerei!»

TATJANA: «Aber es gibt auch Unterstützungen wie beispielsweise in Salem. Das ist *die* Eliteschule, ein Internat. Da sind sogar Prinzenkinder usw. Das kostet irrsinnig viel Schulgeld.»

JULIA: «Das ist aber nicht die Intelligenz-Elite, sondern die des Reichtums.»

TATJANA: «Doch! Da kommen auch sozial Schwache hin, die unheimlich intelligent sind. Die bekommen das dort bezahlt. Das irrsinnig hohe Schulgeld wird mitgetragen von den Adeligen und Großindustriellen, die sich das erlauben können. Die haben auch eine ganz strenge, eine ganz tolle Bildung. Die haben Schulkleidung, Schweigepflicht und werden ganz streng gehalten.»

Würdest du gerne auf eine solche Eliteschule gehen?

TATJANA: «Ich fände es interessant, ja.»

JOACHIM: «Interessant schon, aber nur für ein oder zwei Monate. Da käme ich mir viel zu eingesperrt vor, zu reglementiert.»

TATJANA: «Danach hast du Möglichkeiten. Wenn du den Prinzen von den Hohenzollern in der Klasse sitzen hast oder den Macker von der AEG, dann kennst du die Leute. Die haben die größten Berufschancen. Wer aus Salem kommt, der gehört zur Elite des Landes. Du kannst Top-Manager werden und die tollsten Karrieren machen!»

JOACHIM: «Schon, aber ich habe kein Interesse an Karriere ...»

TATJANA: «... das ist deine Sache ...»

JOACHIM: «... wenn ich vorher eingesperrt werde, nur damit ich nachher tausend Eier im Monat mehr verdiene.»

Auf welche Schule wirst du jetzt wechseln, Tatjana?

TATJANA: «Ein Gymnasium mit Internat in Hessen, ebenfalls von Nonnen geführt und auch mit strengen Regeln. Leider nicht mehr mit Aufgabenüberwachung in der Oberstufe.»

JULIA: «Welche Regeln?»

TATJANA: «Jeden Tag gibt es zum Beispiel nur zwei festgelegte Stunden Ausgang.»

War diese Schule dein Wunsch oder der Wunsch deiner Eltern?

TATJANA: «Das hat sich so herauskristallisiert. Aber ich bin ganz zufrieden mit der Entscheidung.»

JOACHIM: «Ich habe den Eindruck, daß du starke Reglementierungen befürwortest. Stimmt das?»

TATJANA: «Nein.»

JOACHIM: «Du redest so begeistert von Schuluniform usw.»

TATJANA: «Ich habe die Erfahrung gemacht, daß ich ohne feste Regeln nicht auskomme.»

Was, glaubt ihr, ist wichtiger für eure Entwicklung – die Erziehung in der Schule oder durch die Eltern?

JOACHIM: «Ich glaube, daß die Eltern einen höheren Anteil daran haben als die Schule. Die Schule dient dazu, den Einfluß der Eltern abzuschwächen oder zu stärken. Da ist auch der Einfluß der Mitschüler wichtig.»

TATJANA: «Ja, ich glaube auch, daß die Eltern die Schule wählen, um ihren Einfluß zu verstärken. Allerdings hat mein Vater diese Schule nicht gewollt.»

Ist dein Vater eher liberal?

TATJANA: «Ich habe keine Ahnung, was mein Vater denkt. Der sagt das auch nicht. Er sagt auch nicht, was er wählt.»

JULIA: «Meine Eltern sind beide konservativ, aber nicht ganz so stark wie ich.»

Du bist noch konservativer als deine Eltern?

JULIA: «Ja, eigentlich schon.»

Wie kommt das?

JULIA: «Ich weiß nicht.»

TATJANA: «Wie bist du denn so konservativ geworden?»

JULIA: «Durch Freunde und Freundinnen vielleicht.»

JOACHIM: «Meine Eltern sind liberal und tolerant. Mein Vater hält sich aus meinen politischen Sachen heraus, wenn er auch ein paar Sticheleien nicht unterlassen kann.»

TATJANA: «Nimmt er dich nicht ab und zu zur Seite und sagt: ‹Mein Sohn ...!›?»

JOACHIM: «Nein, der nimmt mich ernst.»

Hängt das mit dem Beruf und dem sozialen Status eurer Eltern zusammen? Welchen Beruf hat dein Vater, Joachim?

JOACHIM: «O Gott, wie soll ich das beschreiben? Ich glaube, er macht so etwas Ähnliches wie ein Manager.»

Er gehört also eher zu den Vielverdienenden in unserer Gesellschaft?

JOACHIM: «Ja, das kann man so sagen.»

TATJANA: «So siehst du aber nicht aus! *(Joachim trägt verwaschene Jeans und ein T-Shirt, Anm. kf/lm)* Machst du das aus Protest?»

JOACHIM: «Nein.»

TATJANA: «... oder aus deiner Einstellung heraus?»

JOACHIM: «Nein, ich habe nur keine Lust, mich stundenlang einzukleiden. Ich ziehe halt das an, was gerade über meinem Stuhl hängt.»

Ist das bei euren Eltern anders?

JULIA: «Mein Vater ist Diplom-Chemiker. Wieviel er verdient, weiß ich nicht, aber bestimmt nicht schlecht. Meine Mutter ist Lehrerin.»

TATJANA: «Mein Vater ist Kältetechniker. Meine Mutter ist brave Hausfrau.»

Wenn ihr auf einer Skala von 1 bis 10 eure politische Einstellung eintragen müßtet, wo würdet ihr das Kreuzchen machen? 1 wäre ganz links, 10 wäre ganz rechts.

JULIA: «Bei 8 etwa.»

JOACHIM: «2 bis 3.»

TATJANA: «3 bis 4.»

Was würdet ihr wählen, wenn ihr jetzt zur Wahl gehen könntet?

TATJANA: «Ich wüßte es nicht.»

JULIA: «CDU. Von der politischen Richtung her bin ich jetzt auch einigermaßen mit der FDP einverstanden. Aber die CDU wäre mir einfach sicherer.»

JOACHIM: «Ich würde splitten. Bei der Liste die Grünen und den Kandidaten von der SPD. Weil ich es wichtig finde, daß die Grünen überhaupt im Parlament drin sind.»

Du bist selber auch politisch aktiv?

JOACHIM: «Ja, ich bin seit zwei Jahren JUSO.»

JULIA: «Ich will jetzt in die Junge Union eintreten. Erst einmal werde ich mich jetzt erkundigen, was da läuft, welche Leute dort sind. Ich will auch richtig etwas machen.»

Interessiert dich etwas besonders?

JULIA: «Ich will einfach mal ein bißchen an der Quelle sitzen.»

Hast du konkrete Erwartungen?

JULIA: «Ja, daß man vielleicht wirklich etwas auf die Beine bringt.»

TATJANA: «Wie? Das kannst du auch im Meßdienerverein.»

JULIA: «Man sieht immer wieder Stände für die 35-Stunden-Woche, Demonstrationen gegen die Nachrüstung, es gibt aber zu wenig in die andere Richtung. Die Rechten sind da zu zurückhaltend.»

TATJANA: «So, deshalb sind sie jetzt an der Regierung?»

Würdest du auch in eine Partei gehen?

TATJANA: «Nein, ich halte mich da raus. Die sollen sich ruhig kloppen, ich will mich da auf keinen Fall einmischen.»

Habt ihr Vorbilder unter Politikern?

JOACHIM: «O Gott! Höchstens Björn Engholm als linker SPD-Mann in Schleswig-Holstein.»

TATJANA: «Emotional oder rein politisch?»

JOACHIM: «Rein politisch.»

JULIA: «Ich finde den Strauß irgendwie ganz witzig. Der hat richtig Zucht und Ordnung in Bayern. In Bayern läuft alles richtig, da ist irgendwie Ordnung dahinter.»

Könnt ihr euch vorstellen, später einmal Berufspolitiker zu werden?

JULIA: «Ich schon.»

TATJANA: «Nein, da würde ich mit einem Herzinfarkt im Krankenhaus landen.»

Was würde dich, Julia, daran besonders reizen?

JULIA: «Einfach mal wirklich Einfluß zu haben. Daß ich eben meine eigene Meinung richtig vertreten könnte, daß ich Leute überzeugen könnte, nicht nur im kleinen Kreis. Irgendwie die Möglichkeiten haben, eine breite Masse anzusprechen.»

TATJANA: «Mir geht das ganz gegen den Strich, so etwas.»

Würdet ihr gerne Karriere machen?

JOACHIM: «Nein.»

TATJANA: «Menschliche Karriere schon.»

JOACHIM: «Was verstehst du darunter?»

TATJANA: «Mein Ziel ist es, Familie zu haben und glücklich zu sein.»

JULIA: «Ich würde schon gerne Karriere machen, aber dann kann man halt keine Familie haben. Deswegen würde ich mich doch eher für die Familie entscheiden.»

Steht der Beruf der Frau gegen die Familie?

JULIA: «Ja.»

Wenn du dich dennoch für einen Beruf entscheiden würdest, für welchen?

JULIA: «Dann würde ich versuchen, möglichst hoch rauszukommen.»

TATJANA: «Ich fühl mich noch nicht reif genug, darüber etwas zu sagen.»

JOACHIM: «Journalist.»

Könnt ihr euch vorstellen, daß der Mann den Hausmann macht und die Frau den Beruf ausübt?

TATJANA: «Ja.»

JULIA: «Ich auf keinen Fall. Das geht mir total gegen den Strich, das zu denken.»

Frauen gehören also an den Herd?

JULIA: «Ja, irgendwie schon. Wenn ich mir vorstelle, ich komme abends heim, mein Mann hat morgens ein Schwätzchen beim Einkaufen gehalten, die Kinder fertig gemacht ... dann würde ich kein Interesse mehr an ihm haben, dann wäre er für mich kein richtiger Mann. Ich glaube nicht, daß ich jemals jemanden heiraten würde, der diese Ansicht hat. Die Leute, mit denen ich zusammen bin, die sind auch nicht so. Die würden denken: Gott, die spinnt!»

Joachim, würdest du den Hausmann machen?

JOACHIM: «Warum nicht? Ich möchte leben, ich möchte das machen, was mir Spaß macht.»

JULIA: «Meinst du, Haushalt macht Spaß?»

JOACHIM: «Nein, bestimmt nicht.»

TATJANA: «Männer haben dasselbe Recht, Kinder zu erziehen. Ich möchte, daß mein Mann auch Freude an unseren Kindern hat.»

Ist die Ehe für euch selbstverständlich, oder könnt ihr euch auch vorstellen, in ‹wilder Ehe› mit einem Mann zusammenzuleben?

TATJANA: «Ich ziehe die ‹wilde Ehe› dem Trauschein vor.»

JULIA: «Auf gar keinen Fall ‹wilde Ehe›! Ich würde nie mit jemandem länger als ein halbes Jahr zusammenleben, ohne verheiratet zu sein.»

Wird auf dem Kloster-Gymnasium auch über Ehe, Zusammenleben und Sexualität geredet?

JULIA: «Im Religionsunterricht schon.»

Auch über vorehelichen Geschlechtsverkehr?

JULIA: «Das ist ein Thema, das bei uns unter den Tisch fällt. Darüber wird nicht geredet.»

TATJANA: «Unter Freundinnen kommt das schon mal vor.»

JULIA: «Aber nur unter festen Freundinnen. Die Leute sind wirklich streng katholisch und in diesem Punkt, na ja ...»

Sind die Schülerinnen auf eurem Gymnasium sehr religiös?

JULIA: «Ja, 50 Prozent sind sehr religiös.»

JOACHIM: «Bei uns in der Schule ist das ganz anders. Da ist nur ein verschwindend geringer Teil religiös.»

Gehen auch Abiturientinnen des Mädchen-Gymnasiums später ins Kloster?

TATJANA: «Ja, es gibt schon einige. Es gibt viele Gruppenstunden bei uns, wo wir meditative Texte lesen usw. Die sind natürlich sehr religiös engagiert.»

Wie wird denn das Thema Homosexualität diskutiert?

JULIA: «Gar nicht.»

TATJANA: «Das kommt nicht auf den Tisch.»

Über welche Themen wird denn unter den Schulfreundinnen gesprochen?

JULIA: «Schule, Krach mit den Eltern, Krach mit dem Freund ...»

Auch über Politisches?

JULIA: «Weniger.»

TATJANA: «Aber keine Diskussionen, die die ganze Nacht über dauern.»

JULIA: «Ja, doch, wir haben einmal die ganze Nacht darüber diskutiert, ob man die Todesstrafe einführen soll oder nicht.»

Gibt es Schülerinnen, die für die Todesstrafe sind?

JULIA: «Ja, 90 Prozent waren dafür. Es haben etwa 20 mitdiskutiert, und nur eine oder zwei waren dagegen.»

Bist du auch für die Todesstrafe?

JULIA: «Ja, wenn hundertprozentig klar ist, daß derjenige schuldig war und einen Mord begangen hat.»

TATJANA: «Ich finde, kein Mensch hat das Recht, über das Leben eines anderen zu richten. Aber früher gab es das, daß man denen einen Strick oder einen Giftbecher geschickt hat. Wir können das nicht entscheiden, das muß er selbst tun. Ich würde das dann voll einsehen, wenn er sich umbringt.»

Joachim, du bist Kriegsdienstverweigerer. Warum eigentlich?

TATJANA: «Das war klar.»

JOACHIM: «Ganz einfach, weil ich keinen Menschen töten möchte und das auch nicht lernen möchte.»

TATJANA: «Das habe ich auch gedacht, bis mir vor kurzem eine Freundin gesagt hat, daß ihr Freund zur Bundeswehr geht. Ich war ganz entsetzt und fragte, warum. Da hat sie gesagt: Stell dir vor ...»

... die Russen kommen ...

TATJANA: «Nein, nein. Er hat das so begründet: Wenn er eine Familie hat mit Frau und Kindern, und eine Front, ein Feind steht vor ihm – was würde er dann tun? Er würde natürlich versuchen, seine Frau und seine Kinder zu schützen. Und er würde den Feind umbringen.»

Würdest du zur Bundeswehr gehen, wenn Frauen eingezogen würden?

TATJANA: «Das habe ich mir schon oft überlegt. Mir widerstrebt es schon, jemanden zu töten. Doch ich sehe ein, daß das eine notwendige Einrichtung ist. Aber ich würde auch versuchen zu verweigern.»

JULIA: «Ich würde hingehen.»

Zu welcher Einheit würdest du gehen?

JULIA: «Flieger oder Fallschirmspringer! Panzerfahren stelle ich mir ein bißchen langweilig vor.»

TATJANA: «Ich hätte nicht soviel Vertrauen in meine Vorgesetzten, daß ich mich blindlings ihren Befehlen unterwerfen würde.»

JULIA: «Ich würde nicht wie ein Idiot hinterherrennen. Aber an sich hat das schon seine Richtigkeit. Da muß schon irgendwie eine Ordnung dahinter sein.»

Viele Jugendliche eures Alters haben an Demonstrationen gegen die Nachrüstung teilgenommen. Könnt ihr euch vorstellen, auch dabeizusein?

JULIA: «Nein, weil es nicht meiner Meinung entspricht.»

An welcher Demonstration würdest du teilnehmen?

JULIA: «Es war noch keine, die mich angesprochen hat. Vielleicht für die Nachrüstung und gegen die 35-Stunden-Woche. Aber nicht für Kleinigkeiten und Kinkerlitzchen.»

Wie ist denn die Stimmung unter den Schülerinnen an der Klosterschule zum Thema Raketen-Stationierung?

JULIA: «Der Großteil war dafür.»

TATJANA: «Ich glaub das nicht. Viele haben gar keine Meinung, und einige sind so wie die Julia überzeugt, aber viele auch vom Gegenteil.»

JULIA: «Ich glaub nicht so viele.»

JOACHIM: «Ihr könnt ja mal eine Urabstimmung durchführen!»

Und wie reagiert die Schülervertretung?

JULIA: «Unsere Schülersprecherinnen haben entschieden, die Termine für die Aktionswoche und die Demonstrationen nicht weiterzuleiten. Da haben einige Schüler, die das im nachhinein mitgekriegt haben, rumgemosert. Ich bin der Meinung, wer wirklich engagiert gegen die Raketen ist, der müßte auch ohne die Schülersprecher wissen, wann das läuft.»

Was denkt ihr über Linke?

JULIA: «Von den Grünen halte ich nicht besonders viel. Ich habe einmal den Parteitag im Fernsehen gesehen. Ich finde das unmöglich: Da stehen überall Kinderwagen herum, Männer stricken ... Ich fand das einfach einen Saustall. Das gehört sich einfach nicht für einen Politiker, daß da alles drunter und drüber geht. Mir kann niemand erzählen, daß man sich konzentrieren kann, wenn man nebenbei sein Kind hin- und herschieben muß.»

Was hältst du von Kommunisten?

JULIA: «Wenn jemand davon überzeugt ist, bitte! Wenn jemand damit glücklich wird, gerne!»

Sollte es auch Kommunisten als Lehrer geben?

JULIA: «Nein.»

Und Grüne?

JULIA: «Auch nicht!»

TATJANA: «Und CDUler?»

JULIA: «Ja. Ich traue den Grünen das einfach nicht zu. Das sind Kumpeltypen. Die fangen dann an, den Schülern das Du anzubieten. Es ist dann nicht mehr die richtige Autorität da.»

JOACHIM: «Findest du das wichtig?»

JULIA: «Ja, für die Schule schon.»

Könntest du dich auch in so einen richtigen Alternativen verlieben?

JULIA: «Ja, das traue ich mir schon zu, aber ich glaube nicht, daß es lange halten würde.»

Auch in einen Freak mit langen Haaren und ein bißchen Dope?

JULIA: «Nein.»

TATJANA: «Ich auch nicht, auf keinen Fall!»

JULIA: «Lange Haare okay. Aber wenn sie dann ungepflegt sind und anfangen, die Schule zu schwänzen, alles zu locker sehen, wenn sie nicht ihre festen Regeln haben, sich selbst gegenüber nicht ein paar Prinzipien haben, das kann ich nicht haben.»

TATJANA: «Also diese langen Haare, hinten zusammengebunden zum Pferdeschwanz, nee!»

Was sind denn eure wichtigsten Freizeitbeschäftigungen?

JOACHIM: «Lesen, schreiben und Musik hören.»

JULIA: «Schülerzeitung, mit Freund und Freundin treffen.»

TATJANA: «Musik und auch mit meinen Freunden zusammensein.»

Disko?

TATJANA: «Nein.»

JULIA: «Ich schon.»

Welche?

JULIA: «Na ja, bisher bin ich über S. noch nicht hinausgekommen; das ist die größte Tanzschule hier.»

TATJANA: «Ich habe meinen Tanzkurs aus Protest bei der Konkurrenz gemacht. Weil der S. den Ruf hat, da gehen alle hin, das gehört sich so usw. Ich habe gehofft, bei der Konkurrenz andere Leute zu finden. Die haben auf mich einen sehr schlechten Eindruck gemacht. Das sind konservative Leute beim S., die sehr viel Wert auf ihr Äußeres legen und ansonsten nur wenige Interessen haben. Die Hauptsache ist bei denen ihr Motorrad, ihre Freundin und ihre Kleidung.»

JULIA: «Die sind alle sehr oberflächlich.»

Warum gehen denn die meisten Jugendlichen zu der Tanzschule S.?

TATJANA: «Der hat einen guten Ruf, da geht die Post ab, da ist halt viel los, da sind viele Leute.»

Was heißt ‹guter Ruf›? Ist das die Meinung der Eltern oder der Schüler?

TATJANA: «Ich glaube auch der Eltern.»

Gibt es auch Preisunterschiede?

JULIA: «Ja, der Z. ist zehn Mark billiger. Wer was auf sich hält, muß auch mehr zahlen.»

TATJANA: «Ja, das ist schon eine Statusfrage, beim S. zu sein.»

Fühlen sich die Jugendlichen, die dorthin gehen, auch so?

JULIA: «Im allgemeinen ja.»

Was ist eure Lieblingsmusik?

JOACHIM: «Rockgruppen aus dem Anfang der 70er Jahre, zum Beispiel Yes oder Genesis.»

JULIA: «Ich lege vor allem auf Unterhaltung wert, am liebsten irgend etwas Schmalziges, zum Beispiel Elton John, Allan Parson, Barcley James Harvest, wobei der mir jetzt nicht mehr gefällt. Wenn ich den jetzt sehe, macht der einen so weggetretenen Eindruck, als stünde er ständig unter Drogen – das kann ich überhaupt nicht haben. Ich höre auch Klassik, Mozart. Auch ein bißchen Blues.»

TATJANA: «Ich höre ziemlich viel Klassik. Ich bin da von der Familie sehr geprägt, wir sind eine musikalische Familie – also ernste Musik. Nicht Mozart, der ist mir zu flockig, sondern Bruckner und Dvořák, Rachmaninow usw. Von der modernen Musik vielleicht Sozialkritisches; Joe Jackson höre ich gerne und Reggae-Gruppen. Auch mal was Schmalziges: Phil Collins.»

Spielt ihr Instrumente?

TATJANA: «Mein Bruder spielt Horn und Klavier, ich spiele Bratsche und Klavier.»

JULIA: «Ich spiele Klarinette.»

JOACHIM: «Gitarre.»

Hört ihr auch politische Liedermacher?

TATJANA: «Nein.»

JOACHIM: «Heinz Rudolf Kunze – sehr gute Texte!»

Würdet ihr ein linkes Kulturfestival besuchen?

JULIA: «Ich würde das schon machen, um mir einmal eine Meinung darüber zu bilden.»

TATJANA: «Ja, ich auch.»

Habt ihr das schon mal gemacht?

TATJANA: «Meine Eltern sehen das nicht sehr gerne, der Umgang gefällt ihnen nicht.»

JULIA: «Das freut mich, daß nicht nur meine Eltern so sind.»

JOACHIM: «Was stört die denn?»

TATJANA: «Da sind denen zu viele, die mit Drogen rummachen usw. Das sei kein richtiger Umgang für mich, die würden mich negativ beeinflussen.»

JOACHIM: «O Gott!»

TATJANA: «Es geht ihnen nicht darum, daß ich dort politisch beeinflußt würde – außer daß sie Angst haben, daß vielleicht Kommunisten dabei sind und ich in eine solche Sache hereinrutschen würde. Sie haben Angst, daß ich in die Drogenszene gerate. Vor allem haben sie Angst, daß ich in meinen schulischen Leistungen nachlasse, wenn ich mit solchen Leuten zusammen bin.»

JULIA: «Ich darf das auch nicht, weil meine Eltern Angst haben, daß mir etwas passiert.»

Welche Bücher habt ihr in den letzten Wochen gelesen?

TATJANA: «Ich lese sehr gerne Märchenbücher, Kinderbücher, auch Thomas Mann, Hermann Hesse ...»

JULIA: «Was hast du von dem gelesen?»

TATJANA: «Steppenwolf.»

JULIA: «Da bin ich auch gerade dran.»

TATJANA: «Damit fängt ja wohl jeder an, oder?»

JULIA: «Nein, ich habe mit ‹Narziß und Goldmund› angefangen. Das ist Spitze. ‹Die Blechtrommel› von Grass habe ich auch gelesen. Das fand ich aber unter aller Kritik, einfach ordinär. Ich habe gar nicht gewußt, was der Typ damit sagen will. Das war alles so beängstigend fremd – eine Welt, die ich mir gar nicht vorstellen kann. Darin habe ich mich nicht wohl gefühlt.»

JOACHIM: «Ich habe gerade ‹Der Fall› von Albert Camus gelesen, ich fange auch mit Sartre an. Ansonsten lese ich gerne Science-fiction.»

TATJANA: «Sartre ist meine Klo-Lektüre. Der ist ja so plump, äh!»

«Maul halten und durch»

Löhnberg im Taunus: ein Seminar für die JU-Basis

Löhnberg, ein Dorf bei Weilburg im Taunus, Hotel «Zur Krone». Die Junge Union im Main-Taunus-Kreis hat zu einem Wochenendseminar eingeladen. Thema: «Orwell-Jahr 1984 – big brother is watching you?»

Ein ganz gewöhnliches Seminar der Jungen Union, mit vielen Mitgliedern von der ‹Basis›. Nur wenige der 18 Besucher sind Funktionäre, einige im Kreisvorstand, einer ist im Bezirksvorstand.

Das Seminar dient vor allem zur internen Weiterbildung der Mitglieder, zum Kontaktaustausch, aber auch zur Nachwuchsrekrutierung. Es ist eine von vielen Hunderten Wochenendveranstaltungen, wie sie die Unionsjugend jährlich bundesweit durchführt.

Diszipliniert, pünktlich zum Beginn der Referate, sitzen die jungen Unionisten am Seminartisch. Sie sind so, wie sich jeder brave Bürger seine Söhne wünscht. Richtig: nur Lediglich ein Mädchen hat sich in das JU-Seminar nach Löhnberg verlaufen. Sabine hält sich auch entsprechend zurück. Sie meckert nur mal vorsichtig, wenn zuviel geraucht wird. Aber immerhin, als Beleg ihrer Basisaktivität reicht sie nach dem Abendessen eine Jugendzeitschrift aus Flörsheim am Main herum, in deren Redaktion sie mitarbeitet. Das Blatt, in Anlehnung an den historischen Ortsnamen «Flarido» genannt, erscheint in einer Gemeinde, die noch ein Jahr zuvor wie kaum eine andere Ortschaft von dem Bürgerkampf gegen den Bau der Startbahn West am Frankfurter Flughafen betroffen war. Auch «Flarido» beschäftigte sich mit dem Seminarthema. Eine Argumentationshilfe für die Diskussion ist darin enthalten: «Um der zunehmenden Technikfeindlichkeit in unserer Gesellschaft etwas entgegenzusetzen ...»

Bevor die Unionsjugend das Hotel zum Biertrinken verläßt, gibt es noch politische Unterstützung aus der Hotelkneipe. Ein Rentner kommt in den Sitzungssaal herüber und hält dem Unionsnachwuchs einen kleinen Vortrag. Die Zigarre in der Hand, erklärt der Alte seine Solidarität: «Ich hab ja schon ein bißchen getrunken, aber nicht, daß ihr glaubt, ich bin besoffen. Jungens, ich will euch nur sagen, daß ich das gut finde, daß ihr hier nach Löhnberg kommt. Löhnberg ist nämlich eine SPD-Hochburg. Der Bürgermeister ist ein SPD-Mann, und der macht hier die Politik. Hier ist es schwer, die richtige Meinung zu haben. Also, macht weiter so!» Mit Applaus wird der alte Mann verabschiedet.

Ein wenig merkwürdig ist es schon, wenn man mit einem Dutzend Jungunionisten ein Gasthaus mit jugendlichem Publikum betritt. Alles guckt sich um, denn die jungen Herren fallen auf. Sie tragen schicke Lodenmäntel, Seidenschal und teure Samthosen. Korrekte Frisuren sind die Regel: Jedes Haar sitzt, sauber gescheitelt und vor allem nicht zu lang. Bärte? Allenfalls mal ein kleines Schnurrbärtchen, korrekt zurechtgestutzt. Nur einer trägt einen fülligen Vollbart.

Axel Wintermeyer, als stellvertretender Kreisvorsitzender schon ein aufstrebender Jungpolitiker, erklärt dem neuen Gast gleich entschuldigend, daß normalerweise mehr «Mädchen» dabei sind. Axel studiert Jura im fortgeschrittenen Semester in Mainz an einem besonders konservativen Institut. Er gehört einem der größten Ortsverbände der Jungen Union an. In Hofheim zählt die Unionsjugend immerhin über 300 Mitglieder. Das ist für die Jugendorganisation schon eine beachtliche Leistung. Woran liegt das? «Weißt du», erzählt Axel ganz offen, «das liegt sicherlich auch daran, daß wir in Hofheim die Abteilungsleiter-Stufe der Hoechst AG ganz gut vertreten haben.»

Davon profitieren viele Stadtverbände im Taunus. Denn in Kelkheim, Bad Homburg, Königstein und den umliegenden Gemeinden wohnen nicht nur die Hoechst-Abteilungsleiter. Viele Reiche, sogenannte «Gutsituierte» haben sich hier niedergelassen. Leitende Angestellte, Manager aus Großbetrieben, Ärzte, Rechtsanwälte, ja, sogar etliche prominente Politiker und Wirtschaftsführer wohnen hier. Ihre Arbeitsplätze haben sie in Frankfurt oder Wiesbaden oder weiter weg – erreichbar mit dem Jet ab Frankfurt Flughafen.

Ihre Söhne sind eine Basis für den Unionsnachwuchs. Sie studieren, nach pflichtgemäßer Wehrdienst-Absolvierung, in Frankfurt oder Mainz, möglichst in elterlicher Nähe. Viele besorgen sich nicht einmal eine Bude oder ein Zimmer in einem Studentenheim. Mit ihrem Kleinwagen fahren sie abends regelmäßig wieder nach Hause in das elterliche Eigenheim.

Thomas, gerade vom Wehrdienst entlassen, macht einen besonders korrekten Eindruck. In seinem zweireihigen, graufarbenen Blazer bewegt er sich wie ein 40jähriger Manager: immer auf Etikette achtend, ruhig und kontrolliert, nur manchmal einen dummen Witz reißend.

Gerade jobbt er in Frankfurt als Kantinen-Fahrer bei einer großen Planungsgesellschaft, die ihr technologisches Know-how in die halbe Welt exportiert. Gerne erzählt er jedem von seinen USA-Trips, man glaubt geradezu einen Kenner der politischen und kulturellen Verhältnisse Nordamerikas vor sich zu haben. Nach seinem Urteil scheint dort alles sehr positiv zu sein. Jede Kritik an der politischen Kultur der Vereinigten Staaten wird abgeschmettert. Hinweise auf die Unkenntnis vieler US-Bürger über ihre politischen Verhältnisse werden mit der «riesigen Weite» dieses Landes gerechtfertigt. «Schließlich weiß hierzulande auch nicht jeder, wer Landwirtschaftsminister im Saarland ist», kontert Thomas. Und überhaupt, dort gibt es sogar «sehr gute politische Magazine und richtig freche Politiker-Interviews» in den privaten Fernsehanstalten.

Und was will Thomas jetzt nach absolvierter Bundeswehr-Zeit machen? «Rechtswissenschaft studieren.»

Wie immer auf Wochenendseminaren veranstaltet die JU Main-Taunus nach dem Abendessen eine einstündige «weiße Ecke». Gemeint ist damit eine offene Debattierrunde über ein vorher nicht bekanntes Thema. Nur die Vorstandsmitglieder wissen über das «weiße Thema» Bescheid. Axel Wintermeyer übernimmt diesmal den Part, ein einführendes Referat zu halten. Das Thema: «Europa». Zum bevorstehenden Europa-Wahlkampf sollen die Mitglieder schließlich für die Diskussion «auf der Straße» gerüstet sein.

Sein Vortrag gerät zu einer kleinen Institutionenkunde über die Organe der Europäischen Gemeinschaft: «Es begann mit der Gründung der Paneuropaunion im Jahre 1924 ...» Aufgelockert wird sein Vortrag ganz schulmeisterhaft: «Und wer weiß, wieviel Mitglieder das Europaparlament hat?» Wie aus der Pistole geschossen, schnellen Hände in die Höhe. Vor allem die älteren JU-Mitglieder überschlagen sich wie die Streber einer Oberprimaner-Klasse.

Zum Schluß verteilt Axel eine Broschüre der Christlich-Demokratischen Fraktion im Europaparlament nebst Europa-Wahlkampf-Aufkleber der CDU und eine Jugendzeitschrift der JU Hofheim, bei der auch er mitarbeitete. Darin wird das fehlende Nationalbewußtsein der Deutschen bedauert. «Jeder Amerikaner, Franzose, Engländer sowie auch alle anderen besitzen diesen Stolz.» Die Erinnerung an Vergangenes soll nun nicht mehr wichtig sein: «Der negative Beigeschmack vieler Wörter, die unter dem Nationalsozialismus geprägt und emporgehoben wurden und die deshalb bis heute ‹geächtet› sind, sollte endlich überwunden werden.» Das führe doch nur zum «Mangel an Achtung vor dem Staat als solchem» und dazu, daß «Autorität, wo immer sie offen zu Tage tritt, verunglimpft wird».

Axel eröffnet die Diskussion über Europa. Debattiert wird über den europäischen Gedanken, über europäische Einigungsutopien, über «die Jugend und Europa». Peter Abramenko, stellvertretender Kreisvorsitzender, stellt der Runde eine knifflige Frage: «Seid ihr für einen europäischen Staatenbund oder für einen Bundesstaat?» Peters Diskussionsbeiträge werden besonders hoch geschätzt. Er hielt schon am Nachmittag, vor der 18-Uhr-Sportschau-Pause, einen Vortrag über George Orwells Roman «1984». Dafür las er immerhin die englische Originalfassung – um zurechtzurücken, was «die Linken immer falsch interpretieren».

Peter Abramenko und sein jüngerer Bruder, der auch an dem Seminar teilnimmt, passen nicht so recht in das gelackte Bild der Jungunionisten-Runde. Ihre Kleidung und ihr Äußeres erinnern weniger an die Schickeria-Boutiquen. Die beiden Söhne eines während des Zweiten Weltkriegs aus der Ukraine geflohenen Physikers und Diplom-Ingenieurs sind keine stringenten, skrupellosen Karrieristen. Sie lassen eher ganz brav humanistische Bildung erkennen. Während Peters Bruder noch die Oberschule besucht (Studienwunsch: Latein, Geschichte und Philosophie), hat es Peter immerhin schon zum Assistenten am Mathematischen Institut der Frankfurter Universität gebracht. Vieles an parteitaktischen Vernichtungsfeldzügen gegen Parteimitglieder, an Karrierengerangel und persönlicher Skrupellosigkeit ist ihm zuwider.

Aber sein politischer Standort läßt keinen Zweifel zu. Er schätzt sich selbst immerhin «noch konservativer» ein als ein beim abendlichen Bier diskutierter JU-Mitkämpfer, der als «erzkonservativ» gilt. Eher ruhig und gelassen diskutiert er bei ein paar Gläsern Weizenbier über dies und jenes. Nur als das Thema «Türken» zur Sprache kommt, reagiert er gereizt. Mit immer lauter werdender Stimme beschwert er sich darüber, daß man heutzutage schon gleich «als Ausländerfeind abgestempelt wird, wenn man mal ein kritisches Wort über die losläßt». Er fordert sehr bestimmend, daß die Türken sich gefälligst auch an unsere Sitten «anpassen» sollten. «Wenn die ihre Wohnung zum Saustall verkommen lassen, dann geht das so nicht!»

Ganz offen erzählt auch Axel beim Bier über die Probleme der Jungen Union. Für dauerhaftes und zeitraubendes politisches Engagement sind die Mitglieder oft nicht zu gewinnen. Viele interessieren sich nur für die Disko-Abende, wie die JU sie in seinem Hofheimer Stadtverband erfolgreich organisiert. Denn «die bourgeoise Jugend», erklärt Axel, den marxistischen Begriff mit den Händen gleich in Anführungszeichen setzend, sei «nun mal nicht so engagiert wie die linke. Die sind nur schwer zu aktivieren.» Doch an den Schulen läuft es mittlerweile besser, weiß der Jungpolitiker zu berichten. Viele Schülervertretungen, die früher fest in JUSO-Hand waren, würden jetzt von der Schüler Union dominiert. «Dort kriegen wir auch viele neue Mitglieder.» Ob es da auch opportunistische Beitritte nach der Wende gibt? «Nein, in der Jungen Union weniger. Die gehen gleich in die Partei. Aber Opportunistische gibt es natürlich schon.»

Wenn die Sprache auf Eberhard Kohlhas kommt, sind alle Jungunionisten des Main-Taunus-Kreises gleich mit fixen Urteilen da. Axel meint, daß Eberhard manchmal «politisch etwas über die Stränge schlägt. Er will so etwas wie die Jeanne d'Arc der Jungen Union sein.» Doch ganz väterlich erklärt er: «Das ist aber nicht so schlimm. Wir müssen ihn zwar öfter zurechtweisen und in seine Schranken verweisen. Aber ich habe ihn ja für den Vorstand vorgeschlagen.»

Eberhard Kohlhas ist vielen in der Jungen Union Main-Taunus zu kritisch, für manche gar ein richtiger Linker. Ganz vorsichtig macht er schon mal darauf aufmerksam, daß an der Kritik der Friedensbewegung etwas dran sein könnte: «Wir haben unsere souveränen Rechte über den Einsatz der hier gelagerten Raketen immerhin an den US-Präsidenten abgegeben.» Zum Thema «neue Medien» fallen ihm auch «die sozialen Auswirkungen auf den Menschen» ein. Sein 20-Seiten-Papier, das er zum Bereich «neue Technologien» ausgearbeitet hat, enthält eindeutig zuviel Kritik an dem Rationalisierungseinsatz. «Das müssen wir vorher noch mal durcharbeiten», meint Peter Abramenko zu der sozialkritischen Vorlage von Eberhard.

Der zu links geratene Jungunionist, Arztsohn aus Kelkheim, läßt sich jedoch nicht so schnell einschüchtern. Auch Drohungen mit dem Parteiausschluß von JU- und CDU-Funktionären machen ihn nicht sonderlich nervös. Nur als Pressesprecher der JU Main-Taunus wird Eberhard öfters zurückgepfiffen, wenn er seine Kritik auch laut äußert. Das ärgert ihn. «Die Jasager kommen immer durch und machen Karriere. Wer mal kritisch ist, kriegt gleich eins auf den Deckel. Die meisten verfahren nach der Devise: Maul halten und durch!» Gutmeinend wird ihm gelegentlich der Rat gegeben, doch «nicht ständig in jedes Fettnäpfchen zu treten». Oder anders: «Du mußt dich ja nicht immer so mit der Kritik zum Fenster raushängen!» Doch solche ernstmeinenden Ratschläge gibt es nur von wenigen. Für die Mehrheit ist er nur ein hinderlicher Querulant, ein Außenseiter.

Eberhard Kohlhas

22 Jahre, Pressesprecher des Kreisvorstandes der Jungen Union Main-Taunus, studiert Politikwissenschaft, Geschichte und Literaturwissenschaft im 6. Semester in Mainz. Er wohnt bei seinen Eltern in Kelkheim im Taunus.

Warum bist du ein politisch engagierter Jugendlicher – nicht einer von denen, die sich nur für Diskos, Moden und Autos interessieren?

«Ich glaube, daß es für den einzelnen Jugendlichen viel zu schwer ist, überhaupt durch die Politik durchzusteigen – außer er beschäftigt sich intensiv damit. Das fängt schon in der Kommunalpolitik an. Wenn es um irgendein Bauvorhaben geht, dann kommt einem die Platzbeschreibung so vor, als ginge es um die Zielkoordinaten einer Atomrakete: Planquadrat X, Koordinaten Y usw. – Das versteht gewiß kein Jugendlicher. Die Politik ist viel zu jugendfern, weil sie größtenteils von Alten gemacht wird, gerade auch von älteren Machtcliquen.

Wenn Jugendliche in einer Partei mitarbeiten – ich kann da jedoch nur für die CDU sprechen –, dann müssen sie sich anpassen. Das wird von ihnen erwartet. Vor allem, wer mehr machen möchte, in höhere Gremien kommen möchte, muß sich um so mehr anpassen. Wer sich gleich von Anfang an als Kritiker entpuppt, wird eben kleingehalten. Es gibt da einen schönen Spruch, der in der Jungen Union sehr beliebt ist: ‹Freund – Feind – Parteifreund!›»

Ein Funktionär aus deinem Kreisverband erzählte, daß es das besondere Problem der Jungen Union sei, die «bürgerliche Jugend» zu motivieren. Gegenüber den linken Jugendlichen seien diese eher zurückhaltend, inaktiv und uninteressiert.

«Das ist richtig. Viele Eltern konservativer und ‹bourgeoiser› Jugendlicher haben auch Angst: Wenn sich mein Sohn in der Politik engagiert, dann zeigt man mit dem Finger auf uns ... Vor allem ist man in diesen Kreisen nicht so sehr daran interessiert, etwas für andere zu bewirken, sondern nur etwas für sich zu tun: persönliche Karriere, Studium, Schule, nebenbei Zerstreuung in der Disko, auf Jungmanager machen ...»

... mit Aktenköfferchen usw.?

«Ja, richtig. Das sieht man ja wunderbar bei den Landesbezirkstagen der Jungen Union, wenn sie mit Nadelstreifenanzug im Benz vom Vater ankommen.»

Kommt das oft vor?

«Ja. Achte doch mal darauf: welche Zigarettenmarke wird in der Jungen Union geraucht, welches T-Shirt ist gerade ‹in›? Manchmal ist es wirklich mehr ein Modeclub, ein Heirats- und ein Fetenverein.»

Wird das nicht durch die Methoden der Nachwuchsrekrutierung gefördert: JU-Disko, «Eintritt frei für Mitglieder» …?

«Ja, auf jeden Fall.»

Wie bist du zur CDU bzw. zur JU gestoßen?

«Ich war zuerst bei den Grünen. Die haben zwar die Probleme erkannt, wie zum Beispiel direkte Demokratie, Nachrüstung und große Straßenbauprojekte, ich sah aber dort keine Möglichkeit, meine Gedanken durchzusetzen. Die Grünen sind ein ziemlich kleiner Verein, auch auf Fundamentalopposition eingestellt.»

Hattest du bei den Grünen auch das Gefühl, daß du dort nicht akzeptiert wirst in deiner Art, mit deiner Kleidung usw.?

«Nein, das war bei den Grünen überhaupt kein Problem, das war eher ein Problem bei der Jungen Union.»

Wie hast du deine Erfahrungen, die du bei den Grünen gemacht hast, verarbeitet?

«Ich habe ihre Anstöße aufgenommen, zum Beispiel Möglichkeiten der Demokratie, im Umweltschutz und in der Friedenspolitik. Ich versuche auch die Anstöße – nicht die Lösungsmöglichkeiten – in die Junge Union hineinzutragen und dort für ein bißchen mehr frischen Wind zu sorgen. Bei der Jungen Union liegt meiner Meinung nach das Problem darin, daß sich die Leute viel zu sehr anpassen, um hochzukommen, und gleichzeitig nichts Politisches mehr tun.»

Was war denn bei dir das bestimmende Motiv, politisch zu werden? Warum bist du dann später in die Junge Union gegangen?

«Die CDU hat in Kelkheim die absolute Mehrheit. Deshalb sah ich in der CDU gute Möglichkeiten mitzuarbeiten, Neues in die Partei hineinzutragen. Vielleicht auch, um in der Jungen Union ein wenig politische Erfahrungen zu sammeln – und auch eine gewisse Basis hinter mir zu haben.»

Die Neugier an den politischen Prozessen, einmal hereinriechen, mitmachen dürfen – das war also das Motiv?

«Ja, genau.»

Hast du seit den drei Jahren, die du in der Partei aktiv bist, auch das Gefühl, ernst genommen zu werden?

«Auf der kommunalen Ebene werde ich ernst genommen. Die kommunale Mitarbeit, das ist kein Problem. Nur eben auf der Kreis- und Landesebene wird es schon schwieriger. Denn die Funktionäre in den Kreis- und Landtagen ziehen immer ihre eigenen Leute nach, aber nicht die Leute mit neuen Gedanken. Die versuchen, sich eine gewisse Machtbasis in den Kreisen und im Land zu bilden. Da ist jeder, der etwas anderes sagt, fehl am Platze. Ein Lieblingssatz von mir ist: ‹In der Jungen Union wird zu großen Teilen immer proportional zur Inkompetenz befördert.› Die Leute, die inkompetent sind, sind ungefährlich. Diese Leute sieht man besonders gern. Die Junge Union soll ein Verein von braven Jugendlichen sein, die erst mal drei, vier Jahre lang Parteiplakate kleben. Die Junge Union ist – auch selbstverschuldet – zum Plakatkleberverein der CDU herabgewürdigt worden.»

Welche Rolle hat bei deiner politischen Standortbestimmung die Schule gespielt?

«Eine große Rolle. Ich war auf einer christlichen Schule – humanistisches Gymnasium. Dadurch ist die Prägung zum Christentum hin, auch im Konservatismus, wesentlich stärker als auf jeder anderen Schule.»

Welche Rolle spielte das Elternhaus dabei?

«Überhaupt keine. Meine Eltern haben mich nie gedrängt, in eine Partei zu gehen. Obwohl meine Eltern konservativ sind, haben sie doch meistens nicht konservativ gewählt.»

Auf JU-Veranstaltungen fällt auf, daß viele Teilnehmer noch zu Hause wohnen und eine relativ enge Bindung zum Elternhaus haben – wie ich das eigentlich von vielen Jugendlichen deines Alters weniger kenne. Ist das symptomatisch oder Zufall?

«Das ist kein Zufall. Die Rekrutierungsmuster bei der Jungen Union sind eher so, daß das Elternhaus wohlhabend ist. Zum Beispiel die in Mainz studierenden Jugendlichen aus dem Taunus haben es nicht nötig, in Mainz zu wohnen. Sie bekommen von den Eltern ein Auto zur Verfügung gestellt und können fahren.»

Das bedeutet doch für die Lebenswelt dieser Jugendlichen und Jungpolitiker, daß sie in sehr gesicherten Verhältnissen leben. Die Probleme anderer Jugendlicher kennen die gar nicht: keine Wohnung haben, eine Bude suchen, Arbeitslosigkeit, Armut. Was heißt das eigentlich für die Politik, die diese Leute machen?

«Diese Probleme verstehen die zum größten Teil gar nicht. In der Jungen Union ist immer der Trend: ruhig sein und Spaß am Leben haben! Sobald etwas laut oder gefährlich wird, distanzieren sich die Leute davon.

Sie befinden sich mit dem Staat in völliger Übereinstimmung. Das merkt man auch beim Datenproblem. Die sagen: wer keinen Dreck am Stecken hat, der kann sich auch ruhig speichern lassen.»

In der Jungen Union fallen oft Mitglieder mit schicken Autos, toller Kleidung auf, viele besuchen gerne teure Nobel-Diskotheken.

«Die Junge Union arbeitet im Moment unwahrscheinlich auf Posten in der CDU hin. Und in der CDU sieht man es nun mal gerne, wenn der junge Nachwuchspolitiker im Anzug, mit 'nem schicken Auto und einem Köfferchen kommt. In der CDU ist es auch so, daß weniger die politischen Ansichten des einzelnen wichtig sind, sondern welches Auto er fährt und welche Hose er trägt.»

Wie kommt denn die Kultur der sogenannten «alternativen» Jugendlichen in der Meinung der Jungunionisten weg?

«Für die sind das zum größten Teil Ausgeflippte und lebensuntüchtige Leute, die einfach vor sich hingammeln und auch noch von der Gesellschaft verpflegt werden wollen. Das ist nicht meine Meinung, aber die des größten Teils der Jungen Union.»

In den bildungspolitischen Diskussionen der Jungen Union wird seit einiger Zeit der Ruf nach «Elitebildung» und Privatuniversitäten laut. Was ist eigentlich Elite – für dich und für diejenigen, die dies predigen?

«Für mich heißt Elite einfach, ein großes, umfassendes Wissen zu haben, kein Schmalspurwissen, kein Wissen mit Scheuklappen, sondern einen Bereich selbständig erfassen können. Die Mehrheit in der Jungen Union meint damit, daß einige Gesellschaftsgruppen bevorzugt befördert werden sollen – natürlich die Gesellschaftsgruppen, die der Jungen Union nahestehen. Gleichzeitig wird dort gesagt, die ganze Gesellschaft habe sich ‹verproletarisiert›, genauso die Beamten und einzelnen Führungsleute. Da soll mal wieder Ordnung geschaffen werden, da soll mal wieder brutale Leistung zählen und nichts anderes.»

Meinen die ‹geistige Elite› oder die ‹Elite des großen Geldes›?

«Eine geistige Elite, die das große Geld produziert.»

Wenn Helmut Kohl, dem man nicht gerade nachsagen kann, daß er ein Intellektueller ist, nach der Eliteuniversität verlangt – ist das nicht etwas merkwürdig?

«Mit Elite sind auch gar nicht so sehr die Geisteswissenschaftler gemeint – die werden in diesen Kreisen sowieso als verrückt angesehen –, sondern das bezieht sich gezielt auf die Wirtschaft: Ingenieure, Bankkaufleute, bevorzugt Manager ...»

Gibt es so etwas wie einen Anti-Intellektualismus bei der Jungen Union?

«Auf jeden Fall, deckungsgleich mit Amerika: ‹je intelligenter, desto schlimmer!›»

Kannst du dieses Denken genauer beschreiben? Wo kommt das her?

«Das ist ein gewisser Minderwertigkeitskomplex. Man möchte wieder Spitze sein, und zwar in allem. Dazu glaubt man, diese neuen Eliten zu brauchen.»

Die Junge Union redet oft von ihrer Vordenkerrolle innerhalb der Partei. Versteht sie sich als so etwas wie eine geistige Elite innerhalb der Partei?

«Propagandistisch ja, in der Realität ist das aber ein Witz. Die Junge Union hat sich einmal als Motor der CDU bezeichnet. Diesem Motor ist der Sprit ausgegangen. Einfach deswegen, weil diejenigen, die sich stark in der Jungen Union engagieren, viel Zeit opfern und auch einige Möglichkeiten der Karriere im eigenen Beruf einbüßen, in der CDU auf lukrative Posten stoßen wollen. Wenn ich einen solchen Posten haben möchte, kann ich nicht gegen die Partei schießen und kann ich auch nicht die geistige Vordenkerrolle spielen, sondern muß mich mit der Partei identifizieren. Sobald ein führendes JU-Mitglied erst einmal auf einem CDU-Posten gelandet ist, trägt er auch CDU-Thesen in die Junge Union hinein, um diese ruhigzuhalten. Man kann schon sagen, daß es zwar an der Basis gärt und brodelt, aber das ist oben nicht zu spüren. Das wird auch nicht in der innerparteilichen Diskussion durchgesetzt.»

Der 15köpfige Bundesvorstand der Jungen Union besteht aus 14 Akademikern, davon sind allein neun Juristen. Können so Jugendliche vertreten werden? Können Jugendliche sich so vertreten fühlen?

«Nein, gewiß nicht. Der Bundesvorstand vertritt größtenteils auch nicht die Interessen Jugendlicher. Die Leute, die dort sitzen, sind eher in der CDU groß geworden.»

Wie kommt es, daß so viele Rechtswissenschaft studieren und nicht zum Beispiel Philosophie?

«Es geht in der Politik der CDU und auch der Jungen Union eigentlich nicht darum, großartige Leitlinien aufzuzeigen, sondern man ist immer bemüht, sachkundig zu sein. Wenn ich zum Beispiel in der Kommunalpolitik fordere, an dieser oder jener Stelle muß einfach ein Brunnen gebaut werden, dann ist das in den Augen der CDU schwachsinnig. Da muß man erst einmal sämtliche Gesetze kennen: wie muß ein Brunnen aussehen, gehört das Grundstück überhaupt der Stadt, kann dort ein Brunnen gebaut werden, wie dick muß die Wasserleitung sein usw. Das können nur Juristen bewältigen.»

Sind denn Juristen so kompetent, daß sie unsere ganze Gesellschaft formen können?

«Ja gut, aber die meisten Politiker der Jungen Union werden in der Kommunalpolitik groß, und dort muß man halt viele Paragraphen kennen.»

Du selbst hast eine Außenseiterrolle in der Jungen Union, giltst als Linksaußen, als Linker in der Jungen Union. Wie kommst du mit dieser Situation zurecht?

«Ich habe große Schwierigkeiten. Wenn man gegen Mauern rennt, dann kriegt man diese gleichzeitig noch um die Ohren gehauen. Man steht in diesem Moment allein. Das Problem ist auch, daß der Vorsitzende nicht immer das ausbaden möchte, was sein Pressesprecher sagt oder was sein Pressesprecher an neuen Anstößen in die Partei bringt, denn dafür werde meistens nicht ich geprügelt, sondern der Vorsitzende oder andere Mitglieder der Jungen Union, die dann mich prügeln müssen.»

Gibt es eigentlich viele, die eine solche Rolle spielen wie du?

«An der Basis sind es einige. Aber wenn diese Leute höherkommen und diese Rolle weiterspielen, werden sie ausgemerzt. Zum Beispiel der Pressesprecher der Jungen Union Hessen, der sich an der Startbahn West von der Polizei wegtragen ließ. Drei Wochen später war der kein Thema mehr, weil er abgesetzt wurde. Der Geldfluß von der CDU in die Junge Union spielt dabei auch eine große Rolle und macht die Junge Union erpreßbar.»

Die Flügelkämpfe innerhalb der Jungen Union, von denen man in der Presse erfährt, sind von zweierlei Natur: einerseits politische Kämpfe, andererseits bloße Postenschiebereien. Wie gehst du mit dem Kampf um die Posten um?

«Bei den Pöstchenstreitereien geht es den Betroffenen natürlich darum, einen guten Posten in der CDU zu bekommen und dadurch

Aus grauer Vorzeit – Folge 1

(Folge 2 auf Seite 211)

Die CSU, sagt man, feiert die buntesten Feste – auch in der Hamburger JU ist die politische Funktion heiterer Geselligkeit erkannt. Die Verbandsführer investieren einen erheblichen Anteil ihrer Organisationskapazität in die Darbietung gefälliger Lustbarkeiten für ihre Mitglieder. Nachdem die Gründung von drei Jugend-Clubs geglückt war, gingen die Bezirksvorsitzenden häufiger dazu über, ihre politischen Stammtische nicht erst dann aufzusuchen, wenn eine als Referent geladene «Kapazität» einen Vortrag absolviert und einige obligatorische Verständnisfragen in eine gequälte Höflichkeitsdiskussion ausgeartet waren, sondern man verlegte die Bezirksabende am besten gleich in den Club, da nach Feststellung der Anwesenheit ungezwungener in den fröhlichen Teil des Abends übergegangen werden konnte.

Auch diese Form der politischen Bildungsarbeit verstanden die Verbandsführer abwechslungsreich zu gestalten: Die politischen Ambitionen von JU-Karrieremachern sind häufig an der Vorliebe für Privatparties zu erkennen, auf denen der Gastgeber zu früher Stunde auch einmal um Gehör bittet und auf die schweren Zeiten hinweist, die den just so unbeschwert Beisammensitzenden bald bevorstehen, die man aber nach «gewohnter erfreulicher Zusammenarbeit» zu meistern verspricht. Neben Bier- und Kegelabenden und Wirtshaustreffen sind gelegentlich auch Riverboatshuffels beliebt: Statt einer Eintrittszahlung kann man sich dort Zugang verschaffen, indem man einfach ein Eintrittsformular unterschreibt, auf dem die Mitgliedschaft in der JU erworben werden kann. Wem das gefällt, wird stets Abwechslung geboten: «Heute ist die Freundin froh – wir gehen ins ‹Polit-Bureau›!» – so lautet ein Slogan, der als «P. S.» jedes Rundschreiben schmückt, das die Geschäftsstelle in der Johnsallee verläßt.

Das Polit-Bureau ist ein lauschiger Party-Keller in der Nähe der Verbandszentrale. Da gibt es am Samstag ab 20 Uhr «Micky-Mouse à gogo – Tanz und Kurzfilme». Die Woche darauf ist «Hitparade, die Diskothek steht jedem frei – wer kann noch Platten mitbringen?» oder für den, der warten kann: «Wahl der Miß Bier – Welches Bier schmeckt am besten?», und weiter bis zur «Christmas-Party» folgen in bunter Reihe: Folklore, Polit-Quiz, «Kunst der Manipulation – Wohltätigkeitsveranstaltung mit schwarzer Magie», Preis-Skat, «JU-Kraftsporttag – Stemmen in der Halbliter- und anderen Klassen», Heurigenfest, Jam-Session und zwischendurch – Geburgstagsfeier des Landesvorsitzenden – mit freundlichen Grüßen – gez. Jürgen Echternach, MdBü.

Manchmal gehen die Jung-Christen auch an die frische Luft und veranstalten eine »Auto-Findigkeitsfahrt» – Politik wird dabei auch nicht ganz vergessen: 30000 Flugblätter sollen auf der Straße an Passanten verteilt werden. Veranstaltung des Jahres: Der Landesvorsitzende ruft zur Ausgelassenheit auf. Im Clubhaus des Ruderclubs «Favorite Harmonia» (das «Polit-Bureau» ist fast zu klein geworden) wollen «wir ... das Tanzbein und ähnliches schwingen. Um uns in Schwung zu bringen, haben wir wieder die Kapelle ‹Los Serenados› eingeladen, die von vielen auf dem letzten Landestag mit einem eigens produzierten Schlachtruf enthusiastisch gefeiert wurden. Diejenigen, die damals dabeigewesen sind, kommen sowieso wieder, dessen bin ich gewiß. Diejenigen jedoch, die damals aus unerklärlichen Gründen nicht kommen konnten, sollen zumindest wissen, wie schön es war ...»

Einen erheblihen politischen Faktor stellt auch das Reisewesen in der «Jungen Union» dar, weil hier Freundschaften gezielt angebahnt werden können. Das Arrangement des Reiseteams gehört mit zu den delikatesten Aufgaben der personalpolitischen Planung – und hier machte sogar der reisefreudige Jürgen Echternach einmal einen Fehler: Er überließ das Amt des Reisereferenten seinem Erzfeind, dem heutigen «Rebellen»-Führer Stefan Reimers, der mit Hilfe dieses Jobs Arrangements nach seinem Gusto gestalten und damit eine wichtige überregionale Kontaktbasis erobern konnte, auf Grund der er dann in einem kräftezehrenden Oppositionskampf den Monokraten Echternach fast zu Fall brachte.

(Aus: Becker/Wiesendahl, Ohne Programm nach Bonn oder Die Union als Kanzlerwahl-Verein. Reinbek 1972)

aufzusteigen. Das ist für mich eigentlich keine Art, groß zu werden, sondern ich möchte das durch meine Persönlichkeit, durch meine politischen Ansichten erreichen. Es ist gewiß leichter, einen ‹Parteifreund› abzuschießen, als selbst eine politische Position zu entwickeln und auch zu vertreten.»

Was passiert einem als Neinsager? Welche Mauern können einem dort in den Weg gestellt werden?

«Man wird kaltgestellt.»

Wie geht das?

«Man wird in den seltensten Fällen vor den Mitgliedern oder vor dem Plenum angegriffen, sondern es ist normal, daß vor Vorstandswahlen gemauschelt wird. Es fehlt dann eigentlich nur noch das Mitgliedervotum für die ausgemauschelten Pöstchen. Die Vorsitzenden treffen sich vor Wahlen, sei es im Kreis, sei es im Land, und handeln genau die Posten aus. Wenn man sich einmal unbeliebt macht, wird man in

diesen Verhandlungen nicht mehr genannt, der Name taucht unter, und andere Leute stoßen dafür nach.»

Welche Sanktionen werden angewendet, wenn du mit dem Neinsagen über die Stränge schlägst?

«Personalpolitische. Es wird gedroht, daß man beim nächstenmal nicht mehr diesen Posten bekleidet. Wenn man bereit ist, dies in die Öffentlichkeit zu tragen, wird ein Parteiausschlußverfahren angedroht.»

Es gibt eine Gruppe, die sich früher «Jugendarbeit '80» nannte und heute unter anderem Namen extrem rechtes Gedankengut in die Junge Union hereinträgt. Wie ist das Verhältnis der JU-Mehrheit zu dieser Gruppe?

«Die Mehrheit der Mitglieder kennt diese Leute überhaupt nicht. Diese Leute verhalten sich ruhig und warten darauf, daß Führungspositionen frei werden. Sie stoßen dann sofort nach und etablieren sich. Wo diese Leute hereingestoßen sind, haben sie viel Basisarbeit gemacht – keine politische Arbeit, aber sie haben viel für den Verband getan. Sie haben Feten organisiert, haben sich beliebt gemacht.

Die Mitglieder wissen nicht, daß man sie als rechtsradikal einstufen kann. In den höheren Positionen ist es allerdings so, daß man die ‹Jugendarbeit '80› und ihre Nachfolgeorganisationen gezielt bekämpft, auch mit Parteiausschlußverfahren. Aber man hat sehr, sehr lange damit gewartet. Die ‹Jugendarbeit '80› ist schon seit Jahren im Gespräch, aber erst in diesem Jahr sind Parteiausschlußverfahren angelaufen.»

Kannst du kurz die politische Position der ‹Jugendarbeit '80› und ihrer Nachfolgeorganisation beschreiben?

«Für sie gibt es nur eine Wahrheit. Sie haben einen zutiefst reaktionären Ansatz, auch in der Sexualität, in der Entfaltung des Menschen. Sie versuchen, auf alte, ganz alte konservative Gedanken zurückzugreifen. Aber zunächst versuchen sie, die Leute in ihre Richtung hin zu manipulieren. Sie sind eher ein Geheimbund, eine Bruderschaft. Ihr Erkennungszeichen ist der Siegelring mit Glocke. Es geht ihnen erst einmal darum, diese Bruderschaft mit lebenslanger Freundschaft und lebenslanger Mitgliedschaft aufzubauen, um als eine Art Geheimbund eine Wirkungsmöglichkeit zu haben.»

Wie wird das Thema «Neofaschismus» in der Jungen Union behandelt?

«Es wurde in der Jungen Union lange Zeit totgeschwiegen. Lange Zeit wurde gesagt, es gäbe keinen Neonazismus. Und wenn es einen solchen Neonazismus geben sollte, dann wäre es ja mal schön, wenn die Rechtsradikalen den Linksradikalen richtig einen aufs Dach geben würden – das, was unsere Polizei nicht darf. Das war, salopp gesagt, lange Zeit die vorherrschende Meinung. Da hat sich aber mittlerweile eine ganze Menge getan, und man beginnt, die Rechtsradikalen zu bekämpfen, weil man sie früher unterschätzt hat.»

Zum Verhältnis der Jungen Union nach links: auf dem letzten Deutschlandtag der Jungen Union sind nicht mehr die Jungsozialisten, sondern die Grünen und die Alternativbewegung als eigentlicher politischer Gegner erkannt worden. Wie ist es zu diesem Wandel gekommen?

«Die Jungsozialisten sind für die Junge Union auch mitgliedermäßig kein Thema mehr. Die Ortsverbände haben in den seltensten Fällen etwas mit JUSOS zu tun, die Kreisverbände auch nicht. Eine Unterbezirksgeschäftsführerin meinte mal zu mir: ‹JUSOS – die muß man hier einfliegen.› Und die paar JUSOS, die es noch gibt, haben sich mittlerweile mit der Alternativbewegung solidarisiert.

Die generelle Linie in der Union ist es, daß die Grünen nicht politikfähig sind, daß die Grünen ein Haufen von Chaoten, Autonomen, Schwulen und Lesben sind. Jeder, der den Schulterschluß mit den Grünen einmal wagt, auch einmal wagt, grüne Positionen zu vertreten, wird gleich sehr, sehr skeptisch angesehen. Man hat unwahrscheinliche Angst vor grünen Tendenzen in der eigenen Partei.»

Was denken konservative Jugendliche über die Friedensbewegung?

«Eine Diskussion hat es meines Wissens bei uns nicht gegeben. Auch die Literatur, die gelesen wird, ist sehr einseitig: NATO-Literatur oder von der Bundeswehr herausgegebene Publikationen. Man hat einfach diese Standpunkte noch einmal bekräftigt. Zu einer geregelten Diskussion ist es nicht gekommen.»

Du selbst hast versucht, einige Anstöße der Friedensbewegung in die Junge Union hereinzutragen. Auf welche Reaktionen bist du dort gestoßen?

«Auf Unverständnis und mitleidiges Lächeln.»

Was sind deine Schlüsselerlebnisse im politischen Handeln?

«Das schlimmste war, daß sich in mir ein gewisser politischer Ekel darüber entwickelt hat, wie Pöstchen verschoben werden, wie über Leute geredet wird. Diese Machtkämpfe werden nie öffentlich ausgetragen, sondern innerhalb der Partei. Man macht dich innerhalb der Partei fertig, besonders auf Funktionsträgerkonferenzen, wo über den Kopf dessen, der nicht anwesend ist, entschieden wird. Je höher man kommt, desto schlimmer ist das. Man diskutiert nicht mehr über Politik, man diskutiert über Pöstchen und Köpfe.»

Hat sich bei der Jugend nach der Wende etwas verändert? Hat die Erlangung der Regierungsverantwortung die CDU-Jugendorganisation verändert?

«Ja. Es ist noch schlimmer geworden. Jetzt entwickelt man sich immer mehr zum Kanzlerwahlverein, zum Kanzlerunterstützungsverein. Wer jetzt noch etwas gegen die geltende Parteilinie sagt, wird gleich als Parteischädling angesehen und jetzt erst recht rigoros unterdrückt.»

Gibt es auch programmatische Veränderungen? Hat die Junge Union nun mehr Selbstbewußtsein?

«Ja, man arbeitet auch intensiver.»

Hat die Parteijugendorganisation neue Mitglieder nach der Wende bekommen?

«Nach der Wende gab es einen starken Mitgliederzuwachs. Es waren aber größtenteils Opportunisten, die sich mal wieder ranhängen wollten. Mittlerweile ist das abgeebbt. Aber Großartiges zu verändern ist gewiß nicht der Anspruch dieser jungen Leute, die in die Junge Union eintreten. Wenn man sich mit einigen unterhält, die mittlerweile schon wieder ausgetreten sind und jetzt ehrlich darüber reden, dann hört man: na ja, wir sind eingetreten, um die Mädchen und Jungs kennenzulernen.»

Welches sind die bevorzugten Medien, die von deinen Freunden in der Jungen Union gelesen werden?

«Derjenige, der etwas auf sich hält, der auch ins ‹Dorian Gray› geht oder mit Papas Benz fährt, der liest das *Manager-Magazin, Impulse* oder *Capital.* Er versteht es zwar meistens nicht, aber es macht sich schon gut, wenn man's unter dem Arm trägt. Die bevorzugte Tageszeitung ist die *FAZ.* Die Informationsaufnahme ist sehr einseitig.»

Aber die Frauen in der Jungen Union lesen doch nicht das Manager-Magazin?

«Die meisten Frauen in der Jungen Union sind unpolitisch.»

Welche Rolle spielen sie in der JU?

«Ihr politischer Status ist schwach. Jedenfalls in der JU Hessen habe ich es noch nie erlebt, daß sich einmal eine Frau gemeldet hat. Zum Thema § 218 melden sich auch mal Frauen. In der CDU ist das teilweise anders. Aber in der Jungen Union sind die Frauen meistens ruhig, sie freuen sich auf das Bierchen nach der Sitzung oder auf den Rotwein oder vielleicht noch auf das, was nach dem Rotwein kommt ...»

Musik?

«Auf keinen Fall Udo Lindenberg oder Ina Deter oder bots ...»

... auch nicht BAP?

«BAP – das ist für diese Leute unmöglich. Die hören hauptsächlich Disko-Musik, etablierte englische oder amerikanische Gruppen, aber kaum Deutsch-Rock.»

Reisen?

«Bevorzugt auf die Seychellen, sonst mit den Eltern. Wenn man mal was geworden ist, in die Karibik oder auf die Seychellen.»

Wenn Jugendliche sich schick und teuer kleiden und in teure Diskotheken wie das ‹Dorian Gray› am Frankfurter Flughafen gehen – ist das einfach eine Mode oder ist das auch schon konservativ? Was steckt dahinter?

«Weder noch. Ich würde sagen, daß das ein Leistungsersatz ist. Man befindet sich dort schon in gehobenen Kreisen, in den Kreisen, in die man später kommen möchte. Man macht einen auf Jungmanager, auf jung und erfolgreich. Gerade im ‹Dorian Gray› ist es so, daß die Jungs unwahrscheinlich viel Geld ausgeben, unwahrscheinlich großtun, aber morgens um vier wird halt mit der S-Bahn nach Hause gefahren. Mehr Schein als Sein.»

«Etwas bewegen und bewirken»

Die Führungsriege der Jungen Union

Sein erster großer Auftritt wurde zu einer kleinen Peinlichkeit, die all seine Anhänger in schallendes Gelächter ausbrechen ließ. Als neugewählter Bundesvorsitzender der Jungen Union sollte Christoph Böhr ein bißchen für die Fernsehkameras lächeln. Vor den über 300 Delegierten des JU-Deutschlandtages im Münchener Sheraton-Hotel überbrachten zwei adrette Mädchen dem frischgebackenen Vorsitzenden den obligatorischen Blumenstrauß. Stehend applaudierten die Kongreßbesucher ihrem neuen Chef. Immerhin wurde der 29jährige Politologe aus Trier mit einem glänzenden Ergebnis gewählt: 275 Stimmen konnte er auf sich vereinigen, nur 31 Delegierte stimmten gegen den alleine kandidierenden Böhr. Doch so schön die Zeremonie auch war, alles mußte noch einmal inszeniert werden. Denn die Techniker des Bayerischen Rundfunks waren ein wenig zu langsam, die Kameras konnten das schöne Bild nicht einfangen. Also noch einmal: Blumenstrauß für den Vorsitzenden, Lächeln und Händeschütteln für die Kameras, Applaus für den O-Ton der Fernsehleute.

Solche kleinen Peinlichkeiten sind dem jungen Unionsfunktionär ein Greuel. Unkorrektheiten, Spontaneität, unvorhergesehene Abweichungen vom Regieplan – damit tut sich Christoph Böhr schwer. Flapsigkeit und Situationskomik – das paßt nicht zu ihm. Er wirkt steif. Oft ist er mit preußischer Energie bürokratisch und unpraktisch. Über jedes Telefonat läßt er von seinen Mitarbeitern Aktennotizen anfertigen. Ihm persönlich nahezukommen, fällt schwer. Kaum einer aus der JU-Führungsriege nennt ihn seinen Freund. Jeder Satz, den er formuliert, ob bei einer Pressekonferenz, ob in der Podiumsdiskussion oder im Interview, wird wohlüberlegt zurechtgeschneidert. Ganz nach dem Stil der Profilpolitiker läßt er keinen Aspekt in seinen Sätzen aus. Sein innerer Grundsatz im politischen Geschäft läßt sich mit einem Satz auf den Punkt bringen: «Bloß nicht aus der Kontrolle geraten!» Er läßt sich nicht provozieren, nicht einmal von seinen bayerischen Unionsfreunden, die es dem liberalen Christdemokraten oft genug mit politischen Attacken schwermachen.

Der stets korrekt gekleidete junge Wissenschaftler hat in seiner Jugendorganisation die «Ochsentour» gemacht. So nennen die Parteistrategen die Knochenarbeit in den lokalen und regionalen Parteigliederungen, bis man dann endlich «oben», also auf Landes- oder Bundesebene, «etwas werden kann».

Wie seinem Kanzler haftet auch Böhr etwas Provinzielles an. Die Provinz ist ihm für Diskussionen und Gespräche außerordentlich wichtig, sogar mit dem eigenen PKW fährt er Hunderte von Kilometern durch die Republik, nur um an einer abendlichen Diskussion mit einem JU-Kreisverband teilzunehmen. Die Terminfülle ist so groß, daß selbst seine in Trier sitzende Unions-Sekretärin nicht mehr damit zurechtkommt.

Trotzdem brachte er es schon zu einer ganz ordentlichen beruflichen Karriere. Christoph Böhr gehört zwar nicht zu den jungen Top-Wissenschaftlern, die mit 28 Jahren schon auf mehrere Zertifikate an ausländischen Universitäten und ein ganzes Dutzend wissenschaftlicher Arbeiten in ihren Büchern verweisen. Aber auf fleißige Arbeit und stringentes Fortkommen kann er schon zurückblicken. Germanistik, Politikwissenschaft, Philosophie und Geschichte studierte er in Mainz und an der kleinen und jungen Universität in Trier, an der er auch eine Stelle als wissenschaftlicher Mitarbeiter hatte, bevor Matthias Wissmann sich seiner annahm und ihm einen Job bei der Enquete-Kommission «Jugendprotest im demokratischen Staat» besorgte.

Verlegenheitskandidat oder Pragmatiker?

Wissmann, Böhrs Vorgänger als JU-Bundesvorsitzender, war Vorsitzender dieser Kommission, die das Verhältnis der Politiker zur Jugend nach Krawallen und Hausbesetzungen neu bestimmen wollte. Der langjährige Vorsitzende der Jungen Union, im Gegensatz zu Böhr ein großer Rhetoriker, kam mit einem glänzenden Wahlergebnis in den Bundestag und machte dort auch gleich den Sprung in die erste Reihe. Jugendpolitik interessiert Wissmann nicht mehr, er baut seine Karriere jetzt als wirtschaftspolitischer Sprecher seiner Fraktion in den «großen» Themen auf.

Nach Ablauf der Arbeit in der Enquete-Kommission zog Christoph Böhr wieder in die Provinz. Am Philosophischen Institut der katholisch und erzkonservativ geprägten Trierer Universität fand er wieder einen Wissenschaftler-Job, dem er auch noch als vielbeschäftigter JU-Funktionär nachgeht. Mit einem Büro und einer Sekretärin läßt sich dies auch vereinbaren. Doch kräftig anstrengen muß er sich schon, um als Nachfolger des sehr erfolgreichen Matthias Wissmann auch eigenständiges Profil zu gewinnen.

Der Münchener Deutschlandtag machte ihm das nicht leicht. Von einem «Verlegenheitskandidat» sprach ein nordbadischer Delegierter bei der Kandidatenbefragung. Die Junge Union sei insgesamt in einem derart desolaten Zustand, daß es für einen richtigen Vorsitzenden nicht reiche. Die Tatsache, daß nur ein Kandidat für das Vorsitzenden-Amt nominiert wurde, bewertete der Delegierte als «personelle Auszehrung des Bundesverbandes». Doch der Jungunionist mit den kritischen Tönen blieb auf dem JU-Kongreß in der Minderheit. Ähnlich kritische Stellungnahmen wurden von der Versammlungsmehrheit erdrückt. Nur ein Delegierter erlaubte sich, bei der Kandidatenbefragung ein paar «knifflige Fragen» zu stellen.

In seiner Kandidatenvorstellung ließ Christoph Böhr schon die Zielrichtung seiner zukünftigen Arbeit erkennen. Er lege besonderen Wert auf die Verbesserung der Basisarbeit in seiner Organisation. Die Junge Union solle nicht nur Tagespolitik machen, sondern programmatisch vorausdenken und den beiden Mutterparteien Impulse mit auf den Weg geben. In der Friedensdiskussion forderte er seine Mitglieder zu «differenziertem Denken und Argumentieren» auf: «Es ist keine Alternative, uns vom Denken zu suspendieren, es ist auch keine Alternative, Fernsehmoderatoren zu suspendieren.»

Kärrnerarbeit nach innen und liberale Offenheit nach außen – das scheint seine Strategie zu sein. Dabei wird es notwendig, hin und wieder kritische Töne gegenüber den Politikern der beiden Mutterparteien anzuschlagen. Wie soll auch anders ein eigenes Profil der Jugendorganisation und ihres Vorsitzenden entwickelt werden? Seinen liberalen Weg nennt er «die Strategie der Repolitisierung».

Doch über die grundsätzliche Loyalität zum rheinland-pfälzischen Bundeskanzler besteht bei Christoph Böhr kein Zweifel. Von Journalisten vor seiner Wahl befragt, erklärte der Kandidat, er schätze den Führungsstil des Kanzlers ganz besonders. Mit dem Führer der bayerischen Unionspartei hat der JU-Chef größere Probleme. Als sich der bayerische Ministerpräsident und der Bundeskanzler auf dem Deutschlandtag der Jungen Union über aktuelle Regierungskonflikte duellierten, machte Christoph Böhr aus seiner Position keinen Hehl. Während die Mehrheit der neu gewählten Vorstandsmitglieder die

Strauß-Rede stehend beklatschte, blieb er demonstrativ auf seinem Stuhl sitzen. Vorsichtig und ironisch bemerkte er zu Spekulationen über ein Ministeramt für Strauß in Bonn: «Franz-Josef Strauß ist ein hervorragender Ministerpräsident von Bayern, und ich kann mir ihn auch in Zukunft in dieser Position sehr gut vorstellen.»

In seinem neugewählten 15köpfigen Bundesvorstand der Jungen Union sind 14 Akademiker, davon allein neun Juristen. Also auch in der Führungsriege spiegelt sich die Lieblingskarriere aller Jungunionisten wider. Nur ein weibliches Vorstandsmitglied darf in der Paragraphen-Riege mitmachen. Ihre Kandidatur wurde sogleich von einem männlichen Bewerber mit chauvinistischen Witzeleien quittiert. Selbstverständlich würde er auch mit einem netten Mädchen im Vorstand plaudern wollen, schmeichelte der junge Herr in seiner Kandidatenvorstellung gegenüber den überwiegend männlichen Delegierten. Andere Bewerber für die Vorstandsposten glänzten mit ganz anderer Mannesehre. Gleich drei Kandidaten verwiesen stolz auf ihre Bundeswehr-Dienstgrade: ein Oberstleutnant der Reserve, ein Hauptmann der Reserve und auch ein aktiver Panzerschütze in der Grundausbildung.

Seinen Durchbruch im bundespolitischen Geschäft schaffte Christoph Böhr auf dem CDU-Parteitag in Stuttgart im März 1984. Das geplante «Amnestie-Gesetz» der Unionsfraktionen im Bundestag für die Rehabilitierung ihrer Steuersünder wurde sehr entschieden von der Jungen Union kritisiert. Während einige Delegierte aus den Reihen des Ringes Christlich-Demokratischer Studenten RCDS und der Jungen Union kräftig auf den Busch klopften, sorgte Christoph Böhr für den sachlichen Teil der Kritik. Ruhig und freundlich im Ton, kein Wort zuviel wagend, unterzog er den Gesetzentwurf dennoch einer klaren Kritik. Ein Kommentar aus dem Bonner JU-Büro zu seinem Stuttgarter Jungfern-Auftritt: «Damit ist Böhr aus dem Schatten getreten.» Auf einmal gab es Zitate und Fotos von Christoph Böhr in Nachrichtenmagazinen und Wochenzeitungen. Sein Profil als liberale Kraft in der Union nahm Gestalt an.

Die Bayern wollen mehr

Doch die brav artikulierte und vorsichtige Kritik kostete die Unionsjugend einiges. In Bonner Kreisen hieß es, die Mutterpartei habe die Jugendorganisation wegen ihrer kritischen Haltung schon vor dem Parteitag kräftig an die Kandare genommen. Mit Grauen beobachten die Unionsoberen eine Entwicklung, von der sie fürchten, daß sie ähnliche Probleme bringen könnte, wie sie die Regierungspartei SPD mit den Jungsozialisten erlebte. Aber ihre Angst ist unberechtigt. Dafür ist der Einfluß der bayerischen Bremser, vertreten durch den stellvertretenden Vorsitzenden «Beppo» alias Josef Nachmann in der Jugendorganisation zu groß. Er gilt als der verlängerte Arm des Strauß-Freundes Alfred Sauter, der Bundestagsabgeordneter in Bonn und JU-Vorsitzender in Bayern ist. Sauters Parole für die «Junge Union nach der Wende»: «Neubeginn nach der geistig-moralischen Führungslosigkeit der liberal-sozialistischen Ära.» Für ihn ist jetzt die Zeit gekommen, um «die geistig-politische Führung in Deutschland zu übernehmen und die unserer freiheitlich-demokratischen Gesellschaft innewohnenden Grundwerte zu erneuern». Die Union müsse «gerade jetzt in den Fragen deutscher Politik kompromißlos auftreten, in denen das Grundwertegefüge unserer Vorstellungen berührt wird». Deshalb hört der eifrige JU-Mann auch nicht auf, eine entsprechende Regierungsbeteiligung der Bayern zu fordern: «Alle Vorsitzenden von Koalitionsparteien gehören nach Bonn.»

Für Beppo Nachmann ist die Wende in Bonn noch nicht vollzogen, erklärte der junge Jurist kurz nach seiner Wahl in den JU-Bundesvorstand, «wir müssen die Wende erst einklagen». Innenminister Friedrich Zimmermann sei der einzige Minister im Kohl-Kabinett, der die Wende absolut eingeleitet habe, meinte der forsche Bayer.

Doch egal zu welchem politischen Flügel die Jungpolitiker gehören, für sie alle ist die Kärrnerarbeit in der Jungen Union eine entscheidende Bedingung für das persönliche Fortkommen in der Partei. Wer in der CDU oder CSU etwas werden will, kommt kaum an der JU vorbei. Dies bestätigt auch der Politikwissenschaftler Wolfgang Hakkel (42) in seiner Studie «Die Auswahl des politischen Nachwuchses in der Bundesrepublik Deutschland. Die Junge Union als Sprungbrett für politische Karrieren in der CDU». Der Berliner Politikwissenschaftler war von 1969 bis 1971 Pressesprecher der CDU Berlin und Wissenschaftlicher Referent des Bundesverbandes der Jungen Union. Er untersuchte systematisch die Karrieren von höheren Parteifunktionären der CDU in Berlin und Rheinland-Pfalz. Der Parteiforscher stellte fest, «daß es nur sehr wenigen jungen Politikern gelungen ist, ohne oder gar gegen die Junge Union in wichtige Partei- oder Parlamentsämter vorzustoßen».

Machttechniker und Pragmatiker

Wolfgang Hackel unterschied in seiner Arbeit sieben Politikertypen in der CDU: Pragmatiker, Machttechniker, Funktionäre, ambitionierte Mitläufer, Idealisten, sachbezogene Individualisten und Programmatiker. Während die «Individualisten regelmäßig den kürzeren zogen», nahmen die Programmatiker und die Pragmatiker vor allem die Schlüsselpositionen ein. Die Programmatiker, als «Chefideologen» und als «geistige Führer akzeptiert», bildeten «mit den pragmatisch ausgerichteten Führungspersonen ein Tandem, von dem beide Teile profitierten». Die Pragmatiker wiederum standen innerhalb der Jungen Union «im Regelfalle an vorgeschobenen Positionen und prägten somit das Gesicht des Verbandes recht wesentlich mit. Die erfolgreichen personalpolitischen Entwicklungsphasen der JU waren vom Pragmatismus gekennzeichnet.» Eine Sonderstellung nehmen in Hackels Untersuchung die «Machttechniker» ein: «Sie standen als ‹Manager des Aufstiegs› mehr in der zweiten Reihe, bereiteten Absprachen und Koalitionen vor und waren über personalpolitische Veränderungen sowie über innerparteiliche Auseinandersetzungen stets gut informiert. Wegen dieser Funktion wurden sie gelegentlich angegriffen, aber auch gefürchtet und nur sehr selten aus dem politischen Geschäft ausgeschaltet.»

Doch ohne die «Ochsentour» schaffte es kaum einer. Wolfgang Hackel resümiert: «Das Bild vom ‹Politiker mit Ellenbogen› kann weitgehend als zutreffend bezeichnet werden.»

In dieses Bild paßt auch Christoph Böhr. Seine «Ochsentour» – von der Parteiarbeit in der Provinz bis zur Bundespolitik – hat er fast hinter sich. Gerne pflegt er selbst das Image des «Programmatikers» in seiner Organisation – auch wenn es dazu manchmal nicht ganz reicht. Doch der «Machttechniker» im Hintergrund ist er sich bei seiner Arbeit sicher. Roland Koch, graue Eminenz des hessischen Landesverbandes, gilt bei JU-Insidern als der starke Mann hinter Christoph Böhr, der ihm hin und wieder auch die liberale Stange hält. Den «machttechnischen» Gegenpart spielt Josef «Beppo» Nachmann, wie Roland Koch auch Stellvertreter von Böhr, der sich als «Einpeitscher» der bayerischen Positionen betätigt.

Wenn es nach der Analyse seines Berliner Wissenschaftlerkollegen und Parteifreundes Wolfgang Hackel geht, dann stehen für Christoph Böhrs Unionskarriere alle Signale auf Grün.

Christoph Böhr

Wie sind Sie Bundesvorsitzender der Jungen Union geworden?

«1970 bin ich in die Junge Union eingetreten. Damals war ich 16 Jahre alt und Klassensprecher in meiner Schule. Das war damals die Zeit der großen politischen Auseinandersetzungen in den Schulen, eine phasenverschobene 1968er Diskussion, die sich stark polarisierend auch an den Schulen ausgewirkt hat. Über dieses Engagement in der Schule bin ich zur Jungen Union gestoßen. Ich war zunächst Ortsvorsitzender, dann habe ich im Kreisverband der Jungen Union mitgearbeitet. Ein für mich prägendes Erlebnis war der Bundestagswahlkampf 1972, der sehr emotionalisiert, aber auch sehr stark in der Sache geführt wurde. Bei aller Kontroversität und aller Emotionalisierung der Diskussion ging es trotzdem um wirklich wichtige politische Fragen, beispielsweise um die Ostpolitik.

1974 wurde ich Kreisvorsitzender der Jungen Union. Das ist die mittlere Organisationsstufe unseres Verbandes. Ich habe dann auf Bezirks- und auf Landesebene mitgearbeitet und wurde 1979 in den Bundesvorstand gewählt. Dort zuständig zunächst für die Fragen der Grundsatzpolitik, weil das seit Anbeginn eigentlich für mich das zentrale, bedeutendste Motiv war, mich politisch zu engagieren.

1983 wurde ich Nachfolger von Matthias Wissmann als Bundesvorsitzender der Jungen Union. Ich baue auf Bundesebene sehr stark auf den Erfahrungen auf, die ich als Kreisvorsitzender gemacht habe. Das ist ein Amt, wo politisches Engagement in seinen Auswirkungen und Folgen konkret erlebbar ist. Zum Beispiel haben wir vor einigen Jahren eine Initiative für den Ausbau der Berufsschulen in Trier gegründet. Dort hat sich innerhalb kurzer Zeit Nachhaltiges und Wesentliches getan. Da stehen heute sechs, sieben Gebäudekomplexe, die man sehen kann: etwas Erlebbares und Erlebnisfähiges. Deswegen denke ich noch oft an diese Zeit. Das ist auch meine Vorstellung von Politik überhaupt: daß man nicht im abstrakten und theoretischen Bereich etwas tut, sondern dort, wo man auch die Folgen sieht. Je höher die politische Ebene, umso weniger besteht diese Möglichkeit dazu.»

Ist Ihr politischer Werdegang ein typischer?

«Ich bin für diesen Werdegang schon deshalb sehr dankbar, weil man viele Erfahrungen auf ganz unterschiedlichen Ebenen gemacht hat. Es besteht doch immer ein wenig die Gefahr, daß man auf Bundesebene sonst ‹abhebt›.»

Sie waren auch wissenschaftlicher Mitarbeiter der Enquete-Kommission des Bundestages «Jugendprotest im demokratischen Staat», haben dort beurteilen müssen, was junge Menschen in diesem Land denken. Fühlen Sie sich selbst noch als Jugendlicher?

«Ja. Für mich spielt die Jugendpolitik eine sehr zentrale Rolle, um mal ein aktuelles Beispiel zu nehmen: Wie kommt man mit dem Wertekonflikt in unserer Gesellschaft zurecht; Wie kommen wir damit zurecht, daß sich unsere Gesellschaft in eine Art ‹Gegengesellschaft› und eine ‹Mehrheitsgesellschaft› auseinanderdividiert; wie kommen wir mit den Kommunikationsschwierigkeiten dieser unterschiedlichen Vorstellungen von Gesellschaftlichkeit überhaupt zurecht. Das sind alles Probleme der Jugendpolitik. Mich interessiert deswegen die Jugendpolitik, weil die Jugendlichen diejenigen sind, die Alternativen zum Herkömmlichen vertreten. Natürlich bewegen sich in der Alternativszene nicht nur Jugendliche, aber sie sind doch der nachdrückliche Träger dieser Entwicklung.»

Warum wählten Sie eine politische Karriere, nicht etwa eine Karriere in der Wirtschaft oder in der Verwaltung? Zufall?

«Ich glaube nicht. Anfang der 70er Jahre, als ich begonnen habe, war es sicherlich keine bewußte Entscheidung, sondern die Bereitschaft und das Bedürfnis, mich politisch zu engagieren. Das hat sich dann fortgesetzt, auch weil die Arbeit Spaß gemacht hat und man gesehen hat, daß man etwas bewegen und bewirken kann. Ich wäre auch sehr vorsichtig, in diesem Zusammenhang von Karriere zu sprechen, weil der Begriff normalerweise nicht positiv benutzt wird. Sonst würde ich ihn einfach verstehen als ein Vorankommen, als ein Fortschreiten in Funktionen, damit auch als die Zunahme der Möglichkeiten, politisch etwas bewirken zu können. Es ist natürlich ein Unterschied, ob ich Ortsvorsitzender der Jungen Union oder Bundesvorsitzender bin – hinsichtlich meiner Fähigkeiten, in der Politik etwas auf den Weg bringen zu können. Das wäre für mich ein wertfreies Verständnis von Karriere. Aber der Bundesvorsitzende der Jungen Union ist ja eine rein ehrenamtliche Funktion, nicht einmal eine nebenberufliche.»

Gab es Erlebnisse und Erfahrungen, die beinahe einen Abbruch dieses politischen Weges herbeigeführt hätten?

«Ja, die gibt es häufig, die gibt es auf allen Ebenen, auf denen man tätig ist.»

Können Sie Beispiele nennen?

«Seine Ziele nicht umsetzen zu können, zu scheitern an Widerständen. Dabei denke ich gar nicht in erster Linie an die eigene Partei. Im kommunalpolitischen Bereich beispielsweise stehen eine Fülle von ganz unterschiedlichen Interessen eigenen Zielen im Wege. Oft erlauben Finanzprobleme es nicht, daß eigene Ziele schnell in Wirklichkeit umgesetzt werden. Das sind – ich will nicht sagen tägliche – aber doch häufige Enttäuschungen.

Nur meine ich, wenn man sich selber treu bleiben will, muß man mit diesen Enttäuschungen auch fertig werden. Denn dadurch, daß man sich resigniert zurückzieht, trägt man den eigenen Zielen keine Rechnung mehr. Das empfinde ich schon fast als Verrat an den eigenen Zielen, wenn man sich durch diese Enttäuschungen aus dem Gleis werfen läßt.

Ich könnte mir aber vorstellen, daß konkurrierende Tätigkeiten und Interessen so stark werden, daß sie zum Ausstieg aus der Politik führen. So etwas bewerte ich aber sehr positiv. Mein ‹Berufsbild› des Politikers entspricht nicht der Vorstellung, daß man mit 16 Jahren anfängt und bis zum Ruhestand in der Politik bleibt. Mir liegt sehr daran, daß zwischen der Politik und anderen Bereichen mehr Wechsel und Austausch möglich wird.»

Welche Schwerpunkte gab es in Ihrer politischen Sozialisation: das Elternhaus, die Schule? Sie haben in Trier ein humanistisches Gymnasium besucht.

«Die Schule spielte sicherlich eine Rolle. Dort wurde ich zum erstenmal mit politischen Diskussionen konfrontiert. Das Elternhaus spielte dabei keine Rolle, weil es ein typisches nichtpolitisches Elternhaus war, in dem zwar über Politik diskutiert wurde, aber doch außerordentlich selten, es gab kein besonderes Verhältnis zur Politik, weder im positiven, noch im negativen Sinne. Politik wurde als notwendig akzeptiert, darüber hinaus war Politik jedoch kein Thema.

In der Schule war das anders. Gerade in den späten 60er Jahren stand Politik in vielen Fächern im Mittelpunkt. Das war wahrscheinlich der ausschlaggebende Faktor gewesen, es nicht nur beim schulpolitischen Engagement zu belassen.»

Welche Rolle spielte die katholische Umgebung, Trier als christlicher Nährboden?

«Das spielt für meinen weltanschaulichen Hintergrund eine wichtige Rolle, auch für meine politischen Auffassungen und mein Politikverständnis. Die katholische Umgebung war nicht Motiv und nicht Auslöser für dieses politische Engagement, aber sie prägt mich persönlich in sehr tiefer und sehr nachhaltiger Weise. Dort, wo ich politische Ziele formuliere und politische Entscheidungen treffe, stehe ich auf diesem weltanschaulichen Boden und bin mir dessen auch sehr bewußt.»

Auf dem Deutschlandtag der Jungen Union sind Sie vor Ihrer Wahl persönlich sehr heftig angegriffen worden, vor allem in der Kandidatenvorstellung. Tut so etwas weh?

«Ja, das tut immer weh, weil ein persönlicher Angriff eben nicht nur auf falsche politische Vorstellungen zielt, sondern auch die Person treffen soll. Ich habe diese Diskussion damals nicht so sehr als persönlichen Angriff verstanden, aber es gibt natürlich Diskussionen, in denen solche Angriffe noch schärfer als dort zu spüren sind. Das darf aber kein Grund sein, die Flinte ins Korn zu werfen. Ich will jedoch nicht verhehlen, daß so etwas schmerzt.»

Beim Durchsehen von Presseveröffentlichungen zu Konflikten innerhalb der Jungen Union erkennt man, daß zwar viele Kämpfe wie bei anderen politischen Organisationen Auseinandersetzungen um politische Positionen sind, Fraktionskämpfe halt, daß in der Jungen Union aber das Gerangel um Posten und Pöstchen, um Führungsfragen sehr dominant ist. Woher kommt das?

«Zunächst bestreite ich diesen Eindruck. Wenn ich mir die einjährige Diskussion vor jedem Bundeskongreß der Jungsozialisten ansehe, das täglich neu aufgerollte Pokerspiel um die Frage, welcher Flügel sich durchsetzt ...»

... gemeint sind nicht die politischen Flügelkämpfe, sondern die nicht mehr inhaltlich erklärbaren Auseinandersetzungen.

«Natürlich gibt es solche Konflikte, zum Beispiel wenn irgendwelche Listen für Wahlen aufgestellt werden. Da gibt es – wie überall – auch persönliche Konkurrenzen zwischen Mitgliedern der Jungen Union. Das ist das alltägliche Geschäft jeder politischen Organisation, daß mehrere Leute auf Positionen drängen, schlicht auch Positionen haben wollen, sicherlich zum Teil auch aus persönlichen Motiven. Ich finde allerdings, daß dies zur Lebendigkeit einer Organisation dazugehört. Ich halte das alles für legitim und auch für wichtig, damit ein Verband nicht erstarrt – solange eben nicht die Position um der Position willen angestrebt wird.»

Zum Verhältnis der Jugendorganisation zur Mutterpartei. Sie als neuer Vorsitzender müssen Ihr Amt ja auch mit Selbstbewußtsein ausfüllen. Wie wollen Sie die Stärke der Jugendorganisation gegenüber der Mutterpartei durchsetzen?

«Aus der Fülle der Aufgaben, die sich der Jungen Union insbesondere nach dem Regierungswechsel stellen, müssen wir zwei in besonderer Weise aufgreifen. Einmal nämlich den Versuch machen, die Partei dort zur Konkretisierung zu zwingen, wo sie der Versuchung erliegt, sich in allgemeine Formulierungen zu flüchten und die Kontroversen nicht einmal beim Namen zu nennen, geschweige denn auszudiskutieren. Das ist eine Tendenz, die in der CDU nicht neu ist, die gelegentlich auch ganz bewußt so gewollt wird. Ich halte dieses für schlecht. Von einer Regierungspartei wird erwartet, daß sie sagt, was konkret beabsichtigt wird.

Der zweite Punkt, vielleicht noch wichtiger: Die Junge Union muß Themen aufgreifen und konzeptionell angehen, die in der Partei kaum eine oder überhaupt keine Rolle spielen. Und das sind samt und sonders die typischen Zukunftsthemen. Die Frage nach der Zukunft unserer Industriegesellschaft halte ich für die zentrale Diskussion, die wir führen müssen. Die CDU stellt sich dieser Diskussion nicht, sie erweckt statt dessen den Eindruck, als ob im Grunde genommen eine mehr oder weniger modifizierte Fortschreibung bestehender Verhältnisse automatisch auch in eine erfolgreiche und geglückte Zukunft führen würde. Ich habe erhebliche Zweifel, ob das so geht.»

Was ist die neue Rolle der Jungen Union nach der Wende? Ist sie jetzt die Regierungsjugend?

«Nein, das darf sie nicht sein. Ihre Rolle definiert sich aus den beiden letztgenannten Punkten. In Zeiten der Opposition war ja die eigene Partei in geringerem Maße unser Kontrahent und Partner der Auseinandersetzung, weil es die gemeinsame Zielsetzung von Junger Union und Mutterpartei gab, Wahlen zu gewinnen. Das änderte sich seit der Übernahme der Regierungsverantwortung durch die CDU / CSU. Die eigene Partei wird jetzt sehr viel stärker herausfordernder Partner für die Junge Union. Wir müssen unseren Blick nun mehr als bisher auf das konzentrieren, was die CDU / CSU tut. Da muß natürlich auch ein Wechsel im Rollenverständnis des Jugendverbandes vonstatten gehen.»

Aber wenn die Junge Union heftig motzt, bekommt sie von der Mutterpartei doch gleich einen auf den Deckel.

«Wo gibt es denn einen auf den Deckel? Ich habe das bisher nicht erlebt. Natürlich kann man nicht erwarten, wenn man Kritik übt, anschließend mit einem Blumenstrauß beschenkt zu werden. Das ist das Problem einer großen Volkspartei, nicht der Jungen Union. Ohne Zündstoff erstarrt eine solche Partei. Im Falle der CDU: Sie entwikkelt sich zum Kanzlerwahlverein zurück.»

In welchen Zeitmaßstäben denken Sie eigentlich? Wie viele Jahre planen Sie Ihre eigenen politischen Hoffnungen und Ziele voraus?

«Ich wurde mit 29 Jahren zum Vorsitzenden der Jungen Union gewählt. Die Altersgrenze in der JU liegt bei 35 Jahren. Das heißt: Ich werde entweder zwei oder vier Jahre im Amt bleiben können. Nach vier Jahren bin ich dann 33. Ich denke, daß spätestens dann, nach zehnjähriger Amtszeit meines Vorgängers und vier weiteren Jahren meiner Amtszeit ein Generationswechsel stattfinden muß, so wie er in unserer Organisation auf den unteren Ebenen schon in den letzten Jahren in rasanter Weise vollzogen wurde. Ich habe den Eindruck, dort sind es in der Mehrzahl die 16- bis 18jährigen, die die Arbeit machen.»

Die Junge Union hatte in den letzten Jahren oft Probleme mit zu vielen «unpolitischen» Mitgliedern, die über lockere «JU-Parties» u. a. für die Jugendorganisation gewonnen wurden. Wie soll jetzt die Nachwuchsrekrutierung gestaltet werden?

«Wir hatten in den 70er Jahren hochpolitisierte Diskussionen. Das hat sich geändert. Jetzt müssen wir mehr Wert auf politische Bildungsarbeit legen, das ist ein typisches Problem unserer internen Struktur.

Es ist sozusagen eine Strategie der Repolitisierung unserer Arbeit notwendig. Heute ist überhaupt unter jungen Leuten die Bereitschaft, politisch zu denken, nicht mehr in dem Maße gegeben, wie das früher der Fall war.»

Im Rechenschaftsbericht des letzten Deutschlandtages wurde die Dominanz von Schülern und Studenten im Verband bedauert. Was ist die Ursache dafür, daß gerade diese Jugendlichen zur Jungen Union strömen?

«Unbestritten gibt es eine Dominanz von Schülern und Studenten, die allerdings bei anderen politischen Jugendorganisationen noch ausgeprägter ist. Die Ursache liegt auf der Hand. Ich will das an einem Beispiel verdeutlichen: Ich habe mich als Kreisvorsitzender der Jungen Union Trier bemüht, einen aktiven Kreis junger Auszubildender auf Kreisebene aufzubauen. Dabei gab es viele Probleme, weil die Fluktuation bei den Auszubildenden sehr groß ist; wenn die ihre Lehre beendet haben und nach einem Arbeitsplatz suchen, müssen sie mobil sein. Jemand, der sich tagsüber 12 Stunden lang die Beine in den Bauch gestanden hat, um halb acht dann endlich Feierabend hat, der will verständlicherweise nicht eine halbe Stunde später zu einer Kreisvorstandssitzung der Jungen Union gehen.

Aber die Unterschiede in der Mitgliedschaft sind sicherlich nicht repräsentativ für die Zustimmungsbereitschaft der genannten Gruppen gegenüber der Jungen Union. Wenn wir eine Flugblattaktion vor den Berufsschulen machen, dann ist die Zustimmungsbereitschaft spürbar größer als bei den Gymnasiasten. Nur die Bereitschaft, sich zu aktivieren, ist eben eine andere.»

Betrachten wir einmal den Aspekt Jugendkultur. Auf der einen Seite die sogenannte alternative Jugend mit ihren Moden und Ausdrucksformen, auf der anderen Seite eine Jugend, die gerne als «positive Jugend» bezeichnet wird.

Diese sogenannte «positive Jugend», wie sie auch in Kreisvorständen und Landesvorständen der Jungen Union zu finden ist, ist das die Vertretung für Jugendliche, die unter Arbeitslosigkeit leiden, Wohnungsmangel haben, wegen struktureller Mängel auf dem Land weit pendeln müssen?

«Ein Jugendverband, der überhaupt noch eine politische Richtung haben und konzeptionell arbeiten will, kann sich immer nur in einem begrenzten Spektrum programmatisch entwickeln. Er kann ja nicht alles aus der möglichen Vielfalt an Positionen und Richtungen abdekken. Da ist es sicher so, daß die Junge Union einen ganz bestimmten Ausschnitt der Jugend der Bundesrepublik Deutschland in ihrer Mitgliederschaft repräsentiert. Diejenigen, die in der Protestbewegung stehen, fallen beispielsweise in diesen Ausschnitt nicht hinein. Sie gehören nicht zum Mitgliedspotential der Jungen Union.

Allerdings stellt sich für die Junge Union die Frage, wie wir uns mit jenen auseinandersetzen, die aus politischen Motiven weit von uns entfernt stehen, oder mit jenen, die aus viel vordergründigeren Motiven heraus weiter von uns entfernt sind: weil sie einen ganz anderen Habitus haben, ganz andere Ausdrucksformen und Kommunikationsweisen. Da müssen wir uns fragen, was die Motive und die Ursachen des Verhaltens derjenigen sind, die zu dieser Mehrheitsgesellschaft nicht mehr gehören, sondern sich ausgebürgert haben. Diese Auseinandersetzung führen wir nicht, um diese Leute für uns zu gewinnen, sondern weil wir vermuten, daß sich dort für unsere ganze Gesellschaft bedeutsame Entwicklungen abzeichnen, an denen ein politischer Jugendverband nicht vorbeigehen darf.

Davon unterscheiden möchte ich den zweiten Teil Ihrer Frage. Ich finde schon, daß die Junge Union die Interessenvertretung derjenigen ist, die keine Arbeit finden und keinen Ausbildungsplatz haben. Keine andere Jugendorganisation widmet sich mit dieser Beharrlichkeit und dieser Ernsthaftigkeit diesen Problemen. Wir greifen die Probleme dieser Jugendlichen auf und machen sie uns zu eigen.»

Der 15köpfige Bundesvorstand der Jungen Union besteht aus 14 Akademikern, davon allein neun Juristen. Ist das nicht ein wenig einseitig, wenn es um die Vertretung der Interessen Jugendlicher geht?

«Ja, sicher ist das einseitig. Der Bundesvorstand der Jungen Union ist ja auch nicht allein repräsentativ für die ganze Junge Union. Das, was die Junge Union ausmacht, ist ja etwas anderes. Das sind die Aktivitäten, die vor Ort entfaltet werden, über die sich die Junge Union darstellen kann. Da sieht das ganz anders aus.

Ich will aber überhaupt nicht darüber hinwegtäuschen, daß es sinnvoll und notwendig wäre, den Anteil der Akademiker im Bundesvorstand zu verringern.»

Wie kommt es denn, daß gerade so viele Rechtswissenschaftler darunter sind?

«Ich kann die Frage nicht beantworten, ich weiß es nicht. Das hat sicherlich damit zu tun, daß sich die Rechtswissenschaft nach wie vor in einem besonderen Verhältnis zu politischen Diskussionen bewegt. Das Leistungs- und Anforderungsprofil des Juristen überlappt sich mit dem Berufsbild eines Politikers. Das könnte einer der Gründe sein.»

Sie sagten eben, daß die Junge Union sich ernsthaft mit den Problemen der jugendlichen Arbeitslosen beschäftige. Darüber wurde aber auf dem Deutschlandtag der Jungen Union im vergangenen Herbst nichts gesagt, darüber wurde nichts beschlossen, auch nicht diskutiert.

«Deswegen nicht, weil der Deutschlandtag 1982 ausschließlich zu diesem Thema stattgefunden hat. Unsere Beschlüsse sind dann in die Arbeit der Zukunftskommission der CDU eingegangen. Etliche unserer Beschlüsse sind vom Kleinen Parteitag der Mutterpartei übernommen worden. Damit ist das Thema von der Beschlußlage her jetzt abgeschlossen. Aber dem Arbeitslosen helfen keine Beschlüsse. Er sieht ja nicht die Folgen für sich. Wir wollen deshalb auch einen praktischen Beitrag zu diesem Problem leisten, indem wir etwa Lehrstellenbörsen anbieten, Informations- und Aufklärungsarbeit leisten.»

Dennoch sind die Diskussionen ja ein Zeichen für die Relevanz des Themas in den Köpfen der Mitglieder. Genauso wie Sie eben argumentiert haben, wurde auf dem erwähnten Deutschlandtag das Thema Friedensbewegung bzw. Friedenspolitik abgehakt: Man würde jetzt darüber nichts mehr sagen, zwei Jahre zuvor sei schon ein Beschluß zum Thema gefaßt worden. Dabei blieb es dann auch. Zwischenzeitlich gab es eine intensive Friedensdiskussion in der Öffentlichkeit. Vor allem für Jugendliche hat diese Diskussion sicherlich eine bedeutende Rolle gespielt. Ist das nicht ein bißchen arrogant, wenn eine Jugendorganisation dann nur auf ihre vorherigen Beschlüsse hinweist?

«Nein, das ist überhaupt nicht arrogant. Es wäre arrogant, wenn dabmit für uns die Diskussion zu Ende wäre. Mit den Beschlüssen eines Deutschlandtages ist für uns das Problem nicht erledigt. Es ist nur einfach nicht möglich, daß jeder Deutschlandtag zu allen Themen, die aktuell anstehen, in ausreichender Tiefe diskutiert und Beschlüsse faßt. Auf dem letzten Deutschlandtag haben wir in der Umweltpolitik einen völlig neuen konzeptionellen Ansatz diskutiert. Damit ist aber die Diskussion vergangener Kongresse zu anderen ebenfalls wichtigen Themen nicht zu den Akten gelegt worden.»

Wenn es um das Selbstbewußtsein einer Jugendorganisation der Mutterpartei gegenüber geht, so wird von Jugendlichen doch auch erwartet, daß ein bißchen mehr Nachdenken über NATO-Positionen und *NATO*-Strategiepapiere erkennbar wird, statt Verweisen auf schon beschlossene Standpunkte, die sich nie wieder ändern.

«Es kann auch gar keine Rede davon sein, daß sich das nie wieder ändert. Nur das Nachdenken schlägt sich nicht immer anderntags in den Schlagzeilen nieder, denn dann war das Nachdenken nicht sehr viel wert.»

Zur Diskussion der «Eliteförderung» an den Hochschulen. Sie sind selbst Wissenschaftler. Besteht bei dieser Diskussion nicht die Gefahr, daß viele sich auf eine Elite Hoffnungen machen, die weniger die geistige meint, sondern die des großen Geldes? Chancenvorteile durch den Geldbeutel der Eltern, durch Protektion, eine Partei oder studentische Verbindungen?

«Dazu darf es nicht kommen. Auch aus diesen Gründen bin ich der Auffassung, daß die unter dem Stichwort ‹Elitehochschule› diskutierten Vorschläge keine Lösung unserer Probleme sind. Ich bin sehr wohl der Meinung, daß wir den Standard in unseren Universitäten allmählich wieder heben müssen. Es hat wenig Sinn, einem Studenten bis zum achten Semester vorzugaukeln, daß aus ihm eine hochqualifizierte wissenschaftliche Kraft werden könnte, wenn es nun mal schlicht nicht dafür reicht. Da muß man Wege finden, wie man das Anforderungsprofil heben kann.»

Also eine stärkere Leistungsorientierung an den Hochschulen?

«Ganz sicher. Und es müssen auch bestimmte Voraussetzungen beim Namen genannt werden. Ich halte es nicht für gut, was ich gelegentlich erlebt habe, daß ein Student im höheren Semester in einem vierseitigen Thesenpapier auf jeder Seite 25 Rechtschreibfehler produziert.

Das werden wir aber sicherlich nicht erreichen, wenn die staatlichen Hochschulen so bleiben, wie sie sind, und zwei, drei Eliteuniversitäten geschaffen werden. Aus einer Fülle von Gründen kann ich auch nicht die Einführung von Studiengebühren akzeptieren. Das wäre ein sozialer Numerus clausus.»

Was heißt für Sie «Elite»?

«Für mich heißt ‹Elite›, daß es eine Gruppe von Personen gibt, die in ganz unterschiedlichen Bereichen zu überdurchschnittlichen Leistungen in der Lage sind, und zwar ebenso im Bereich des Handwerks wie in der theoretischen Physik, als Schreiner, Kunstschmied oder Biochemiker.»

Unter Jugendlichen ist neuerdings ein stärkeres Nachdenken über Nation und Nationalbewußtsein zu beobachten. Zum Teil ist auch ein größeres nationales Selbstbewußtsein erkennbar. Woher kommt das?

«Ich stimme dem Befund sehr zu. Ich habe Veranstaltungen erlebt, wo Sympathisanten der Jungen Union und der Grünen fast wortgleich einer neuen Renaissance der nationalen Frage das Wort redeten. Wir werden uns auf unserem Deutschlandtag 1984 deshalb mit dieser Frage beschäftigen, weil ich der Meinung bin, daß bei der Diskussion dieses Themas viele Gefahren lauern. Ein neues Interesse an der nationalen Frage greift in rasantem Maße um sich und reißt gerade junge Leute mit. Der Grund: Bei der jungen Generation besteht ein starkes emotionales Bedürfnis, sich mit etwas zu identifizieren. Dieses Identifikationsbedürfnis wird aber in unserer Gesellschaft kaum befriedigt. Daraus erklärt sich auch ein Teil der Renaissance von Heimatgefühl und Familie.»

Wie denken oder besser: Wie fühlen Sie selbst in dieser Frage?

«Ich kann von mir nicht sagen, daß ich ein ausgeprägtes Nationalbewußtsein habe. Ich habe das Bewußtsein, als Deutscher in Europa zu leben.»

Was heißt für Sie «konservativ sein»?

«Die Möglichkeiten des Wandels und des Fortschritts, den es immer wieder geben wird und geben muß, nicht euphorisch und zwingend positiv zu sehen, sondern jeweils mit zu berücksichtigen, daß jeder Wandel und jeder Fortschritt Risiken und Gefahren in sich birgt.»

«Es ging um die Macht»

Junge Liberale: die Organisation einer Wende

1. November 1980: knapp 100 junge FDP-Mitglieder, größtenteils Studenten, versammeln sich in der Stadthalle von Bad Godesberg zum Gründungskongreß der «Jungen Liberalen» (JL). Der junge Verband – seit etwa einem Jahr eher intern aktiv – bekommt seine ersten überregionalen Schlagzeilen. «Chaos beim Gründungskongreß der Jungen Liberalen» überschreibt dpa-Korrespondent Gerd-Ekkard Zehm seinen Bericht von diesem Ereignis:

«Sollte die angekündigte Gründung einer neuen Jugendorganisation in der FDP den linken Jungdemokraten jemals schlaflose Nächte bereitet haben, dann können sie sich jetzt beruhigt in die Kissen zurücklegen. Was an diesem Wochenende in der Stadthalle von Bad Godesberg ablief, war selbst nach Ansicht von Delegierten stellenweise ein Trauerspiel. Ausgerechnet die Repräsentanten der moderaten liberalen Jugend, die ob ihrer gesitteten Erscheinung schon als die ‹Popper der FDP› verspöttelt werden, ließen ihren Gründungskongreß in ein Chaos abgleiten, das den in dieser Hinsicht erfahrenen Jungdemokraten alle Ehre gemacht hätte.

Der neue Verband der ‹Jungen Liberalen› war noch gar nicht gegründet, als einige eher nationalliberal gesonnene Gruppierungen bereits die Bildung einer eigenen Bundesorganisation ankündigten. Gleichzeitig verlangten dieselben Leute die Anerkennung als Delegierte und provozierten einen kurzen Polizeieinsatz. Böse Worte fielen, und einer der Wortführer der rechten Gruppen, der DDR-Regimekritiker Niko Hübner, der jetzt in der Berliner FDP versucht, seinen abenteuerlichen deutschlandpolitischen Vorstellungen eine Basis zu verschaffen, fühlte sich an Zustände in der DDR erinnert.

Profil gewann der neue Verband auch nicht durch seine programmatischen Aussagen. Seine Kernthesen lesen sich wie eine Ansammlung politischer Leerformeln, gegen die die Wahlaussagen der Parteien noch inhaltsschwer erscheinen. So wird im Wirtschaftsbereich eine Reform der betrieblichen Mitbestimmung verlangt. Was darunter zu verstehen sei, konnte jedoch selbst der neue Bundesvorstand nicht erläutern. Auch die Frage, ob der Satz, daß man für neue Technologien sei, ‹wenn ihre sichere Handhabung gewährleistet ist›, nun eine Stellungnahme für oder gegen neue Kernkraftwerke sei, blieb unbeantwortet. Lediglich im Bereich der Jugendpolitik fanden die ‹Julis› zu einigen konkreten Aussagen.

Ausgerechnet der FDP, die stolz darauf ist, eine Partei mit ‹Ecken und Kanten› zu sein, steht damit eine Jugendorganisation ins Haus, deren hervorstechendstes Merkmal die Stromlinienform ist. Ob dies ausreicht, die Jugend an die liberale Partei zu binden, bezweifeln nicht nur die Jungdemokraten ...»

Um innerhalb des Verbandes solche Zweifel erst gar nicht aufkommen zu lassen, legten die Jungen Liberalen in ihrer Satzung, die noch vor dem inhaltlichen Programm diskutiert und verabschiedet wurde, sogleich fest, daß nur solche Mitglied des Verbandes werden dürften, die auch Mitglied der FDP seien. Denn: «Das Verhältnis der Jungen Liberalen zur FDP ist nicht instrumenteller, sondern grundsätzlicher Art.»

Die nächsten Versuche, dem jungen Verband ein inhaltliches Profil zu geben, das über ein Loyalitätsbekenntnis zur eigenen Partei hinausreicht, verliefen zumeist wie jener «Grundlagen-Kongreß», zu dem die nordrhein-westfälischen Julis – mit 370 Mitgliedern der weitaus stärkste Landesverband – im Mai 1982 in den Münsteraner «ABC-Schützenhof» einluden. Einziger Tagesordnungspunkt: «Erweiterung der Aussagekraft dieses neuen politischen Jugendverbandes».

Der Kongreß begann sogleich mit der enttäuschten Mitteilung der Veranstalter, daß trotz Fahrtkostenerstattung und Stimmberechtigung für jeden (ein Delegiertensystem brauchte der Verband noch nicht) ganze 76 Mitglieder den Weg ins Münsterland gefunden hatten. Um so begeisterter fiel dann der Empfang für Jürgen Möllemann aus, damals stellvertretender Landesvorsitzender der FDP, der den Anwesenden eine große Zukunft prognostizierte, wenn sie «im Geiste der Loyalität zur Partei, aber durchaus auch kritisch den organisierten Liberalismus stärken». Daß damit eher die «Organisation des Liberalismus», sprich die Partei, gemeint war als liberale Inhalte, demonstrierten die Jungliberalen in den nächsten sechs Stunden sehr beeindruckend; politische Diskussionen gab es auf diesem «Grundlagen-Kongreß» zur «Erweiterung der Aussagekraft» des neuen politischen Jugendverbandes nur in Ausnahmefällen. Inhaltlich umstrittene Anträge wurden zumeist vor der Abstimmung zurückgezogen oder an eine Kommission verwiesen. Die größte Mehrheit – gegen sich – fand ein Antrag auf Liberalisierung der Satzung: «Jedem neuen Mitglied der JL soll eine Übergangsfrist von 12 Monaten bis zum Eintritt in die FDP eingeräumt werden.» «Aus strategischen Gründen», so Guido Westerwelle, damals Pressesprecher, heute Bundesvorsitzender des Verbandes, «dürfen wir uns nicht das entscheidende Argument aus der Hand schlagen lassen, daß wir alle Mitglied der FDP sind.» Außerdem sei dies «ein Schutz vor Unterwanderung durch die Jungdemokraten und vor FDP-feindlichen Tendenzen». Das überzeugte. Da nützte es auch nichts, daß Jürgen Möllemann sich für den Antrag aussprach in der Hoffnung, so eher Jugendliche für eine Mitarbeit zu gewinnen, die «den Parteien als Teil des Establishments ansonsten skeptisch gegenüberstehen».

Weniger zu überzeugen vermochte ein Antrag zur «Einheit der Jugendpresse». Die liberalen Schülerzeitungsmacher sollten sich zukünftig in der Deutschen Jugendpresse e.V. engagieren – so die Antragsteller. «Alle Jungen Liberalen, die in der Freien Jugendpresse (FJP) mitarbeiten, arbeiten auf eine Tendenz hin, die der FDP-Politik widerspricht, nämlich in Richtung rechtskonservativer CDU-Politik», hieß es dort aus aktuellem Anlaß. Nach lautstarken Protestrufen einiger Betroffener stimmte die Mehrheit einem Antrag auf Nichtbefassung zu mit der Begründung, «die politischen Konsequenzen dieses Antrages nicht zu überschauen».

Ähnlich erging es weiteren Anträgen, die inhaltlich umstritten waren bzw. brisante Themen ansprachen: aus einem Thesenpapier für ein zukünftiges Schulprogramm wurde der Punkt «reformierte Oberstufe» ausgeklammert, nachdem sich die jungen Liberalen nicht einigen konnten, ob das Prinzip des differenzierenden Kurssystems grundsätzlich sinnvoll oder grundsätzlich abzulehnen sei. Ein Antrag «zur Ausbildung von lernbeeinträchtigten Jugendlichen» wurde ebenso an eine Kommission verwiesen wie jener zur Beschäftigungspolitik, der eine Gesetzesvorlage der Bundesregierung ablehnte. Bereits vor der Diskussion zurückgezogen wurde – «aus taktischen Überlegungen» – ein offizieller Antrag, die Koalition zu wechseln.

Einig war man sich in der «Notwendigkeit von Sparmaßnahmen». So wird die FDP-Fraktion gebeten, «Gesetzesvorlagen einzubringen mit dem Ziel, das Kindergeld nur an Eltern auszuzahlen, die eine angemessene Bedürftigkeit nachweisen können». Nachdem der Kritik hervorrufende Einführungssatz «Die Jungen Liberalen lehnen eine Kürzung oder Streichung des Schülerbafögs, wie von der CDU gefordert, als sozial ungerechtfertigt ab» vom Antragsteller zurückgezogen wurde, fand auch dieser Antrag seine Mehrheit.

Gleich zwei Textvorschläge lagen zur «Ausländerpolitik» vor. Während der eine noch vor «zunehmenden ausländerfeindlichen Aktionen» warnte und EG-Bürgern «das passive und aktive kommunale Wahlrecht» einräumen wollte, bezog der schließlich verabschiedete Antrag «endlich klar und deutlich Position», wie ein Antragsteller empört den Vorwurf parierte, «aus einem Info der NPD abgeschrieben» zu haben: «Die Jungen Liberalen fordern geeignete Maßnahmen zur qualifizierten Rückintegration von Gastarbeitern, insbesondere arbeitslosen Gastarbeitern in ihre Heimatländer. Intergrationsbereite Gastarbeiter (‹Integralarbeiter›), die bereit sind, sich in unser Gesellschafts- und Sozialsystem einzugliedern, bedürfen der Unterstützung unserer Staatsgemeinschaft.»

Gegen 18 Uhr endet die Versammlung mit einem Appell an die knapp 40 Verbliebenen, alle zu einer von den Julis mitorganisierten Demonstration «Solidarität mit Solidarność» zu kommen.

«Wie ein politischer Ziehvater bejubelt» – so die *Rheinische Post* am 18. Oktober 1982 – wurde Graf Lambsdorff beim 4. Bundeskongreß der Julis wenige Monate später in Düsseldorf. «Unter starkem Beifall der auf dem rechten Parteiflügel stehenden ‹Julis›, die bundesweit 1400 Mitglieder zählen, stets modisch angezogen auftreten und zu einem Großteil über stark motorisierte Fahrzeuge verfügen, fügte er an: ‹Ich bin für eine, nicht für zwei Jugendorganisationen ...› Lambsdorff versprach den Jungliberalen, er werde sich für eine finanzielle Ausstattung durch die Mutterpartei einsetzen.

In Düsseldorf zählen die Julis, die von ihren Gegnern gern als Politpopper bezeichnet werden, 35 Mitglieder. Sie finanzieren sich ausnahmslos durch Spenden. Viele betuchte Liberale räumen ein, daß sie die jungen Parteirechten seit geraumer Zeit finanziell unterstützen, um sie gegen die linken ‹Judos› stark zu machen.»

«Kein Mangel an Geld, aber an Mitgliedern», ergänzt der *Vorwärts*-Korrespondent am 4. November. «Finanziell müssen sie nicht darben. So legt ein Finanztopf rechtsstehender FDP-Bundestagsabgeordneter für einen der beiden Juli-Geschäftsführer zusammen. 108000 Mark weist der diesjährige Geschäftsbericht an Spenden aus. Allein für die Kosten des kürzlichen Düsseldorfer Bundeskongresses, bei dem man standesgemäß im Crest-Hotel und nicht etwa – wie die Judos – in einer Jugendherberge nächtigte, kündigte ein anonymer Spender eine fünfstellige Summe an.»

Fünf Wochen später – am 29. November 1982 – beschloß dann auch der Parteivorstand die offizielle Anerkennung der Julis als Jugendorganisation der FDP. «Eine politische Jugendorganisation muß die Partei zwingen, jeweils neu nachzudenken über die aktuellen The-

Wir sind GEGEN Polizeigas, Molotow-Cocktails, Umweltverschmutzer, anonyme Funktionärs-Eliten.
Wir sind FÜR freie Meinungsäußerung, freie Berufswahl, freie Bildungs-Chancen.
Wir sind GEGEN CDU/CSU und SPD/Grüne.
Wir sind FÜR die F.D.P.
LOGISCH!
Junge Liberale
DIE LOBBY DER FREIHEIT
Info: Julis, Dorotheenstr. 16-18, 5300 Bonn 1, Tel. 0228/691424

men. Sie muß dadurch eine Art Motor sein für die programmatische Weiterentwicklung», begründete der «Sozialliberale» im FDP-Bundesvorstand, Wolfgang Lüder, seine Erwartungen an den neuen Jugendverband. «Ich meine, daß eine politische Jugendorganisation ... programmatisch die Herausfordererrolle für die Partei übernimmt.»

«Julis gegen Raketen», meldete auch das *Göttinger Tageblatt* bereits vier Wochen später. Gemeint waren allerdings nicht die des NATO-Rüstungsbeschlusses, sondern das drohende Silvesterfeuerwerk, auf das die Bürger doch lieber zugunsten karitativer Institutionen verzichten sollten.

Recht kreative Ideen entwickelten die Jungliberalen auch in den folgenden Flugblattaktionen. Zum Beispiel: «Freiwillige Sozialarbeit für Arbeitslose! ... Arbeitslose sollen Dienst am Nächsten üben, Behinderte spazierenführen, kranke und alte Menschen beschäftigen, Spielgruppen einrichten, die der Integration der Ausländerkinder dienen, Haushalte betreuen, Tagesstätten einrichten.

Oder die öffentlichen Anlagen sauber und ordentlich halten, Grünanlagen pflegen – es gibt so viele Aufgaben, die noch erfüllt werden müssen! Das alles sind sinnvolle Aufgaben, die vermitteln: Wir werden ja doch gebraucht!

Wenn du auch so denkst wie wir und wenn du Interesse an freiwilliger Sozialarbeit hast, wende dich an die Jungen Liberalen!»

«Kontrolliert die Kontrolleure!» fordert ein gleichzeitig herausgegebenes Flugblatt auf und: «Merke: CDU verhält sich zu Kritischen wie SPD zu Selbständigen – Kontrolle, Kontrolle, Kontrolle». Linksliberalen Positionen im Bereich der Innen- und Rechtspolitik – etwa Aufnahme des Datenschutzes in den Grundrechtskatalog des Grundgesetzes – finden ebenso ihre Mehrheiten wie der von der Wirtschaft gewünschte «Abbau ausbildungshemmender Vorschriften im Jugend- und Frauenarbeitsschutz sowie im Schwerbehindertenrecht».

«Junge Liberale. Die Lobby der Freiheit», textet Werbefachmann Rainer Riedlinger für die Julis. «Wir sind für freie Meinungsäußerung, freie Berufswahl, freie Bildungs-Chancen.» Ob «freie Meinungsäußerung» auch das Recht beinhaltet, seine Meinung unzensiert in freien Medien zu veröffentlichen, erfährt der Interessierte nicht. Ob «freie Berufswahl» auch das Recht beinhaltet, den gewählten Beruf wirklich ausüben zu können, bleibt eben so unklar wie die Frage nach der konkreten Realisierung der «freien Bildungs-Chancen».

War es schon immer ein Hauptproblem der FDP, als «marktorientierte Partei» sozialliberale Forderungen zu integrieren, ohne auf inhaltliche Widersprüche aufmerksam zu machen, so tritt dieses grundlegende Dilemma innerhalb der Jungen Liberalen besonders kraß hervor. Gegründet mit dem Auftrag, die Rechtswende der FDP voranzutreiben und die dabei störenden Jungdemokraten aufs politische Abstellgleis zu schieben, fühlen sich die jungen Nachwuchspolitiker immer unwohler in der ausschließlichen Rolle rechter Mehrheitsbeschaffer.

«Ohne Rücksicht auf überholte Links-rechts-Schablonen mutig die Interessen der Jugend verfechten», gibt Hans-Joachim Otto, Mitbegründer und erster Bundesvorsitzender der Jungen Liberalen, auf dem Freiburger Parteitag im Januar 1983 die neue Parole aus. Sein Nachfolger, Guido Westerwelle, legt beim 5. Bundeskongreß der Jungen Liberalen am 4./5. November 1983 in Göttingen noch einen Ton zu: «Die Jungen Liberalen sind ein kritischer Jugendverband geworden, der zwar im Grundsätzlichen mit der FDP übereinstimmt, nicht aber bedingungslos und ungeprüft Positionen der Parteiführung übernimmt», liest der 21jährige Jura-Student aus seinem Redemanuskript vor. «Wer heute von einer lammfrommen Plakatklebetruppe der Parteispitze spricht, kann die Jungen Liberalen nicht meinen.» Stolz verweist er auf «deutliche Worte», die gefallen sind, um die geplante Verschärfung des Demonstrationsrechts zu geißeln – trotz «teilweise offenem Mißfallen der FDP-Spitze». Als «gärende Hefe im Teig der FDP» definiert er die zukünftige Funktion seines Verbandes. «Mit einer frischen, munteren und selbstbewußten Politik wollen wir diesen Aufgaben gerecht werden», beschwört er seine Mitstreiter.

Kaum hatte FDP-Chef Hans-Dietrich Genscher seinen Verzicht auf eine erneute Kandidatur verkündet, begrüßte Guido Westerwelle «diesen richtigen und wichtigen Schritt» keck mit dem Ausspruch: «Neue Besen kehren gut.» Und Wieland Schinnenburg, ehemaliges Bundesvorstandsmitglied und Mitarbeiter des bundesweit verbreiteten Mitgliedermagazins *jung & liberal,* durfte in der Juli-1984-Ausgabe kommentieren: «Wer ist denn Dauerkunde bei Meinungsforschungsinstituten? Wer sieht denn seine größte Erfüllung darin, möglichst oft mit halbminütigen, nichtssagenden Floskeln ins Fernsehen zu kommen? Wo ist denn da der Unterschied zum Werbefernsehen? ... Wer mag sich noch mit Hans-Dietrich Genscher identifizieren?»

Mit den Jungen Liberalen könnten sich zur Zeit – mit etwas gutem Willen – viele identifizieren. Auf die richtige Auswahl kommt es an, denn die Julis bieten für jeden das Passende: Während der eine auf die eindeutig ablehnende Haltung der Jungen Liberalen zum computerlesbaren Personalausweis – dokumentiert in *jung & liberal*, Mai/Juni 1984 – verweist, könnte ein anderer keck die Juli-Ausgabe dieses Magazins hervorholen, in der selbiger Ausweis als «Chance für mehr

Komfort und Datenschutz» angepriesen wird. «Empört und bestürzt» engagieren sich die «Julis» zwar gegen das Parteispenden-Amnestiegesetz, das «Straftaten nachträglich legalisiert», ebenso entschieden – wenngleich in diesem Fall auch vergeblich – forderten sie Wirtschaftsminister Otto Graf Lambsdorff zum Durchhalten bis zur Urteilsverkündung auf. «Liberale Flexibilität» nennt man dieses Ritual wohl, das die FDP so vielseitig verwendbar macht.

«Profilnot» wird den Jungen Liberalen auch von einem ihrer Initiatoren bescheinigt. Christian Münter, 29 Jahre, seit Anfang der 70er Jahre unermüdlich bemüht, in der Berliner FDP und darüber hinaus die Wende herbeizuführen.

Sehr erfolgreich war er allerdings nicht. Zwar versprach er 1975, nachdem es ihm gelungen war, Vorsitzender im Jungdemokraten-Bezirksverband Zehlendorf zu werden: «Wir wagen den Neubeginn, wir haben die verbandseigenen Sozialisten abgeschüttelt», doch die Freude währte nur wenige Monate. Der Jungdemokraten-Landesverband beantragte ein Ausschlußverfahren, «da der Antragsgegner anscheinend die Absicht verfolgt, unter weitgehender Umgehung der satzungsmäßigen Meinungs- und Willensbildungswege Mehrheiten für eine den DJD-Grundsätzen fremde Politik zu gewinnen». Münter kam der Beschlußfassung durch freiwilligen Abgang zuvor.

«Junge FDP-Mitglieder wollen jetzt das politische Monopol der linksextremen Jungdemokraten in der Berliner FDP brechen: Sie haben eine ‹Arbeitsgemeinschaft Junger Liberaler› gegründet. An der Spitze steht ein Quartett intelligenter Jung-Akademiker», verkündete die *Welt* jedoch schon wenige Monate später freudig erregt und zitierte umfangreich den «eindrucksvollen» Gründungsaufruf, in dem es allerdings weniger um eigenständige Inhalte ging als um eine Abrechnung mit den Jungdemokraten, die «an die Stelle liberalen Gedankenguts eine vulgär-marxistische Klassenkampf-Ideologie gesetzt» hätten und «in zunehmendem Maße eine Belastung für das Ansehen der FDP in der Öffentlichkeit» würden. Konsequenter Schlußpunkt des Gründungsaufrufs: «Die Arbeitsgemeinschaft beabsichtigt, die FDP in Berlin in ihrem Wahlkampf bedingungslos zu unterstützen.»

«Bedingungslos unterstützen» will die Gruppe vor allem jene FDPler, die seit geraumer Zeit von einem Koalitionswechsel träumen, allerdings bisher keine Chancen für eine Mehrheit sahen. Drei Jahre später haben ihnen die Jungen Liberalen die notwendigen Mehrheiten zur Wende beschafft.

Doch zuvor gilt es erst einmal, die Gegner innerhalb des eigenen rechtsliberalen Flügels abzuschütteln. Denn schon bald nach Gründung der «Arbeitsgemeinschaft» taucht ein zweiter Verband von jungen Liberalen auf. Und wenn diese aufeinandertreffen, geht es recht herzlich zu, wie ein Teilnehmer von einer Diskussionsveranstaltung zu berichten weiß, zu der per Leserbrief in der *Berliner Liberalen Zeitung* eingeladen wurde:

«Gleich zu Beginn stellte ein Münter-Jünger den Antrag auf Wahl eines Versammlungsleiters. Hierüber gab es nun bis zum Ende der Versammlung Streit. Die Jungen Liberalen (Münter-Gruppe, Anm. kf/lm) meinten, daß es ihre Veranstaltung sei, verwiesen dabei auf den Leserbrief. Jürgen Thomas (Mitinitiator der zweiten Gruppe, die heute offiziell anerkannt ist; Anm. kf/lm) meinte dagegen, dies sei seine Veranstaltung. Er habe den Leserbrief geschrieben. Nach einer Stunde besteht Münter auf Abstimmung unter eifriger Hilfe von Mleczkowski. Thomas droht vom Hausrecht Gebrauch zu machen, fordert Mleczkowski auf, den Raum zu verlassen. Daraufhin fordert Münter Thomas auf, den Raum zu verlassen, auch Roland Hahn droht Mleczkowski eine Anzeige wegen Hausfriedensbruchs an. Gabi und Axel feixen. Thomas droht erneut Klage wegen Hausfriedensbruchs an, fordert Münter zum zweitenmal auf, den Raum zu verlassen ...»

«Beide Kreise kommunizieren augenscheinlich nur noch über Rechtsanwälte miteinander», schließt der Chronist. Vier Monate später – beim Bad Godesberger Gründungskongreß des Bundesverbandes – muß die Polizei eingreifen, um den Streit zu schlichten. DDR-Verweigerer Niko Hübner wird von der Polizei hinausbefördert – trotz seiner Klagen, das sei ja «wie drüben». Christian Münter und der Rest seiner Mannschaft nehmen vorsichtshalber freiwillig auf den Gästesitzen Platz. Ein ‹Bote› rennt ständig zum Hotel schräg gegenüber der Stadthalle. Dort sitzt Wolfgang Mleczkowski (37), der aus Altersgründen nicht mehr selbst bei den Jungen Liberalen mitmachen darf, und läßt sich über alles informieren.

Für Christian Münter ist dies bereits das zweite unangenehme Zusammentreffen mit der anderen Juli-Fraktion. Schon im Januar 1979 treffen sich auf Einladung der Berliner 20 junge Liberale aus allen Teilen der Bundesrepublik im «Kessenicher Hof» in Bonn, um Möglichkeiten einer bundesweiten Verbandsgründung zu diskutieren. In den inhaltlichen Grundlinien ist man sich schnell einig; schwieriger wird es bei der Frage, ob es überhaupt sinnvoll sei, mit 20 Leuten einen bundesweiten Jugendverband zu gründen. 18 winken ab, man müsse zuerst regionale Strukturen aufbauen. Nur zwei Berliner, Christian Münter und Wolfgang Mleczkowski, der zum damaligen Zeitpunkt allerdings nicht einmal FDP-Mitglied war, fordern vehement die sofortige Gründung. (Später wird Münter seine Kritik an der 80er Gründung einmal so zusammenfassen: «Der Aufbau einer neuen Jugendorganisation muß von der Basis her erfolgen. Nur ihre Mitgliederstärke garantiert ein Überleben.»)

Als Kompromiß einigt man sich auf die Einrichtung eines bundesweiten «Koordinationskreises», der die weitere Aufbauarbeit vorantreiben soll. Bei der Wahl zum Sprecher dieses Kreises gibt es zwei Kandidaten: Christian Münter und Rolf Gebhardt. Münter erhält zwei Stimmen, der 23jährige Bankkaufmann aus St. Augustin die restlichen 18. Christian Münter wird sein Stellvertreter.

Auf sehr originelle Weise bringt er es doch noch zum Sprecher: Gemeinsam mit Wolfgang Mleczkowski besucht er Rolf Gebhardt am 23. Juli 1979 in Bonn und erzählt ihm, er habe einen «Großspender» aufgetrieben. Gebhardt solle von nun an – bei entsprechender Bezahlung – hauptamtlicher Bundesgeschäftsführer sein. Nur von seinem Sprecheramt müsse er noch zurücktreten, dann sei alles klar. Gebhardt unterschreibt seinen Rücktritt, den er zwar gleich am nächsten Tag – ernüchtert – widerruft, doch dieser Brief erreicht Christian Münter nie, wie dieser später vor Gericht eidesstattlich versichern wird.

Die Gerichte werden im Laufe der folgenden Auseinandersetzungen noch häufiger bemüht. Münter läßt Rolf Gebhardt durch eine einstweilige Verfügung untersagen, sich weiterhin Sprecher der Jungen Liberalen zu nennen. Den anderen Jungen Liberalen läßt er «bei Vermeidung eines für jeden Fall der Zuwiderhandlung zu zahlenden Ordnungsgeldes von bis zu 500000 DM, ersatzweise Ordnungshaft» untersagen, «die Organisationsbezeichnung ‹Julis› zu verwenden». Um Namensrechte, Versammlungsräume u. ä. geht es auch in weiteren Prozessen, inhaltliche Differenzen spielen keine Rolle. Politisch bedenklich sei lediglich die «national-neutralistische Deutschlandpolitik Mleczkowskis», die «von Christian Münter blind übernommen» werde, wie Stefan Handke, Pressesprecher der heute offiziell anerkannten Julis, in der *Liberalen Umschau* bemerkt.

Ein Kompromißvorschlag, der vorsieht, daß die Münter-Julis sich dem anderen Verband anschließen, scheitert an der Weigerung der Mitgliederversammlung, den über 70 Aufnahmeanträgen zuzustimmen. Münter «wollte mit seiner Truppe den Landesverband ‹kippen›», begründet Stefan Handke die Weigerung. «Nach seiner Aufnahme würde erneut eine Mitgliederversammlung einberufen, die einen neuen Vorstand wählen würde. Die personelle Zusammensetzung dieses Vorstandes hat Münter schon bekanntgegeben. Dieser Übergangsvorstand sollte allerdings nur eine ganz kurze Amtsperiode haben und fast sofort gegen einen linientreuen ersetzt werden.»

Am 10. März 1984 beendet der Landesparteitag der Berliner FDP den Streit innerhalb des Nachwuchses, indem er die Gruppe um Stefan Handke als offizielle Jugendorganisation der Partei anerkennt. Wenige Wochen später löst Christian Münter seinen Verein auf.

Die Ursache für dieses – vorläufige – Scheitern sieht Stefan Handke «in der Person Christian Münter selbst. Sein Bestreben, seine eigene Person mit wechselnden Bündnispartnern ohne Rücksicht auf Inhalte oder Positionen auch auf Kosten von anderen ‹Mitgliedern des Mitterechts-Bündnisses› überall durchzusetzen, dürfte inzwischen auch dem letzten Parteimitglied als das einzige ‹politische› Ziel Münters bekannt sein ... Inhalte sind in Münters Politik nicht vorhanden, geben also auch keinen Anlaß zum Streit.»

Christian Münter

Sie gelten als der eigentliche Initiator der Jungen Liberalen. Warum haben Sie nicht versucht, Ihre Politik bei den Jungdemokraten mehrheitsfähig zu machen?

«Ich hatte seit 1972 versucht, innerhalb der Jungdemokraten liberale Vorstellungen durchzusetzen. Aber das war nicht möglich, weil die Judos immer nur so viele Leute, die nicht ihrer systemüberwindenden Auffassung waren, aufnahmen, wie sie ihre Mehrheit nicht gefährdeten. Wir hatten starke Schwierigkeiten, junge FDP-Mitglieder überhaupt in die Judos hineinzubekommen. Ein halbes Jahr vor Gründung der Arbeitsgemeinschaft Junger Liberaler bin ich dann bei den Judos ausgetreten.»

Im November 1980 kam es dann zur bundesweiten Gründung der Judo-Gegenorganisation und gleichzeitig zur Spaltung der Jungen Liberalen.

«Ja, aber das ging nicht von uns aus. Wir hatten bereits 1979 versucht, von Berlin aus initiativ zu werden. Wir bereisten die meisten Bundesländer, um Unterstützung für unsere Idee zu finden. Unser Ziel war es, die Jungen Liberalen von der Basis her aufzubauen; zuerst in einzelnen Bundesländern wie Baden-Württemberg, Saarland und eben Berlin, und nicht von oben herab, wie es dann in Bad Godesberg geschah. Doch die Skepsis im Bundesgebiet war noch sehr groß. Die entscheidende Wende ergab sich erst 1980 im baden-württembergischen Landtagswahlkampf, als die Jungdemokraten zur Wahl der

Grünen aufriefen und Genscher daraufhin sagte, die Jungdemokraten hätten der Partei nie so fern gestanden wie heute.

Diese Entwicklung beunruhigte den Sozialliberalen Hochschulverband (SLH), dessen grundsätzliche Ausrichtung ja aus einer Synthese sozialdemokratischer und linksliberaler Positionen besteht. Die fürchteten nun wohl, daß aus unserer Initiative doch noch etwas würde und zukünftig aus jungen Liberalen keine Sozialliberalen mehr würden. Das Problem des SLH war es nun, wie er diese neue Jugendorganisation in die Hände bekommen konnte. Die Telefone zwischen den verschiedenen Hochschulgruppen liefen heiß, und so kam es dann Anfang November zu jenem spektakulären Gründungskongreß, bei dem einige gründeten und andere mit der Polizei aus dem Saal geführt wurden.»

Worin bestanden die inhaltlichen Differenzen zwischen Ihnen und dem neuen Bundesverband?

«Inhaltliche Differenzen waren eigentlich überhaupt nicht wichtig. Es ging ausschließlich um machtpolitische Fragen. Wer bekommt welchen Posten und damit eine gute oder schlechte Startposition für die FDP.»

Einig waren sich alle im großen Ziel, die Wende herbeizuführen?

«Ja, das gewiß. In Berlin vertraten wir schon lange die Meinung, daß es höchste Zeit sei, die Koalition zu wechseln. In der Wirtschaftspolitik wurde die Eigeninitiative immer mehr unterdrückt durch bürokratische Reglementierungen, unnötige Sozialabgaben usw. Die Gesamtschulpolitik trug auch nicht die Früchte aus, die man sich Anfang der 70er Jahre versprochen hat. Die Situation an den Schulen wurde zusehends katastrophaler. In der Deutschlandpolitik beschränkte man sich darauf zu verhandeln, wann die Transitstrecke neu asphaltiert würde, anstatt neue Initiativen in Richtung deutsche Einheit zu ergreifen.»

Die Wende erfolgte knapp zwei Jahre später. Welche Bedeutung kommt dabei den Jungen Liberalen real zu?

«Im Bundesgebiet haben sie mehr eine psychologische Rolle gespielt, indem sie einfach durch ihre Existenz die Jungdemokraten etwas aus dem Bewußtsein der Öffentlichkeit verdrängen konnten und damit das Image der FDP verbesserten. In Berlin waren sie bedeutend für die Wende der FDP. Wir waren ein entscheidender Teil der Infrastruktur, die die Mehrheitsveränderung innerhalb der Partei organisierte. Vor allem die Postkartenaktion dürfte einiges bewirkt haben.»

Welche Aktion?

«Unsere Idee war es, die Bevölkerung über die Probleme der FDP aufzuklären und Wähler der FDP dafür zu werben, in die Partei einzutreten und so die Probleme lösen zu helfen. Wir druckten damals unter der Verantwortung des Fraktionsvorsitzenden Horst Vetter blaugelbe Postkarten, mit denen man unverbindlich Informationen über die Politik der FDP anfordern konnte. Es kamen etwa 1400 Postkarten zurück, von denen wirklich runde 500 Leute in die FDP gingen.

Wir haben praktisch eine Mehrheit für die klassisch liberal orientierten Politiker in der FDP produziert, damit die sich gegenüber dem extrem linken Flügel durchsetzen konnten. Es ging damals wirklich um die Existenz für die eine oder andere Richtung in der Partei. Da wurde mit harten Bandagen gekämpft, bis der Mitte-rechts-Flügel gesiegt hatte.»

Weshalb haben Sie sich eigentlich in der FDP organisiert – und nicht etwa in der Union?

«Aus Grundüberzeugung. Ich habe mich schon immer als Liberaler verstanden.»

Was beinhaltet das?

«Daß Freiheit und Individualität für mich entscheidende Grundwerte sind, die sich in der Politik widerspiegeln müssen. Also gegen bürokratische Hemmnisse und für Einzelinitiativen. Für die freie Marktwirtschaft und ein Bildungssystem, das die Leistungsbereitschaft des einzelnen motiviert.»

Zum Beispiel auf privaten Elitehochschulen?

«Warum nicht? Wir sind für private Eliteschulen und -hochschulen. Bei uns gibt es mehr die Neigung, den Durchschnitt zu fördern als die Elite. Doch um unsere Wirtschaftskraft zu stärken und wieder international Anschluß zu finden, brauchen wir eine neue Elite, die bereit ist, Leistung zu erbringen.»

Taktische Gründe waren nicht von Bedeutung bei Ihrer Entscheidung, zur FDP zu gehen?

«Ich bin noch nie aus taktischen Gründen irgendwo hineingegangen, sondern immer aus Grundüberzeugung. Auch Glaubwürdigkeit ist für mich ein Grundwert. Im Gegensatz zu so manchen Linken, die auf ihrem Marsch durch die Institutionen in die FDP eintraten, weil sie die kleinste Partei und somit am einfachsten zu kippen war. Leider wurde die FDP in den 70er Jahren dadurch geprägt, daß viele Liberale die Partei verließen und die Verbliebenen es sich zur Aufgabe machten, mit den linksliberalen Kräften zu kungeln, obwohl sie ansonsten nicht mit denen übereinstimmten. Damals hat sich so mancher auf der Suche nach einem Posten sein Rückgrat verbogen.»

Ist das nicht ein Grundzug der FDP, inhaltliche Positionen zu vernachlässigen, wenn es um Posten und Machterhalt geht?

«Der FDP fehlen heute Leute, die glaubwürdig und grundsatztreu ihre Politik vertreten und gleichzeitig in der Lage sind, eine Partei zu führen. Das ist richtig. Es ist nicht einfach, ehrlich seine Grundsätze politisch umzusetzen, ohne dabei in die Mühle der Partei mit ihren vielfältigen Korruptionsmöglichkeiten vom Pöstchenzuschieben bis zu finanziellen Transaktionen zu geraten. Deshalb ist es auch so schwierig, Jugendliche für die Partei zu gewinnen. Denn wenn die merken, daß es bei einer Partei mehr um Personen und Machtpolitik als um Inhalte geht, bleiben die natürlich fern. Es müßte eine vorrangige Aufgabe gerade der Jungen Liberalen sein, der FDP ein inhaltliches Profil zu geben.»

Dazu müßten sie erst einmal selbst eins haben ...

«Es ist richtig, daß die Jungen Liberalen noch nicht sehr viele eigene Profilpunkte gezeigt haben. Die sind noch zu stark von ihren Anfängen geprägt. Die Gründung des Bundesverbandes wurde ja von der Generation um die 30 initiiert. Von Leuten, die ein Jahr vorher noch sagten, bringt bitte unseren Namen damit nicht in Verbindung, das könnte unserem Image schaden. Einige waren schon Landtagsabgeordnete, andere erzählten, sie wären befähigt, Führungspositionen in der Wirtschaft zu übernehmen.

Diese Leute haben immer noch Einfluß auf den Verband. So ist das Karrieredenken noch dominierend. Statt eigenständige Positionen zu entwickeln und auch in der Partei dafür zu werben, versuchen sie vorrangig, sich in der FDP beliebt zu machen. Sie sind noch nicht dazu übergegangen, eigene Punkte zu erarbeiten, die die FDP auch öffentlich attraktiv machen könnten. Das ist ein Punkt, den ich an der Bundesorganisation stark kritisiere. Es reicht nicht aus, wenn der Bundesvorsitzende Genschers Forderung nach Eliteuniversitäten übernimmt und als sein großes Ziel darstellt, ansonsten aber nur tausend kleine Presseerklärungen zu den verschiedensten Randthemen herausgibt. Jugendliche wollen ihre Zukunftsfragen beantwortet haben. Man darf nicht nach Profil haschen, sondern man muß Profil haben.»

Zur Zeit scheint das Profil vieler Junger Liberaler vornehmlich darin zu bestehen, daß sie ständig auf der Suche sind nach einem Weg nach oben.

«Das ist ein gravierendes Problem. Jeder weiß, daß die Jungen Liberalen ein neuer Verband sind, denen man in der FDP Platz einräumen möchte. Wer auf dem neuen Ticket mitschwimmt, kann auch was werden – und sei es nur der Kompromißjugendliche im FDP-Vorstand. Das hat natürlich Karrieristen angelockt. Es hat tatsächlich im Bundesgebiet Übertritte von der Schüler Union gegeben. Die Situation kann man eigentlich nur dadurch verändern, indem sich die Basis der Jungen Liberalen zukünftig nicht daran orientiert, wie schick gerade einer die Nase in den Wind hält, sondern wie grundsatztreu der arbeitet.»

Gibt es Anzeichen für eine Umorientierung?

«In Berlin habe ich eher den Eindruck, daß die Arbeit vollkommen eingeschlafen ist. Es kommen kaum noch junge Leute zur FDP neu hinzu.»

Sie selbst haben Ihren Verband aufgelöst und arbeiten nicht mehr im Jugendbereich.

«Wir sind zur Zeit leider durch die Clinchübungen mit dem Bundesverband jugendpolitisch paralysiert. Wir arbeiten aber aktiv in der FDP mit und versuchen, dafür auch junge Leute zu werben. Aber bedauerlicherweise sind unsere Möglichkeiten da etwas enger begrenzt, als wir es uns wünschten.»

Gibt es die Jungen Liberalen in fünf Jahren noch?

«Ich glaube ja. Vielleicht in einer etwas anderen Ausrichtung, weil bereits heute viele ehemalige Jungdemokraten eingetreten sind. Die Jungen Liberalen stehen heute weiter links als vor zwei Jahren. Sie haben aus Profilnot manche Position der Jungdemokraten kopiert.»

Und wenn die FDP als außerparlamentarische Vereinigung nur noch wenige Aufstiegschancen zu bieten hat?

«Dann werden sicherlich die Karrieristen aus der Partei herausgehen. Die FDP könnte dadurch nur gewinnen. Es sind noch genügend Leute da, die ehrliche politische Auffassungen vertreten und durchsetzen wollen.»

Und bei den Jungen Liberalen?

«... gibt es dafür auch genügend Kräfte, die nur zur Zeit leider nicht zum Tragen kommen.»

«Der Umsatz ist siebenstellig»

Die Geschäftsphilosophie eines erfolgreichen Jungunternehmers

Diplomatenstadt Bonn-Bad Godesberg, Theodor-Heuss-Straße Nr. 4. Hier in der Nähe des kleinen Godesberger Bahnhofs residiert der «Verlag Die Geschäftsidee». Der Name ist Programm: Von hier aus werden in die ganze Bundesrepublik Ideen verschickt, Ideen für die Gründung von Unternehmen, für die Erschließung neuer Märkte, für gutgehende Geschäfte.

Der Ideenproduzent heißt Norman Rentrop. Der 27jährige Jungunternehmer weiß, wie man Geld macht. Seine *Fachzeitschrift für Existenzgründer* beschreibt, welches Produkt gerade im Trend liegt, welche Marktlücke auszufüllen ist: vom «gefrorenen Pudding am Stil» bis zum «Unternehmenskonzept Privates Fernsehen». Das größte Geschäft macht dabei allerdings Rentrop selber.

Das Geldverdienen wurde dem Bonner Jungunternehmer sozusagen schon in die Wiege gelegt. Als Sohn des Ex-FDP-Bundestagsabgeordneten Friedhelm Rentrop wuchs er im Geist der «sozialen Marktwirtschaft» auf und hatte von Anfang an eine kräftige Starthilfe. Vater Rentrop ist nämlich im Hauptberuf Wirtschaftsprüfer und Steuerberater und seit 13 Jahren Vorstandsmitglied einer Wirtschaftsprüfungs- und Steuerberatungs AG. Mit 17 stieg Sohn Norman am renommierten Jesuiten-Gymnasium «Aloysius-Kolleg» in Bad Godesberg noch als Schüler in das große Geschäft ein. Zuerst versuchte er es mit einem Anzeigenblatt, doch vergeblich. Die Pleite machte der eifrige Bursche allerdings gleich wieder wett mit einer neuen Masche: Er gründete eine Prospektverteil-Agentur.

Jetzt verkauft der Ideenlieferant Rentrop junior seine Geschäftsidee. Der «Gründungsplaner Prospektverteil-Agentur» kostet 48 Mark, in der handlichen Umschlagmappe mit einem Dutzend Checklisten für den Unternehmensaufbau, einer Broschüre über das

Unternehmenskonzept und einer Menge Tips, wie man aus dieser Idee Geld macht: «Mindeststartkapital 800 Mark, höchster Jahresgewinn 465 000 Mark.» 54 aktuelle «Geschäftsplaner» verkauft Rentrops «Verlag für Unternehmensaufbau». Darunter sind auch wenig neue Ideen wie Diskotheken, Kopier-Läden, Veranstaltungskalender, Bräunungs-Studios, Teeladen, Party-Service: Kleinunternehmen, die häufig nach einem kurzen erfolgreichen Start wieder Konkurs anmelden, weil die Kunden neuen Konsummoden nachgehen. Aber auch kuriose Geschäftsideen liefert Rentrop: Spazierengehen mit dem Hund der Nachbarn, Brautpaarbücher, Horoskop-Computer, Salatrestaurants, private Banksafe-Vermietung usw. Mit verhältnismäßig niedrigem Startkapital wird meistens ein hohes Jahresgehalt vorausgesagt.

Die Wende in der Medienpolitik hat er sich auch schon zunutze gemacht. Kaum sind die ersten Pilotversuche mit Kabelfernsehen gestartet, schon stellt Rentrop sein «Unternehmenskonzept Privates Fernsehen» vor. Der fixe Unternehmensberater will «detailliert aufzeigen, wie man den öffentlich-rechtlichen Rundfunk- und Fernsehanstalten schon heute Konkurrenz machen kann und wie man sich eine gute Startposition für den Tag schafft, an dem die Bundesländer privates Fernsehen im großen Stil freigeben werden».

Selbst die Folgen des kleinen alternativen Straßenkampfes der Alternativbewegung sind dem Bonner Marktbeobachter ein Geschäft wert. Rentrops Werbetext für die «Geschäftsidee Parolentilger»: «Parolen aus der Spraydose an Häuserwänden sind nicht nur häßlich, sondern auch teuer. Bisher mußte meist ein Anstreicher die Schmierereien für viel Geld beseitigen. Neuartige Dienstleistungsunternehmen übernehmen nun die Aufgabe mit speziellen Chemikalien. In der Bundesrepublik Deutschland gibt es bereits die ersten Ketten von Parolentilgern.»

Der neue Trend in der Jugendkultur hilft auch Rentrop. Für den Karriereplaner in der «einzigartigen Positiv-Denken-Bibliothek» seines Verlages schreibt «Erfolgstrainerin Vera F. Birkenbihl, wie Sie sich selbst auf Erfolg programmieren». Oder Autor Og Mandino stellt die «Weisheiten der Jahrtausende» zusammen: «Die Geheimnisse des Erfolgs». Das «Langzeit-Trainingsprogramm» basiert auf «zehn Schriftrollen», die angeblich aus zwei Jahrtausenden überliefert sind. Norman Rentrop hat den historischen Rollen ganz Wesentliches zu verdanken: «Für mich sind sie immerwährender Anstoß, mich und meine Fähigkeiten weiterzuentwickeln. Ich wünsche Ihnen die Kraft, diese Programme zu befolgen, damit es Ihnen hilft, wie es mir und Millionen anderen Menschen geholfen hat.» Auch die verrückten

Konsum-Trips der «Crazy People» und der Schickeria sind als Markt entdeckt. In Rentrops *Ideenkurier* («Vertrauliche Informationen nur für ‹Geschäftsidee›-Abonnenten») wird über die neue Marktlücke aufgeklärt: «Mit dem Vergolden von Fingernägeln verdienen sich einige amerikanische Geschäftsleute zur Zeit eine goldene Nase.»

Die Auflage der zweimonatlich erscheinenden Zeitschrift *Die Geschäftsidee* will Rentrop nicht bekanntgeben, die Zahl sei jedoch «fünfstellig». Sechs Betriebswirte und Journalisten sowie fünf freie Mitarbeiter veröffentlichen Marktstudien und Trendentwicklungen, stellen neue Produkte vor und suchen in englischen und japanischen Fachzeitschriften nach neuen Marktlücken. Das Magazin kostet im Jahr immerhin 189 Mark.

Rentrop berichtet darin von dem Trend, «von dem derzeit vor allem die Bioläden und Reformhäuser profitieren»: gesunde Ernährung. Nach amerikanischem Vorbild seien jetzt «Diät-Studios» ganz groß im Kommen. Als heiße «Insider-Tips» empfiehlt er den Verkauf von Vitaminen. Aus dem Handel mit Vitaminpillen und -pulver soll man 16 bis 21 Prozent Gewinn herausschlagen können: «ein Milliarden-Markt». Als neuesten Schrei preist die Rentrop-Beraterzeitschrift die elektronische Empfängnisverhütung mit dem Gerät «Anne» an. Das Computer-Meßgerät im Taschenformat mit Digitalanzeige mißt die Körpertemperatur und speichert den Zyklenverlauf von 12 Monaten. Einkaufspreis in Taiwan: mindestens 66,50 Mark, empfohlener Verkaufspreis: 180 Mark.

Als «Expansions-Idee» für Elektrogeschäfte wird die «Schallplatten-Waschmaschine» vorgestellt.

Wer Rentrops Geschäftsideen besonders erfolgreich in bares Geld umsetzt, gewinnt auch schon mal einen Preis. Der glückliche Gewinner des Preisausschreibens unter Rentrops Abonnenten ist Ernst Runge aus München. Der gelernte Koch erhielt den Hauptpreis, eine 14tägige USA-Reise, für die Verwirklichung des «Unternehmenskonzepts Nr. 26, ‹Ölporträts›». Der Wunder-Kunde Runge geistert schon seit zwei Jahren als «erfolgreicher Abonnent» und Existenzgründer durch die Presse. 1979 begann der Münchener mit dem Verkauf von Ölporträts, die nach Fotovorlagen erstellt werden. Kleinanzeigentext: «gemalt vom Künstler, wunderschön und preisgünstig. Von Ihnen, Ihren Angehörigen, Verstorbenen, Prominenten, Chef. Das ideale Geschenk für alle Anlässe.» Ernst Runge verdankt seinen Geschäftserfolg billigen asiatischen Arbeitskräften. Zwei Dutzend Firmen in Hongkong und Taiwan lassen die «Künstler» nach den eingesandten Fotovorlagen die Porträts auf die Leinwand pinseln. Runge weiß sein «kostengünstiges Personal» zu schätzen: «Da wir le-

Macht unsre Bücher billiger! …

diglich Abrufkräfte in Heimarbeit beschäftigen, entfallen umfangreiche Sozialausgaben.» Nicht selten zielen Rentrops Tips für Existenzgründer auf Einsparungen bei den Arbeitskräften. Der «Gründungsplaner Nr. 23, Seminarveranstalter» verrät dem Kunden laut Werbetext, «wie Sie die Referentenhonorare drücken können».

Für Jungunternehmer Rentrop ist das Teil seiner Lebensphilosophie. Im Nadelstreifenanzug, aus dem sein Mini-Diktiergerät herausguckt, und einem leichten Lächeln auf den Lippen, sagt er: «Ich glaube an die soziale Marktwirtschaft.» Dafür arbeite er auch «60 bis 80 Stunden» in der Woche. Die besten seiner Geschäftsideen verwirklicht er auch gerne selbst. Deshalb muß jeder Abonnent unterschreiben, daß er im Großraum Bonn, also vor seiner Haustür, die Informationen nicht verwertet. Unternehmensberater Rentrop: «Ich habe eine Reihe von Unternehmen selbst betrieben und bin an anderen Betrieben beteiligt.» Beispielsweise an dem edlen Bonner Textilhaus «Leffers» oder mit Aktien in anderen Gesellschaften.

Mit seinem «Verlag Norman Rentrop» hat er keine Sorgen; das war die beste Idee des jung-dynamischen Aufsteigers. Er beschäftigt heute insgesamt 70 Mitarbeiter, darunter 42 Vollzeitarbeitskräfte. Für Frankreich, Österreich und Belgien hat er schon Lizenzen für die Herausgabe seiner Zeitschrift verkauft.

Und wie es sich für einen Karriereunternehmer gehört, hat Norman Rentrop ein standesgemäßes Hobby: Er spielt Golf.

Norman Rentrop

Sie haben ein Jesuiten-Gymnasium besucht . . .

«Ja, das Aloysius-Kolleg in Bad-Godesberg.»

Jesuiten-Gymnasien haben einen besonderen Ruf. Können Sie diese Schule charakterisieren?

«Das war ein sehr engagiertes Gymnasium, an dem engagierte Leute unterrichteten. Ich erinnere mich sehr gerne daran: dort wurde eine sehr schöne und große Bibliothek eingerichtet, in der ich viele Freistunden verbrachte. Dort wurde auch mit der Oberstufenreform schon wesentlich früher experimentiert.»

Welche Rolle spielte die Mitarbeit in der Schülerzeitungsredaktion für Ihre Entwicklung?

«Mit zwölf Jahren habe ich angefangen, Schülerzeitung zu machen.

Das war natürlich herrlich. Da konnte man seine Kräfte konstruktiv umsetzen, sich sozusagen austoben.»

Was war denn für die persönliche Entwicklung das Wichtigste: die Schule oder das Elternhaus, der Vater, der Wirtschaftsprüfer und Steuerberater, aber auch Bundestagsabgeordneter war? Von woher kamen die meisten Impulse, um ins Unternehmertum zu gehen?

«Schwere Frage. Das wird wahrscheinlich alles ein Stück dazu beigetragen haben.

Für mich selbst ist es immer das wichtigste, daß ich Ideen umsetzen kann, daß ich eigene Ideen realisieren kann und damit auch ein Stück Freiheit verwirklichen kann. Allerdings nicht die Freiheit im anarchistischen Sinne – so daß ich anderen damit auf den Wecker gehe –, sondern Freiheit im konstruktiven Sinne. Ich suche die Freiheit in einem Freiraum, der bisher nicht ausgefüllt worden ist. Damit ich dort sehen kann, daß meine eigenen Ideen erfolgreich sind.

Der Mißerfolg gehört jedoch auch dazu, das macht den Reiz erst aus. Wenn alles klappen würde, dann wäre das ein langweiliges Spiel.»

Mit diesen Ideen verdienen Sie heute Geld, sehr viel Geld sogar. Was ist das Konzept, mit dem Sie Geld verdienen?

«Meine Zeitschrift *Die Geschäftsidee,* wie überhaupt mein gesamtes unternehmerisches Tun, verfolgt das Konzept der ‹innovativen Imitation› ...»

«Neues Klauen», wenn man es mal ins Deutsche übersetzt ...

«... wenn man es bösartig meint, dann kann man das so bezeichnen.

Der evolutionstheoretische Hintergrund ist folgender: Wenn man sich fragt: Wie baue ich ein Unternehmen auf, wie geht man Dinge überhaupt an – dann kann man davon ausgehen, daß man selbst der Größte ist, und das Rad jedesmal neu erfinden. Diesen Anspruch erhebe ich nicht. Ich gehe da anders heran. Ich gucke erst einmal, wie eigentlich die Natur Probleme löst. Früher war das im Unternehmertum sehr beliebt, beim Militär zu beobachten, wie dort die Probleme gelöst werden. Deshalb gibt es heute oft in den Unternehmen auch militärischen Sprachgebrauch: Stab, Linie, wir greifen einen Markt an usw. In den neueren Überlegungen jedoch kommt man immer mehr dahin, daß man von der Natur lernt. Man fragt danach, wie die Natur Prozesse angeordnet hat. Man übernimmt dann Dinge, die sich bewährt haben, die – wenn ich den darwinistischen Ausdruck dafür nehme – ‹selektiert› worden sind. Da setzt unsere Überlegung an: wir übernehmen erfolgreiche Unternehmenskonzeptionen, wir klauen also irgend etwas, so wie Sie das eben bösartig formuliert haben. Dieses Klauen vollzieht sich aber nicht in einer simplen Form. Ich will einmal ein naives, fiktives Beispiel nennen: In Bonn gibt es gegenüber dem Hauptbahnhof einen McDonalds-Laden, Nr. 21 der Weltumsatzliste aller 7700 McDonalds-Läden. Nun mache ich einen Rentrop-Burger auf, weil ich weiß, daß der McDonalds sechs Millionen macht – in der Hoffnung, daß ich jetzt auch sechs Millionen mache. Da klappt aber ein wesentliches Stück nicht: Ich bin nämlich in demselben Markt. Meine Chance, den Umsatz des McDonalds zu erreichen, ist also relativ gering.

Also mache ich das anders: ich übertrage die bewährte Kombination in einen neuen Markt. Das ist das Innovative.»

Sie haben eben Ihre Ethik recht klar geschildert. Gibt es auch noch andere ethische Werte, christliche Werte zum Beispiel, in Ihrem Denken und Handeln?

«Ich bin ein gläubiger Christ.»

Aber Sie sind keine Mutter Theresa der Marktwirtschaft?

«Bestimmt nicht. Meine Philosophie ist es, vom Nutzenkonzept auszugehen: indem ich anderen Nutzen gebe, indem ich Nutzen stifte, sind die anderen bereit, mir einen größeren Teil zu geben.»

Wie vielen Menschen nutzt denn Die Geschäftsidee?

«Wollen Sie die Auflage wissen?»

Ja.

«Das ist eine Zahl, über die ich nicht gerne spreche.»

Ist das ein Geheimnis?

«Die Auflagenhöhe ist ständig breitgetreten worden. Dann gab es Schätzungen: 200000 sagten die einen, 100 Stück die anderen.»

Jede renommierte Zeitschrift gibt doch eigentlich gerne die Auflagenhöhe bekannt.

«Das mag durchaus sein, weil jede ‹renommierte Zeitschrift› ein Blatt ist, das sich aus zwei wesentlichen Erlösquellen finanziert: einmal Vertriebserlöse und in der Hauptsache die Anzeigenerlöse. *Die Geschäftsidee* enthält keinerlei Anzeigen. Wir sehen uns auch lieber als ‹Informationsdienst› denn als Zeitschrift. Der Informationsdienst ist eben nur zeitschriftenähnlich aufgemacht. Sie merken ja auch, daß *Die Geschäftsidee* nicht im Postzeitungsdienst vertrieben wird. Das hat einen handfesten Grund. Wir werden konkret, wir nennen die Telefonnummern und Preise. Wir schreiben, welche Firma welches

Produkt zu welchem Preis anbietet. Wir geben klare Handlungsanleitungen: machen Sie dies, kaufen Sie jenes! Wir geben klare Empfehlungen. Im Postdeutsch nennt sich das eben ‹unerlaubte geschäftliche Werbung›.»

Das ist das eine Geschäft, das Sie betreiben. In welchen anderen Geschäften haben Sie noch die Finger drin?

«Wollen Sie jetzt wissen, wo ich überall Aktien und sonstwas besitze?»

Ja.

«Das ist ja von kritischen Journalisten schon sehr schön dargestellt worden. Danach kamen sofort Mitarbeiter von meinem Unternehmen und fragten: ich wußte gar nicht, daß du da und da beteiligt bist; soll ich da jetzt auch Aktien kaufen usw. Klar, ich habe vielfältige Interessen und Beteiligungen, das verändert sich natürlich auch ständig. Das ist so: mir macht es Spaß, eigene Ideen realisiert zu sehen. Mir macht es auch Spaß, wenn ich sehe, daß ein Konzept, auf das ich setze, Erfolg hat.»

An Ihrer Person gibt es ein sehr großes Medieninteresse, es gab sogar eine große Serie in der BILD-Zeitung. *Das Bild, das in der Presse von Ihnen geprägt wird, kann man ungefähr so zusammenfassen: jungdynamisch, risikofreudig, immer im Trend, mit festem Glauben an die soziale Marktwirtschaft. Sind Sie der Muster-Jungunternehmer für das Deutschland nach der Wende?*

«Jetzt kommen Sie auch noch mit ‹Deutschland nach der Wende›! Ich persönlich habe von der Wende hier noch gar nichts gemerkt.»

Erwarten Sie noch mehr?

«Ja, ich würde mich freuen, wenn es eine Wende zur Marktwirtschaft gäbe, aber bisher habe ich nichts davon gemerkt. Für die Unternehmen ist außer ein paar Pseudokorrekturen à la 936-Mark-Gesetz nichts passiert.»

Was verlangen Sie?

«Ein klares Bekenntnis, daß Leistung sich wieder lohnt.»

Bekenntnisse gibt es ja. Wie soll sich das denn in der Praxis zeigen?

«Konkret: Die Steuern sind nicht gefallen, sondern gestiegen. Jetzt muß also eine CDU-Sondersteuer, diese Investitionszulage, gezahlt werden. Die Förderung der Finanzierung von Aktiengesellschaften wird in Deutschland zwar mit einer enormen Akribie diskutiert, Kommissionen werden gebildet, es werden Leute aus Amerika eingeflogen – aber ein konkreter Schritt dorthin ist bis heute noch nicht erfolgt. Die Wende ist das, was Margaret Thatcher in England gemacht hat – das ist die Wende.»

Sind Sie selbst auch politisch engagiert, um diese Veränderungen durchzusetzen?

«Ich gehe einen anderen Weg. Ich mache das Faktische. Durch die jährlichen 100000 bis 120000 Unternehmensgründungen, die wir in Deutschland haben, wird das Faktische aufgebaut.»

In die Bresche des Vaters springen, einmal Abgeordneter werden – das können Sie sich nicht vorstellen?

«Noch nicht.»

Wollen Sie später einmal Berufspolitiker sein?

«Vorsicht! Mein Vater war nicht Berufspolitiker, da legte er immer sehr viel Wert darauf. Mein Vater ist Wirtschaftsprüfer und Steuerberater. Er ist also nicht den manchmal üblichen Karriereweg gegangen: Junge Union, Schüler Union, während des Studiums schon möglichst Stadtrat, Landesparlament, nach Studienende und einigen Jahren Landesgeschäftsführer Einzug in den Bundestag ... Nein, mein Vater ist einen ganz anderen Weg gegangen, er war immer aktiv in seinem Beruf tätig. Er wollte im wirtschaftlichen, insbesondere auf dem steuerlichen Sektor die Impulse und Anreize schaffen, damit wieder mehr Leistung gefördert wird. Da konnte er seine ganze berufliche Erfahrung einbringen.»

Was ist denn Ihr Begriff von Karriere. Wie würden Sie diesen Begriff normativ bewerten?

«Ich störe mich als Liberaler an dem Begriff ‹normativ›. Für mich ist Karriere nicht unbedingt das große Geld, nicht unbedingt die Macht (Politikerkarriere), auch nicht unbedingt der Nobelpreis (Wissenschaftlerkarriere). Es kann das alles sein, es kann das alles auch nicht sein. Es gibt in Amerika ein Konzept der totalen Person. In allen Lebensbereichen: Familie, Gesundheit, Religion, Beruf, im intellektuellen und wissenschaftlichen Bereich – in allen Bereichen soll es ein Streben nach der Selbstverwirklichung geben. Da liegt irgendwo auch die Geistesverwandtschaft zum Griechischen.»

Woher kommt denn Ihre Amerikafreundlichkeit?

«Ich gucke eben immer, wie andere etwas machen oder wie die Natur dies macht. Zunächst gucke ich natürlich, wie andere in Deutschland die Probleme lösen. Aber da ist Deutschland, wenn es um Märkte geht, trotz seiner 60 Millionen Einwohner, nicht groß genug, um genügend Vielfalt aufzuweisen. Da gucke ich dann auch gerne mal nach Amerika. Deutschland und Amerika sind deshalb zwei Länder, die relativ ähnlich sind, weil in Amerika 30 Prozent Deutschstämmige leben.»

Wie machen Sie das? Fahren Sie dort hin, lesen Sie Zeitschriften?

«Wir lesen hier sehr viele Zeitungen und Zeitschriften, nicht nur aus Amerika, auch aus Frankreich, Schweden, Holland, Belgien, England, Australien. Ich selbst versuche immer einmal im Jahr vier bis sechs Wochen in die USA zu fahren.»

Was machen Sie dort?

«New York City, Florida, Kalifornien – eine Rundreise.»

Zu den Existenzgründungen in der Bundesrepublik – glauben Sie, daß die Wende wenigstens dabei geholfen hat?

«Konkrete Veränderungen gab es so gut wie keine, Korrektürchen – wie ich als Rheinländer gerne sage –, mehr nicht. Was sicherlich positiv dazu beigetragen hat, ist die vom Wirtschaftsministerium betriebene Politik der psychologischen Bestärkung. Es gibt ja aus der Freiburger Schule von Eucken diesen Begriff der ‹wirtschaftspolitischen Konstanz›. Als Unternehmer muß ich meine Entscheidungen unter Unsicherheit treffen. Wird jetzt die Unsicherheit dadurch reduziert, daß ich das vermeintliche Gefühl kriege, Entscheidungen würden etwas sicherer – zum Beispiel dauerhafte Regierung, entscheidende Wende zum Besseren usw. –, dann wird mein Risiko reduziert. Ich brauche dann nicht mehr solch große Reserven für Unwägbarkeiten beiseitezustecken, ich kann dann selbst etwas mutiger an die Dinge herangehen.

Dieses Element wird nach der Wende einen kleinen Effekt gehabt haben, aber groß war es sicherlich nicht.»

Macht sich der Aufschwung auch bei Ihnen bemerkbar?

«Ja klar!»

Im Umsatz?

«Ja, im Umsatz, in der Zahlungsmoral usw.»

Wie hoch ist Ihr Umsatz im Monat?

«Noch sind wir keine Aktiengesellschaft. Wenn wir eine werden, dann steht der Umsatz jährlich im Bundesanzeiger.»

Ein bißchen genauer können Sie das aber schon sagen.

«Der Umsatz ist siebenstellig.»

Und wie steht es mit der Arbeitszeitverkürzung?

«Wie soll man zu mehr Wohlstand kommen, wenn weniger gearbeitet wird. Es würde dann auch die Tendenz geben, daß einige mit der 35-Stunden-Woche sich nicht zufriedengeben wollen. Diejenigen eben, die glauben, daß sie dazu da sind, im Leben mehr zu leisten. Dann werden mehr Leute sich selbständig machen, um nach ihrer regulären Arbeitszeit zusätzlich zu arbeiten. Wer wie ich und viele Gründer bereit ist, auch siebzig oder achtzig Stunden in der Woche zu arbeiten, wird natürlich seinen Vorsprung vergrößern. Wenn ich viele Informationen sammle, wenn ich an einer Sache konsequent arbeite, werde ich gegenüber den anderen einen größeren Vorsprung haben.»

Welches Bild haben Sie von der Jugend in der Bundesrepublik?

«Ich kenne viele Jugendliche, die sehr positiv eingestellt sind, aber auch Leute, die immer noch ‹Null Bock› haben. Ich habe ein bißchen den Eindruck, daß die Verunsicherung sehr groß ist, daß einfach den jungen Menschen viel zu wenig Aufgaben gezeigt werden. Und auch nicht mit Entschlossenheit Wege aufgezeigt werden.

Warum wird zum Beispiel nicht Entwicklungspolitik als eine klare Aufgabenstellung, als Ziel formuliert – nicht nur als Programm für einige wenige, sondern als Massenbewegung. Zum Beispiel Umweltschutz: da wird viel geredet, aber warum packen wir da nicht alle gemeinsam an, gehen am Samstag aufräumen?

Ich bin zum Beispiel Mitglied in einem Golfclub. Ich spiele schon seit zwanzig Jahren Golf, ein Sport, der immer als sehr elitär verschrien wird. Als der Platz in meinem Golfclub zu sehr verschmutzt war, da wurde ein Aushang gemacht, und eine Woche später trafen sich alle gemeinsam und haben den ganzen Platz aufgeräumt. Da gingen dann 150 Leute über den Golfplatz, pickten am Vormittag Zeitungspapier und weggeworfene Sachen auf, räumten in den Wäldern abgebrochene Äste beiseite usw. Ich habe dabei auch selbst mitgemacht.

Wenn Jugendliche den ganzen Tag von Lehrstellenmangel reden, dann passiert doch nichts. Ich kann doch nicht negative, ich muß positive Impulse geben. Es gibt genügend Aufgaben zu bewältigen.»

Was wäre denn Ihre erste Amtshandlung, wenn Sie Jugendminister wären?

«Dann würde ich sicherlich solche Programme sofort initiieren. Ich halte viel von Dingen, die nicht viel Geld kosten. Ich halte nichts von dem Ruf nach Eliteuniversitäten, um dann mal kurzerhand 50 Milliönchen im Haushalt dafür bereitzustellen – mit der Hoffnung, morgen haben wir auch unsere Stanford University. Das ist alles Kappes!

Eine Eliteuniversität kann man nicht von heute auf morgen aufbauen. Dazu bedarf es einer langen Hege und Pflege, dreißig, fünfzig Jahre. Vielmehr muß psychologisch aufgebaut werden. Da ist für meine Begriffe Graf Lambsdorff schon den richtigen Weg gegangen. Richtig ist es, den Mut zur Selbständigkeit zu bestärken, statt mal schnell ein paar hunderttausend Mark herauszuschleudern.»

Was unterscheidet Sie als Jungunternehmer von den Unternehmern der älteren Generation?

«Ich sehe da keinen prinzipiellen Unterschied. Als Unternehmer bezeichne ich jemanden, der etwas unternommen hat, nicht denjenigen, der eine Firma ererbt hat und sich dann auf die Verwaltung beschränkt. Für mich ist das das Schumpetersche Schaffen neuer Faktorkombinationen.»

Wenn Sie an Ihre persönliche Zukunft denken, in welchen Zeitdimensionen denken Sie dann?

«Ich versuche langfristig zu denken.»

Haben Sie wie andere junge Menschen zuweilen Zukunftsangst?

«Nein.»

«Ein Weg nach oben soll's schon sein»

Eine Schülerkarriere

Wir treffen ihn im Bundeshaus. Nach Übergabe unserer Personalausweise und Prüfung der Angaben öffnet der Pförtner für uns die elektronisch gesicherte Tür. Peter Stefan Herbst kommt uns entgegen. Einige Akten und den neuen *Playboy* unter dem Arm, führt er uns in einen kleineren Sitzungssaal. Zwischen einer Plenarsitzung des Bundestages und dem nachmittäglichen Kunstunterricht am Gymnasium nimmt er sich knapp zwei Stunden Zeit, unsere Fragen zu beantworten.

Peter Stefan Herbst ist 19 Jahre alt und Schüler. Doch wenn für seine Mitschüler die freie Zeit beginnt, sitzt er über Akten oder Bergen von Post und erledigt Büroaufgaben. Peter Stefan Herbst hat einen ungewöhnlichen Job: Er ist Mitarbeiter des Bundestagsabgeordneten Matthias Wissmann.

Dabei begann sein Einstieg in die ‹höhere› Politik recht zufällig: Am 11. Dezember 1982 versammelten sich in Leverkusen die Spitzen aller Landesverbände der Schüler Union (SU), um aus ihrer Mitte einen neuen Bundessprecher zu küren. Da geschieht etwas Unerwartetes: Stefan Hesse, der vom Bundessprecher Peter Pott als Nachfolger auserwählte Kandidat, will plötzlich nicht mehr. Was nun? So kampflos wollen die derzeit noch mehrheitsfähigen «Reformer» den «Rechten» und ihrem Kandidaten Frank-Dieter Freiling nun doch nicht den Bundesverband überlassen (vgl. Interview mit F.-D. Freiling). In seiner Not telefoniert Peter Pott in der Umgebung herum; es gilt, einen neuen Kandidaten zu finden, der nicht nur etwas Erfahrung in der SU-Arbeit gesammelt haben sollte, sondern der vor allem auch in der Lage ist, bis zum Wahlbeginn in zwei Stunden den Versammlungsort zu erreichen.

Peter Stefan Herbst hat Glück: Er ist nicht nur Kreisvorsitzender

«Vom Dezember '82 bis Januar '84 war ich Bundessprecher der Schüler Union.»

der Bonner Schüler Union, sondern wohnt zudem nur knapp 50 Kilometer vom Tagungsort entfernt in Bornheim. Er schafft es.

Daß er trotz dieser Qualifikationen drei Wahlgänge benötigt, verdankt er seinem eigenen Landesverband Rheinland. Dieser – repräsentiert durch den Exkandidaten Stefan Hesse – bezweifelt seine Fähigkeiten und weigert sich standhaft, ihn zu wählen. Peter Pott meistert auch diese Krise, indem er Stefan Hesse im Falle einer korrekten Stimmabgabe das Amt des stellvertretenden Bundessprechers in Aussicht stellt. So wird Peter Stefan Herbst doch noch Bundessprecher.

Daß die «Reformer» es sich nach dessen Wahl anders überlegen und Stefan Hesse nur mit den Stimmen der «Rechten» seinen Posten bekommt, ist wieder eine andere Geschichte für ein weiteres Buch. Peter Stefan jedoch ist an diesem Abend alles andere als ein strahlender Sieger. Erst langsam wird ihm bewußt, wo er da hineingeraten ist. Vollkommen verzweifelt und verunsichert bittet der knapp 17jährige in den nächsten Tagen und Wochen noch häufig um Tips und Hilfestellungen für seine Arbeit.

Eineinhalb Jahre später treffen wir einen ganz anderen Peter Stefan Herbst. Selbstsicher und seinen Ehrgeiz den Journalisten gegenüber nicht verbergend, spricht er seine «statements» ins Mikrofon. Eine kurze Frage, ein Stichwort genügt, und fließend, fast druckreif formuliert, referiert er ausführlich seine Überlegungen zum jeweiligen Thema. «Andere Leute kennenzulernen, hatte man nicht die Zeit.» Er verfällt häufig in dieses Distanz schaffende «man», wie es Politiker gerne verwenden, wenn sie persönliche Erfahrungen verallgemeinern wollen. «Wenn man die Gelegenheit hat, Verantwortung zu übernehmen, dann bin ich nicht jemand, der sich weigert.» «Man» drängt sich nicht nach politischen Ämtern, «man» wird gerufen. Ein «Karrierist» zu sein – wie seine Gegner vom rechtskonservativen Unionsflügel behaupten –, das weist Peter Stefan von sich. Aber ein Weg nach oben soll's schon sein.

Peter Stefan Herbst

Du bist Mitarbeiter im Büro eines Bundestagsabgeordneten – eine ungewöhnliche Tätigkeit für einen 18jährigen. Wie kamst du zu diesem Job?

«Durch diese Arbeit und die Kontakte im Parteivorstand der CDU, dem man als Bundessprecher der Schüler Union mit beratender Stimme angehört, habe ich Matthias Wissmann kennengelernt, für den ich heute arbeite. So bin ich im Sommer 1983 mit 17 Jahren hier ins Bundeshaus gekommen. Und diese Sache möchte ich in Zukunft gerne parallel zu meinem Studium weitermachen.»

Was studierst du?

«Ich studiere noch nicht. Ich bin immer noch Schüler, mache erst im nächsten Jahr mein Abitur, möchte gerne Jura und Publizistik studieren – falls möglich, beides als Hauptfach –, möchte gerne in Bonn bleiben, um den Job hier zu behalten. Nach meinem Abitur gehe ich erst einmal in die Redaktion von *Bundeswehr aktuell* auf der Hardthöhe, weil sich das gut mit meiner Tätigkeit im Bundeshaus vereinbaren läßt.»

Du leistest deinen Wehrdienst also bei Bundeswehr aktuell *? Wie kommt man so flott an die privilegierte Stelle?*

«Die Auswahl der Redakteure für *Bundeswehr aktuell* lief über Vorgespräche mit den Bewerbern, und ich gehöre jetzt zu den Leuten, die in die engere Auswahl gekommen sind. Da wurde auch nach journalistischer Vorbildung gefragt, und ich hatte ja gerade im letzten Jahr die große Kampagne ‹Schüler für Frieden in Freiheit› organisiert, zu der auch eine Zeitung gehörte, die in hunderttausendfacher Auflage bundesweit verteilt wurde. Das wurde eben auch anerkannt.»

Wie reagieren eigentlich deine Mitschüler auf dein Engagement?

«Ich gehe auf eine Schule, an der viele Leute sind, die etwas anderes beschäftigt als das Privatleben anderer Schüler.»

Was ist das für eine Schule?

«Ich bin am Ernst-Moritz-Arndt-Gymnasium in Bonn. Da sind sehr viele Schüler, deren Eltern im diplomatischen Dienst stehen oder auf andere Art im öffentlichen Leben in Bonn mitwirken. Das Ernst-Moritz-Arndt-Gymnasium gehört zu den zwei oder drei etablierteren Gymnasien in Bonn, die noch einen gewissen Leistungsanspruch haben. Für Leute, die unbedingt Abitur machen müssen, dazu aber eigentlich nicht in der Lage sind, gibt es andere Gymnasien, die dem Schüler ein möglichst leichtes Leben und dennoch akzeptable Noten verschaffen.»

Und wie reagieren nun die Mitschüler auf dein Engagement?

«Sicherlich mit sehr viel Unverständnis. Man muß sich das vor Augen führen: ich war damals 16, als ich zum Bundessprecher gewählt wurde. Da war ich plötzlich an einem Wochenende in Wien, am darauffolgenden Montag beim Parteivorstand der CDU; da fuhr also montags nach der dritten Stunde ein Taxi vor, das mich abholte, damit nicht zuviel Unterricht durch unnötige Fahrzeit verlorenging. Dann tauchte ich häufiger anläßlich von Aktionen der Schüler Union im Radio oder im Fernsehen auf. Da reagieren die Mitschüler natürlich schon mit Erstaunen.»

Kann man da eigentlich noch richtig ein Schülerleben führen?

«Das ist natürlich ein riesiges Problem. Wenn man nur als normaler Kreisvorsitzender arbeitet, ist man noch so sehr Schüler wie alle anderen auch. Aber wenn man dann an Freitagen und Samstagen nur noch sehr sporadisch in der Schule erscheint, weil man dann irgendwelche Landesverbände besuchen muß oder auch Veranstaltungen im Ausland, wo natürlich auf Grund der längeren Anreisewege wesentlich mehr ausfällt, muß man sich sehr stark auf sich selbst verlassen, denn das Versäumte muß ja nachgeholt werden. Ich habe also viel in der Bahn gearbeitet oder im Auto oder noch während der Tagungen und war so in der Lage, dennoch gute Klausuren zu schreiben.»

Besteht dein Freundeskreis eher aus Mitschülern oder eher aus Mitarbeitern der Schüler und Jungen Union?

«Heute habe ich auch einen relativ großen Freundeskreis in der Schule, aber damals, als Bundessprecher der Schüler Union, war ich fast ausschließlich auf Leute fixiert, die auch im Bereich SU/JU engagiert waren. Einfach auf Grund dessen, weil man jedes Wochenende woanders war und auch in der Woche sehr viele Verpflichtungen wahrzunehmen hatte, so daß man sich nur auf Leute konzentrieren konnte, die das gleiche machten. Das waren dann also Leute, die man irgendwo am Rande einer politischen Veranstaltung kennenlernte. Andere Leute kennenzulernen, dafür hatte man einfach nicht die Zeit. Im Moment ist das etwas anders, weil ich zwar nachmittags noch sehr häufig im Bundeshaus bin und auch noch viel für die Schüler Union mache, aber ansonsten doch etwas mehr Zeit finde, mich auch um andere Sachen zu kümmern.»

Der Bonner Politikbereich wirkt immer wie ein geschlossenes System von Menschen, die sehr weit weg sind von der Realität. Wie wird ein Jugendlicher damit fertig, der jeden Tag unter dieser ‹Käseglocke› arbeitet?

«Man gewöhnt sich natürlich an, sehr viele Eigenarten, die man im politischen Bereich pflegt, auch in das private und schulische Leben hineinzutragen.»

Was für Eigenarten?

«Zum Beispiel gewisse rhetorische Kenntnisse, die man mit der Zeit erwirbt und dann natürlich auch in der Schule anbringen will.»

Auch Eitelkeiten?

«Eitelkeiten? Ich weiß nicht. Ich habe sicherlich gewisse Eitelkeiten ...»

... hat doch jeder in diesem Treibhaus; das ist doch ein Horrorszenario von Eitelkeiten hier ...

«Das kann man so sehen. Wenn ich mir viele Leute angucke, mit denen ich hier im Bundeshaus zu tun habe ...»

Hast du auch unpolitische Freizeitinteressen?

«Ich fotografiere unwahrscheinlich gerne, was sich sehr gut mit meinem politischen Engagement kombinieren läßt, denn ich komme natürlich viel herum. Das kommt wieder meiner Leidenschaft, viel zu reisen, sehr entgegen. Ich glaube also nicht, daß mir durch mein politisches Engagement viel entgeht. Im übrigen gehöre ich zu den Leuten, die eine gewisse zeitliche Auslastung brauchen.»

Die bekommst du als Berufspolitiker sicherlich schnell...

«Wenn sich im politischen Bereich einmal die Gelegenheit findet, etwas Sinnvolles zu machen, werde ich das sicherlich annehmen, aber ich strebe das nicht unbedingt an.»

Was wäre sinnvoll und interessant für dich?

«Politische Bildungsarbeit. Denn ich versuche, meinen Beruf mit dem zu kombinieren, was mich politisch interessiert.»

Aber einen Posten bei der Konrad-Adenauer-Stiftung hast du noch nicht in der Tasche?

«Nein, nein, nein. Ich versuche zwar immer, mit Perspektive zu arbeiten und zu planen, aber nach dem Studium würde ich gerne erst einmal im Bereich der Publizistik tätig werden. Ich werde mich bemühen, ein Volontariat bei einer etwas interessanteren deutschen Tageszeitung zu finden.»

Welche wäre das?

«Von der politischen Einstellung und vom Stil her würde ich gerne bei der *FAZ* arbeiten. Aber auch der *Bonner General-Anzeiger* hat trotz seiner kleinen Auflage ein relativ hohes politisches Niveau.»

Liest du noch andere Zeitschriften – außer dem Playboy?

«Stimmt, den *Playboy* lese ich sehr gerne. Aber was ich mir jeden Montag kaufe und von der ersten bis zur letzten Seite lese, auch wenn ich mit dem politischen Standort nicht übereinstimme, das ist der *Spiegel*.»

Hast du journalistische Vorbilder?

«Ich habe schon immer eine ungeteilte Bewunderung für Friedrich Nowottny inne. Der ist jemand, der in erster Linie Friedrich Nowottny mag. Und genau dieses gesunde Selbstbewußtsein strebe ich auch an.»

Wie weit planst du eigentlich dein Leben voraus?

«Ich bin eigentlich jemand, der sehr spontan reagiert, bin aber der Meinung, daß es nicht schadet, sich beizeiten darüber Gedanken zu machen, was so kommen könnte. So habe ich mich beispielsweise schon mit 17 bei der Bundeswehr für diesen Redaktionsjob beworben.»

Du planst also voraus und behauptest gleichzeitig, nicht nach politischen Ämtern zu streben. Das ist ein Widerspruch.

«Nein, denn ich mache da einen Unterschied. Ich versuche immer, eine starke Trennungslinie zu ziehen zwischen dem politischen Bereich und dem privat-beruflichen, weil es für mich wichtig ist, nicht nur in der Politik aufzugehen. Ich kenne sehr viele Leute bei SU und JU, die abends, wenn man sich auf ein Bier mit denen zusammensetzt, unfähig sind, über was anderes als Politik zu reden. Und genau das will ich nicht.

Im politischen Bereich arbeite ich primär an dem, was mir Spaß macht. Bei diesen Funktionen, die ich im Moment bei der Schüler Union Rheinland noch innehabe, da sind Freunde auf mich zugegangen und meinten, wir brauchen da noch jemanden – interessiert dich das nicht? Möchtest du nicht das nächste Seminar der Schüler Union Rheinland leiten? Möchtest du nicht mal da oder da zum Thema ‹Friedenserziehung› referieren? Das finde ich interessanter als ein festes Amt. Als Bundessprecher der Schüler Union mußte ich mich zum Beispiel mit Mitgliedern wie Andreas Domeyer oder Michael Stange von der Konservativen Aktion herumschlagen, die politische Zielvorstellungen haben, die meiner Meinung nach schon außerhalb des im Verband Tragbaren liegen. Das war sicherlich keine angenehme Aufgabe. Obwohl es sich andererseits auch nicht abstreiten läßt, daß es einen gewissen Reiz hat, im Parteivorstand der CDU zu sitzen.

Allerdings machen sich die meisten Leute falsche Vorstellungen über die Arbeit dort. Das ist kein Gremium, wo es Kampfabstimmungen gibt und wo Entscheidungen durch Handheben fallen, sondern ein Gremium, wo sehr viel geredet wird und vielleicht manche Leute mit etwas Geschick im richtigen Moment ein klein wenig bewegen können. So hatte ich einmal das Glück, sogar vor vollbesetztem Gremium zur Problematik der Ausbildungsförderung Stellung beziehen zu können. Vielleicht ist es dem Tatbestand zu verdanken, daß der Parteivorsitzende und Bundeskanzler nicht ganz genau zugehört hat, er hat jedenfalls dem Gremium nachher kundgetan, das sei genau seine Meinung und man müsse hier auf Länderebene wesentlich aktiver werden. Diese Diskussion im Parteivorstand war die Grundlage für die späteren Länderregelungen im Bereich der Ausbildungsförderung. Daran sieht man ganz konkret, daß man etwas bewegen kann. Das hat natürlich seinen Reiz. Dazu muß man sagen, daß der Generalsekretär der CDU immer eine sehr große Vorliebe für die Schüler Union hatte, was sich bei bestimmten Sachen bemerkbar machte.»

Du hast dich nicht überfordert gefühlt, im Vorstand einer Regierungspartei mitzuarbeiten?

«Nein. Man verliert auch sehr schnell den Respekt vor den Größen, die man sonst im Fernsehen bewundert. Früher war für mich der Heiner Geißler oder auch der Bundeskanzler jemand, der über den Dingen steht und in gewissen Sachfragen eine gewaltige Kompetenz aufweist ...»

... und nun hast du festgestellt, daß der Bundeskanzler inkompetent ist?

«Nein, das um Himmels willen nicht. Aber man merkt bei Diskussionen, daß der Bundeskanzler auch nur ein Mensch ist, der Leute braucht, die ihn in detaillierten Fragen ein klein wenig unterstützen, ihn mit Informationen füttern, die er natürlich selbst verarbeiten muß, um Entscheidungen treffen zu können. Aber wenn man in solchen Gremien sitzt, verliert man die Distanz zu den Fernsehgrößen. Man merkt, das sind Menschen, die auch nur primär die Sorge haben, möglichst schnell ihr Mittagessen zu kriegen, vielleicht noch ein zweites Frühstück im Rahmen dieser Montagmorgen-Bundesvorstandssitzung, und denen es erst in zweiter Linie darum geht, Inhalte durchzubringen. Wenn man mit 30 Leuten an einem Tisch sitzt, von denen 15 ihre Zeitungen lesen, zehn damit beschäftigt sind, ihr zweites Frühstück einzunehmen, und zwei gerade ein anderes Thema diskutieren, dann verliert man schnell seine Scheu.

Um auf die Frage nach der Überforderung zurückzukommen: Die ist natürlich bei vielen Einzelthemen da. Man konzentriert sich eben auf das, was einem selbst am wesentlichsten erscheint, und versucht da, Anregungen einzubringen. So verstehen das auch die Politgrößen. Sie konzentrieren sich nur auf Themen, bei denen sie selbst bestimmte Anliegen vorbringen wollen. Ansonsten haben die abgeschaltet, führen Telefongespräche, frühstücken.

Eine der wichtigsten Eigenschaften, die man im politischen Bereich entwickelt, ist die Fähigkeit, Wichtiges von Unwichtigem zu unterscheiden. Ich bekomme im Büro beispielsweise täglich einen 30 Zentimeter hohen Poststapel. Da gibt es hier Leute, die brauchen zwei Stunden, um diesen Stapel durchzuarbeiten, andere brauchen zehn Minuten. Ich gehöre zu denjenigen, die anstreben, es in fünf Minuten zu schaffen.»

Wann bekommst du hier ein eigenes Büro mit Mitarbeitern, die deine Post sortieren?

«Ich weiß nicht. Das ist nicht unbedingt das, was ich in nächster Zeit möchte. Die Leute, die sehr jung sehr weit nach oben kommen, sind immer abhängig. Sei es vom Listenplatz, sei es von anderen CDU-Politikern im eigenen Wahlkreis oder auf höherer Ebene, sei es von der Jungen Union, über die man sich absichern läßt. Deshalb sage ich: Wenn man die Gelegenheit hat, mal etwas mehr Verantwortung zu übernehmen, dann bin ich nicht jemand, der sich schlagen läßt und sich weigert. Allerdings halte ich es nicht für sinnvoll, mit der Perspektive anzutreten, ich muß jetzt.»

Aber ein Weg nach oben soll's schon sein?

«Das ja.»

«... immer mein Bestes zu geben»

Die neue Elite: Autorität und Leistung

4. Februar 1984, Hamburg. Die Schüler Union hatte zum großen Schülerkongreß 1984 eingeladen. «Mut zur eigenen Meinung» heißt das Motto. Die Themenwahl verspricht einen ruhigen Ablauf. «Europa» steht auf der Tagesordnung, «Perspektiven für Hamburger Politik», referiert vom Bürgerschaftsabgeordneten Ole von Beust, und natürlich die Beschäftigung mit dem politischen Gegner, der vor allem in der Gewerkschaft Erziehung und Wissenschaft (GEW) und der Landesschülervertretung geortet wird.

Letztere hat zur freudigen Belustigung des CDU-Nachwuchses sogar einen «Alternativen» für ein Grußwort vorbeigeschickt. So nimmt denn auch mancher die Gelegenheit wahr, sich nicht nur langaufgestaute Wut über die fehlende Resonanz der Schüler Union unter Hamburgs Schülervertretern abzureagieren, sondern zugleich auch sein rhetorisches Geschick hinsichtlich des nahenden verbandsinternen Wahlkampfes zu demonstrieren.

Leider wird das friedliche Spiel im Laufe der Antragsdiskussion empfindlich gestört. «Mut zur eigenen Meinung», hatten sich einige SUler gedacht und gleich ein Dutzend eigener Anträge mitgebracht. Dazu muß man wissen, daß die Hamburger mehrheitlich stolz darauf sind, zu den liberalsten Landesverbänden der Schüler Union zu gehören. So hatten sie sich monatelang bemüht, ihren Rechtsaußen Michael Stange (von der Konservativen Aktion) loszuwerden. Und nun taucht ausgerechnet auf diesem Kongreß eine neue Gruppe auf, die «ähnlich obskure Forderungen» stellt, so ein verärgerter Delegierter.

Beispielsweise «für Hochbegabte in allen Fachrichtungen» fordern sie «beste Lerneinrichtungen und kompetentere Lehrkräfte für Zusatzunterricht außerhalb der Schulzeit». Außerdem soll die Schulbehörde «die Aufnahmebedingungen auf Hamburgs Gymnasien wieder verschärfen, ebenso die Abiturzulassung. Die Abiturientenzahl muß dadurch wesentlich verringert werden.» Für Lehrer bedeutet das «wesentlich verschärftere Befähigungs- und Zulassungstests, bevor diese auf Schüler losgelassen werden».

Die Reaktionen der anwesenden SU-Mehrheit reicht von grölendem Gelächter und eindeutigen Kommentaren («politische Spinner», «Geht doch zum Stange») bis hin zu persönlichen Erklärungen: «Ich halte die Ansichten und Anträge von Markus Rapp für beschämend für die Schüler Union Hamburg», distanziert sich Volker Streu, Bundes- und Landesvorsitzender, schnell mit Blick zum Pressetisch von den Ausführungen seines späteren Gegenkandidaten.

Markus Rapp (18), SU-Kreisvorsitzender von Wandsbek und Anführer der als «Elitefraktion» betitelten Gruppe, hatte bereits zu Beginn für Aufsehen gesorgt, indem er sich als «politisch Verfolgter» vorstellte: Weil er anderer Auffassung sei als die linken Lehrer an seiner Schule, wolle man ihn zwingen, die Schule zu wechseln, berichtete er den Freunden, die seine Geschichte zwar nicht so richtig ernst nahmen («Profilneurotiker»), sich aber dennoch in einem Antrag «Schüler gegen Meinungsmache – für eine freiere Schule» mit ihm solidarisierten.

Weniger Verständnis brachten sie für seine inhaltlichen Anträge auf. Sie wurden zumeist mit Hinweisen wie «die Schüler Union hat bereits das genaue Gegenteil beschlossen» (zur Eliteförderung) oder «das verstößt gegen das Grundgesetz» (zur Forderung nach einem Ausbildungsstopp für Pädagogen) abgeblockt.

Dabei hat Markus Rapp nur das konsequent weitergedacht, was die Schüler Union seit Jahren fordert: mehr Leistungsbereitschaft der Schüler, Chancengerechtigkeit statt Chancengleichheit, Wertevermittlung statt kritischer Diskussion. Doch während die Schüler Union im allgemeinen darum bemüht ist, ihre Ideen möglichst moderat zu formulieren, um Angriffsflächen zu vermeiden, vertritt er offensiv, was er sich wünscht: eine autoritär und hierarchisch strukturierte Gesellschaft, in der Leistungsbereitschaft und Vaterlandsliebe (wieder) dominierende Werte sind, in der nicht lange palavert wird, sondern «Persönlichkeiten, zu denen man aufschauen kann», sagen, was zu tun ist.

Seine Vorstellungen unterscheiden sich nicht grundsätzlich von denen vieler seiner Altersgenossen in der Schüler Union, sie sind geradezu tragende Werte der ‹geistigen Wende›. Wie bei vielen entwikkelte sich sein politisches Engagement als Reaktion auf die Ende der 60er Jahre begonnene Gesellschaftsreform, die sich heute noch in den Schulen auswirkt: Ein Großteil der heutigen Lehrerschaft sammelte seine ersten politischen Erfahrungen in den Kämpfen der Außerparlamentarischen Opposition (APO), die Spuren der sozialdemokratischen Bildungsreformen finden sich heute noch – ansatzweise – in Lehrplänen, Schülerrechten und Schulsystemen wieder.

Markus Rapp kommt damit nicht zurecht. Für ihn ist die Schule eine «Traumwelt», in der den Schülern «tagtäglich Seifenblasen vorgesetzt» werden, in der linke Lehrer ihren Schülern «allen möglichen soziologischen Unrat» aufoktroyieren, etwa «daß Gleichheit etwas Erstrebenswertes ist».

Markus weiß: die Welt «draußen» ist anders. Dort gibt es Chefs und Angestellte, Autorität und klare Hierarchien. Nur wer Leistung bringt, zählt in dieser Gesellschaft. So ist es und so ist es richtig. Dieses System in Frage zu stellen ist für Markus undenkbar. Also erfüllt er seine Pflicht und bereitet sich vor, «ein produktiver Teil der Gesellschaft zu werden».

Sein Ziel ist es, der Gesellschaft zu dienen und die von ihm verlangten Leistungen zu erbringen. Daher kommt auch seine Wut auf das heutige Schulsystem, in dem Schüler «zu Staatsgegnern, zu Kritikern» entarten, in dem «nicht systemkonforme» Schüler wie er von linken Lehrern mit Terrormaßnahmen gepeinigt werden. Sein Traum: «Eine Schule, die den Schüler auf das Leben richtig vorbereitet und nicht wie heute vorwiegend Träumer entläßt.» Den Traum einer Gesellschaft ohne Konkurrenz, soziale Unterschiede und Machthierarchien kennt er nicht. Die Situation in den Betrieben – klare Verhältnisse, Chefs und Untergebene – entspricht dem Wesen des Menschen; sie muß folglich auch in der Schule und anderen Bereichen zur Geltung kommen. «Das Schulsystem sollte staatlicherseits so organisiert sein, daß alles funktioniert. So könnten wir Schüler vielleicht auch wieder ohne eine Vertretung auskommen.» Nach seinem Selbstverständnis ist nicht eine weitreichende Demokratisierung der Schlüssel zur Lösung gesellschaftlicher Konflikte, sondern klare Vorgaben durch autoritäre Führungspersönlichkeiten und entsprechende Hierarchien. «Mehr Demokratie wagen!» ist für ihn ein Schreckenswort, Willy Brandt ein «Ver-Führer» der Jugend.

Markus Rapp kämpft offensiv für seine Vision einer autoritären Leistungsgesellschaft. Während die meisten Schüler-Unionisten nur sehr diffuse Vorstellungen davon haben, die sich in ihrem persönlichen Leben allenfalls in allgemeinen Vorurteilen bzw. in Haß auf alles «Linke», «Unordentliche» gelegentlich konkretisieren, bestimmt dieses Streben nach Einordnung in eine klar überschaubare, autoritäre Welt Markus' ganzes Leben. In der eher «liberalen» Hamburger Schüler Union gehört Markus Rapp noch zu einer Minderheit; in Berlin, Hessen oder Schleswig-Holstein hätte er sicherlich schnell Führungspositionen inne. Denn Markus Rapp spricht offen aus, was viele in der Schüler Union denken.

Markus Rapp

Markus, du bist an deinem Gymnasium zum Schulproblem geworden; man legte dir bereits nahe, die Schule zu wechseln. Wie kam es zu diesem Konflikt mit der Lehrerschaft?

«Es fing im Grunde schon an, als ich auf das Gymnasium kam. Ich erfuhr dort nur Dinge, die den Erziehungsidealen von zu Hause widersprachen. Ich war es gewohnt, mit meiner Meinung nicht hinter dem Berg zu halten, sondern das zu äußern, was ich mir denke. Das war immer meine Art und Weise. So äußerte ich im Unterricht Ansichten, die einige Lehrer nicht so gern hören wollten, was mir sehr früh – das fing schon in der 6. oder 7. Klasse an – die Erfahrung brachte, daß ich viel schlechtere Noten bekam, als ich sie im Grunde verdient hätte. Damit war ich natürlich nicht zufrieden. Auch nicht damit, daß ich in der Schule immer das Gefühl hatte, auf dem Kreml zu sein, wenn ich Pausengespräche hörte. Die Kommunisten haben sich immer in der Pausenhalle getroffen und zu allen aktuellen Themen in zersetzender Form Stellung genommen – sogar mit Megafon haben sie zum Schülerstreik aufgerufen. Wie die Lehrer dazu standen, will ich lieber nicht sagen. Auf jeden Fall hat mich dieses ständige Gefühl, im tiefsten Osten zu sein, dazu gedrängt, aktiv zu werden.»

So bist du zur Schüler Union gekommen?

«Ja. Eines Tages habe ich mir gesagt: hier sind fast nur Kommunisten unter den Schülern aktiv, auch der Schülerrat ist kommunistisch beherrscht, das werde ich ändern. Anfang 1983 gründete ich eine SU-Basisgruppe. Meine Arbeit war so effektiv, daß ich in sehr kurzer Zeit – damals war ich auf dem Gymnasium noch das einzige SU-Mitglied – den Kreis auf 15 und heute sogar 20 Schüler erweiterte. Vorher waren 20 aktive Mitglieder der SDAJ auf dieser Schule, wirkliche Staatsgegner, die aktive Politik gegen unsere Gesellschaft machten, was von einigen Lehrern auch gern gesehen wurde. Ich selbst habe es in kürzester Zeit erreicht, ihre Arbeit unmöglich zu machen, indem ich sie mit unserer politischen Arbeit erdrückte.

Jetzt begannen die Repressalien gegen mich massiv zu werden. Ich schrieb sehr viele Artikel in der Schülerzeitung, die ich gegründet hatte. In einem Artikel riß ich Karl Marx nieder und versuchte klarzumachen, was er persönlich für ein schludriges Leben geführt hat und was für ein charakterschwaches Element er gewesen ist.

Ich legte diese Artikel alle Herrn Hartmut Perschau vor, dem Oppositionsführer der Hamburger CDU, zu dem ich gute Kontakte habe, und er selbst segnete sie ab. Ich wollte das, damit ich später Repressalien oder Angriffe von Lehrern abwehren könnte. Diese Angriffe blieben auch nicht aus, obwohl Herr Perschau sagte, die Zeitung sei einwandfrei, und andere Bürgerschaftsmitglieder die Zeitung auch noch absegneten. Es kam soweit, daß ich von Lehrern angesprochen wurde, sie würden sich durch diese Artikel persönlich betroffen und diffamiert fühlen. Ich sei zu weit gegangen und müsse mit Konsequenzen rechnen, wenn ich meine Arbeit in dieser Art und Weise fortsetzen würde, da ich das Schulklima in unerträglicher Weise verschlechtern würde.

Ich bin immer in vielen Fächern der Beste oder einer der zwei, drei Besten gewesen, so in Philosophie, Deutsch, Gemeinschaftskunde und Geschichte, eben in allen diesen Fächern, die den Geist etwas mehr beanspruchen. Einige Lehrer kündigten an: Bei mir fällst du in den Keller, wenn du so weitermachst. Du hast auf dieser Schule keine großen Chancen mehr, gute Noten zu bekommen ... Solche Reden sind gefallen, und meine Noten sanken entsprechend – zum Beispiel in Philosophie, wo ich immer mit Eins – der Beste des Kurses war, auf eine glatte Drei, ganz einfacher Durchschnitt also.

Es folgte ein Gespräch mit meinem Vater, dem Direktor und den betreffenden Lehrern, in dem mir angeboten wurde, die Schule zu wechseln. Ich war dazu nicht bereit, denn wie kann ein Schüler dafür zur Rechenschaft gezogen werden, daß er seine Meinung äußert.

Wir schlossen dann einen Waffenstillstand, der ein halbes Jahr anhielt. Bis wir im Gemeinschaftskundeunterricht einen Text bekamen, wo Unternehmern unterstellt wurde, daß sie faschistische Züge hätten. Ich zitiere aus diesem losen Blatt: «... Selbst die beschränkte Demokratie, Demokratie als Methode der Ämterbesetzung im Staat, würden sie nur so lange dulden, wie diese die Erhaltung der kapitalistischen Wirtschaftsweise garantiert. Wäre der Kapitalismus von innen bedroht, so würden sie zum Zweck seiner Sicherung bei rechtsautoritären, offen oder potentiell faschistischen Parteien Zuflucht suchen.»

Ich war der Meinung, daß dieser Text im Unterricht nicht so diskutiert werden dürfte. Hinter mich stellte sich der halbe Kurs, denn ich habe da selbst vier Mitglieder in die Junge Union geworben, und wir sind nur zehn Schüler. Die Lehrerin brach den Unterricht daraufhin

Markus Rapp mit dem Fraktionsvorsitzenden der CDU Hamburg, Hartmut Perschau

ab und teilte mir mit, daß dies Konsequenzen hätte und daß sie sogar eine Lehrerkonferenz zu meinem Fall einberufen würde.

Diese Lehrerkonferenz wurde einberufen an einem Tag, von dem ich nichts wußte. Ich wurde nicht gefragt zu diesem Vorfall, auch kein anderer Teilnehmer des Kurses, sondern die betreffende Lehrerin teilte dort mit, daß ich sie bedroht und diffamiert hätte und daß jeder Kursteilnehmer bedrückt wäre durch meine Art. Dies wurde mir dann auch in einem Schreiben mitgeteilt, in dem ich in sehr rauhem Ton aufgefordert wurde, nie mehr einen Lehrer zu bedrohen oder zu diffamieren, und wenn ich weiter Schüler so belasten würde, wäre ich für die Schule nicht mehr tragbar. Ich habe jedoch nie einen Lehrer bedroht oder diffamiert, in keiner Weise.

Dieses Schreiben wurde an mich und an einen Oberschulrat geschickt, ging also gleich in hohe Institutionen der Hamburger Schulbehörde. Außerdem wurde ein weiteres Schreiben an die Schüler verfaßt, in dem mein Fall auch dargestellt wurde mit der Warnung, solche Vorfälle dürften nie wieder vorkommen. Ich wurde also vor der ganzen Schule isoliert.

Daraufhin fuhr ich mit meinem Vater zur Schulbehörde und führte ein Gespräch mit unserem Schulleiter, dem Oberschulrat und der betroffenen Lehrerin. Inhalt des Gesprächs war, daß die Schulbehörde sich ganz hinter ihre Lehrer stellte und mir angeboten wurde, die Schule oder meine Lehrer zu wechseln. Beide Forderungen sind für mich indiskutabel.»

Das bedeutet, du bist auch bereit, hohe persönliche Belastungen in Kauf zu nehmen?

«Ich habe den Vorteil, daß ich richtig und lebensnah erzogen wurde, daß ich dadurch und durch eigene Erfahrungen in meiner politischen Arbeit für das Leben und für solche Situationen besser vorbereitet bin als viele andere, weil ich als Mensch eben etwas erfahrener bin. Mir selbst macht das nicht so viel aus. Aber mir sind viele Fälle bekannt, wo Schüler aus politischen Gründen wirklich zerbrochen sind. Dieser Terror gegen nicht systemkonforme Schüler, die versuchen, etwas gegen linksradikale und staatsfeindliche Thesen im Unterricht zu unternehmen, ist enorm. Uns wird wirklich jede Chance genommen, das Abitur wenigstens halbwegs gut zu machen.»

Welche konkreten Aktivitäten von dir waren es denn noch, mit denen du unangenehm aufgefallen bist?

«Zum Beispiel, daß ich zu linken Texten immer Stellung nahm. Zum Beispiel, daß es mir nicht gefiel, daß wir in drei Fächern parallel ausführlichst Karl Marx behandelten, daß wir in Geschichte, Philosophie, Deutsch und Gemeinschaftskunde nur Thesen von Marx, Lenin, Bakunin oder Proudhon hörten. Daß ich auch versuchte, zum Beispiel Texte von Schelsky vorzuschlagen, Texte von Machiavelli, oder in Deutsch Hermann Hesse oder Arno Schmidt lesen wollte und nicht nur immer Grass, das sind alles Vorkommnisse, die mich mittlerweile zum Schulproblem hochstilisiert haben.»

Es war also hauptsächlich konkrete Unterrichtskritik?

«Unterrichtskritik würde ich nicht sagen. Der Schüler hat nicht die Aufgabe zu kritisieren. Es war eben so, daß mir nie die Möglichkeit gegeben wurde, mal Standpunkte, die in meine Richtung gehen, unterzubringen.»

Was würdest du denn gerne unterbringen? Was stört dich am meisten an der heutigen Schule?

«Daß Realitätsferne gelehrt wird und die Schüler tatsächlich so ausgebildet werden, daß sie zu einem großen Teil als Staatsgegner die Schule verlassen, als Gesellschaftsgegner, als Kritiker, denn das Hauptziel der Schulen heute ist es, alles zu hinterfragen, alles zu kritisieren. Werte werden so lange diskutiert, bis sie alles oder nichts mehr bedeuten. Es gibt nicht ein Demokratieverständnis, sondern da werden gleich zehn diskutiert, und nachher kommt man zu dem Schluß, daß Demokratie Blödsinn ist. Es wird alles niedergerissen, Werte, die im Grunde wichtig sind, werden so verfälscht – Autorität, autoritäre Erziehung beispielsweise. Allein, daß der Schüler heute in der Schule bestimmt, was im Unterricht überhaupt behandelt wird ...»

Wie sollte unser Bildungssystem deiner Meinung nach beschaffen sein?

«Sicherlich muß es eine gewisse Zeit auf dem Ausbildungsweg geben, wo wirklich vom Schüler Autoritäten anerkannt werden. Lehrer müssen wieder Autoritäten werden, Persönlichkeiten, zu denen man aufschauen kann. Man muß wieder die Möglichkeit haben, einem Lehrer als Autorität zu vertrauen, sich ihm zu unterstellen und sein Wissen aufzunehmen.»

Was müßte sich an den Bildungsinhalten ändern?

«Ausgewogenheit. Ausgewogenheit gibt es heute fast nicht mehr. In Geschichte wird die Gründung der Bundesrepublik nicht behandelt; wir haben zwei Jahre lang nur über den Nationalsozialismus gesprochen, und das wurde uns als deutsches Geschichtsgut vermittelt. Das ist in allen Fächern so, daß überhaupt keine Ausgewogenheit mehr vorliegt. Ich hab noch nie im Unterricht gehört, daß Unternehmer in unserem Staat wichtig sind, daß sie wirtschaftstragend sind. Wenn ich das selbst im Unterricht sage, werde ich ausgelacht und bekomme schlechte Noten. Unter Ausgewogenheit verstehe ich, auch klarzumachen, was an unserer Gesellschaft gut ist. Ich habe noch nie von einem Lehrer im Unterricht gehört, wie schön es ist, in der Bundesrepublik Deutschland zu leben.»

Welche Grundwerte muß die Schule vermitteln?

«Die Werte, die zum Erhalt unserer Gesellschaft dienen. Die Familie vor allem zählt bei uns fast nichts mehr. Dann die Werte Autorität, Achtung der Persönlichkeit, Achtung der Eltern und der Lehrer. Grundsätzlich eben das, womit wir unseren heutigen Wohlstand überhaupt erwirtschaftet haben: unser demokratisches System, unser Wirtschaftssystem. Die Planwirtschaft im Osten und das System der DDR wird ja heute gleichwertig mit unserer Demokratie verkauft. Es geht darum, die Dinge, die unsere Gesellschaft groß gemacht haben, wieder bekanntzumachen. Warum es beispielsweise wichtig ist, eine Bundeswehr zu haben. Warum es schädlich ist, die Amerikaner in Deutschland als Besatzungsmacht anzusehen. Das ist vielleicht Grundwissen, welches dem Schüler vermittelt werden müßte.»

Nach welchen Grundwerten lebst du persönlich?

«Ich persönlich habe immer Autoritäten gesucht, von denen ich Dinge übernehmen konnte – nicht im Sinne blinden Gehorsams, das wäre blödsinnig. Ich lese sehr viel aus allen Bereichen der Philosophie, der Soziologie, der Staatslehre. Man muß heute ein Privatstudium eingehen. Wer heute als Schüler nicht zusätzlich privat studiert, der hat zumindest durch die Schule nicht die Möglichkeit, ein mündiger Bürger zu werden.

Zu den wichtigsten Werten gehört auch das Leistungsprinzip. Es wird ja heute alles, was unseren Staat groß macht und ihn erhalten kann, nicht mehr anerkannt. Daß es gut ist, mehr zu leisten als andere. Daß es gut ist, immer sein Bestes zu geben. Daß man sich auch anpassen muß in der Gesellschaft. Heute wird man verlacht, wenn man sich so verhält, wie es die Konvention verlangt. Eben all diese Dinge zu beachten und zu erlernen, das seh ich schon als sinnvoll an.»

Wie versuchst du diese Ideale in deinem eigenen Leben zu verwirklichen?

«Na ja, ich lerne sehr viel über das Leben, indem ich mich politisch engagiere, in vielen Vorständen bin. Dadurch versuche ich, das Leben selbst kennenzulernen. Ich lese sehr viel, ich schreibe Tagebuch. Wenn ich mich nur an das halten würde, was ich in der Schule lerne, könnte ich nichts erreichen.»

Welche Funktionen hast du zur Zeit in der Union?

«In der Schüler Union bin ich Kreisvorsitzender von Wandsbek. Ich bin dort für die politische Betreuung von etwa 25 bis 30 Schulen zuständig, habe sechs Schülerzeitungen gegründet und bemühe mich, weitere Basisgruppen an Schulen aufzubauen, wo es noch nicht so läuft. In der Jungen Union bin ich Bezirksvorsitzender von Jenfeld und im Kreisvorstand, in der CDU bin ich hier im Ortsvorstand – also überall recht aktiv.»

Bleibt da noch Zeit für andere Dinge?

«Na ja, ich brauche nicht viel Schlaf, sechs oder auch einmal fünf Stunden reichen mir. Mir macht es nichts aus, viel zu arbeiten und rund um die Uhr tätig zu sein. Mir macht das alles ja auch Spaß.»

Hast du eigentlich Vorbilder für deine politische Arbeit?

«In der jüngsten Zeit wüßte ich kein Vorbild. Heiner Geißler finde ich nicht schlecht, weil er mit seiner Meinung nicht hinter dem Berg hält. Er sagt, was er denkt, manchmal etwas unüberlegt, so daß es eher Schaden bringt, aber die Grundrichtung stimmt. Auch Norbert Blüm halte ich für ganz fähig. Aber Vorbilder? Ich halte viel von Leuten wie Schelsky, die versuchen klarzumachen, wo unsere Gesellschaft hinsteuert. Solche Leute brauchen wir. Die ihren Mund aufmachen und nicht nur die halbe Wahrheit sagen, um ihre Position zu sichern.

Es ist schwierig heute, Vorbilder für die Jugend zu nennen. Ich habe meinen Vater als Vorbild, der mich an die Literatur herangeführt hat, der mir im Grunde genommen meine Werte gebracht hat. Ich habe im Prinzip meinem Vater zu verdanken, daß ich das geworden bin, was ich heute bin.»

Ist dein Vater ebenfalls politisch aktiv?

«Nein, überhaupt nicht. Dazu hat er keine Zeit.»

Was macht er beruflich?

«Er leitet ein Unternehmen. Näheres möchte ich dazu nicht sagen.»

Wie sehen deine eigenen Zukunftspläne aus?

«Ich will natürlich, wenn meine Lehrer mir das nicht vermasseln, studieren. Volks- und Betriebswirtschaft. Dann zur Bundeswehr gehen – das halte ich auch für eine sehr wichtige Sache. Danach muß man sehen. Ich fühle mich eher als Selbständiger. Deshalb werde ich zwar ins Berufsleben hineinschnuppern, aber das Ziel bleibt, ein produktiver Teil der Gesellschaft zu werden, also selbständig.»

Auf dem Bildungskongreß der Hamburger Schüler Union hast du u. a. gefordert, «die Aufnahmebedingungen für Gymnasien wieder zu verschärfen, ebenso die Abiturzulassung». Und «für Hochbegabte in allen Fachrichtungen beste Lerneinrichtungen und kompetente Lehrkräfte für Zusatzunterricht außerhalb der Schulzeit». Dein Ziel ist die Bildung einer neuen Elite?

«Elitebildung nur in dem Sinne, daß eine reine Bildungselite gemeint ist, bestehend aus Leuten, die auf bestimmten Gebieten die bestmöglichen Fähigkeiten haben und dann auch bestmöglich gefördert werden müssen. Das darf aber nicht abhängig gemacht werden vom sozialen Status der Eltern. Auch Kinder von Sozialhilfeempfängern müssen bei entsprechender Begabung die Möglichkeit haben, bestens ausgebildet zu werden.»

In speziellen Eliteschulen?

«Das ist nicht die Frage, ob wir zusätzliche Eliteschulen brauchen. Nur: Unsere ganzen Schulen sind vermaßt. 1960 machten noch 7 Prozent das Abitur, heute sind es ca. 33 Prozent. Diese Vermassung muß schnellstens abgebaut werden. Die Zulassungsmaßstäbe müssen wieder wesentlich angezogen werden. Das Niveau der Schulen muß erhöht werden. Die Anforderungen müssen wieder gesteigert werden. Auch an die Lehrer. Daß wir Elitehochschulen brauchen, ist gar keine Frage. Aber das meine ich nicht. Das Schulsystem im ganzen muß geändert werden.»

Wie findet die Auswahl dieser Elite statt?

«Es ist klar, daß es auch Spätzünder gibt, die erst in der 8. Klasse aufwachen, dann aber noch die Möglichkeit spezieller Förderung haben müssen. Trotzdem müßte man schon für die Grundschule Befähigungstests entwickeln, denn es gibt ja auch schon Sechs- bis Achtjährige, die ihre Fähigkeiten voll entwickelt haben, wo man schon sagen kann, das wird mal ein Spitzenmathematiker. Diese Befähigungs- oder Intelligenztests müssen immer wieder von Jahrgang zu Jahrgang vollzogen werden.»

Du forderst auch eine Änderung der Lehrpläne, um diese Eliteförderung zu ermöglichen?

«Wie ich schon sagte, müssen eben die Werte, die unsere freiheitliche Demokratie einst begründet haben, wieder in verstärktem Maße gelehrt werden, muß wieder deutlich gesagt werden, daß die Unternehmer in unserer Gesellschaft wichtig sind, daß es wichtig ist, mehr zu leisten als alle anderen, daß nur die beste Leistung sich durchsetzt. So ist es ja auch in der Realität, die Schule erzieht nur leider realitätsfremd. Die Schüler kriegen dann einen Schock, wenn sie die Schulen verlassen, ihren wohlbehüteten Ort, wo die Lehrer ihnen allen möglichen soziologischen Unrat vorgesetzt haben, daß Gleichheit etwas Erstrebenswertes ist usw.»

Deine Beurteilung der heutigen Lehrerschaft ist nicht gerade positiv?

«Viele Lehrer haben heute das Ziel, ihren Schülern ein negatives Bild unserer Gesellschaft aufzuoktroyieren. Ein Großteil unserer Abiturientenjahrgänge wird als potentielle Staatsgegner entlassen und tut dann alles, der Gesellschaft zu schaden, sie möglichst schnell niederzureißen, zu sabotieren, wo es geht. Ein großer Teil der Jugend denkt so und hat nur ein Ziel vor Augen: Das muß alles zerstört werden. Diese Haltung entspringt ganz allein daraus, wie das Lehrmaterial ausgesucht wurde, nämlich daß nie ein positives Wort über die Gesellschaft oder über Unternehmer geäußert wurde, sondern immer nur von der negativsten Seite aus alles bei uns angegangen wurde, während aus dem Osten Berichte geliefert wurden, wie schön es in der DDR ist. Das Unterrichtsmaterial dient dazu, daß die Schüler dahingehend entarten, nur noch den Kampf mit der Gesellschaft eingehen zu wollen.»

Wer trägt die Verantwortung für diese Situation?

«Ganz eindeutig Willy Brandt, der damals die Bildungsreform einleitete mit den Worten: ‹Wir wollen mehr Demokratie wagen!› Unsere Demokratie hat ihm bekanntlich nicht ausgereicht. 13 Jahre hatten die Sozialdemokraten Zeit, unser Bildungssystem niederzureißen und neu für ihren Mißbrauch aufzubauen, eben zu einem sehr schwerwiegendem Teil Gesellschaftsboykottierer auszubilden.»

Seit zwei Jahren sitzt in Bonn eine andere Regierung, die mit dem Anspruch angetreten ist, eine ‹geistige Wende› herbeizuführen.

«Leider ist es so, daß die ‹geistige Wende› zwar groß aufgerufen wurde, jedoch nicht daran gearbeitet wird. Diese wichtige Sache ist heute nur noch eine abgedroschene Floskel, über die jeder lacht. Meine These ist die: Wir können nur etwas erreichen, wenn wir tatsächlich viel härter für unsere Grundsätze einstehen, wenn wir uns wieder zu einem gesunden und modernen Konservatismus bekennen. Die Hamburger CDU gibt sich zu liberal, macht ihre Politik eher gentlemanlike.»

Unser Ausgangspunkt war die Reformeuphorie Anfang der 70er Jahre. Damals wurde auch das Mündigkeitsalter auf 18 Jahre herabgesetzt ...

«... Und warum? Einfach aus dem Grunde, daß die SPD damals mehr Leute brauchte, die sie wählten. Deshalb wurde die Mündigkeit um drei Jahre herabgesetzt.»

Bedauerst du das?

«Das kann man so nicht sagen. Es gibt auch 40-, 50jährige, die werden ihr ganzes Leben nicht mündig, weil sie sich für nichts interessieren und gar nicht in der Lage sind zu entscheiden, was für eine Gesellschaft wichtig ist. Aber es wurde eben bei dieser Bildungsreform dem Schüler nicht klargemacht, daß er Instanzen über sich zu dulden hat, daß Bildung auch die Unterstellung der Person unter Leute, die mehr Verantwortung tragen, erfordert. Brandt ist im Grunde genommen ein Ver-Führer, der der Jugend eingeredet hat, ihr braucht überhaupt keine Autoritäten.»

Welche Reformen findest du am schlimmsten?

«Es ist ein Unding, ein Skandal sondergleichen, daß ein Schüler Fächer wählen kann. Der Wertverfall des Abiturs ist enorm.»

Du siehst keine Vorteile in der Fächerwahl?

«Ich vertrete die Meinung, daß ein Schüler noch überhaupt nicht richtig und einsichtig entscheiden kann, was für ihn wichtig ist. Er braucht hier einfach die Lenkung und Beratung. Das hätte man nie dem Schüler überlassen dürfen. Der Schüler hat kein Wort mitzureden, wie der Unterricht aussieht. Heute soll der Unterricht Spaß machen, Spaß ist das Hauptkriterium geworden ...»

Wie müßte der Unterricht verändert werden, um deinen Ansprüchen zu genügen?

«Heute spielt sich alles in Gruppengesprächen ab, man diskutiert stundenlang über eine Sache. Der Schüler leitet im Grunde genommen heute den Unterricht, und der Lehrer wagt sich gar nicht mehr zu sagen, das ist zu lernen. Das Lernen als Studium gibt es heute gar nicht mehr.»

Im Unterricht also weniger Gruppenarbeit und mehr Lehrerreferate?

«Richtig. Wirklichkeitsnah. Denn später im Berufsleben – und daran muß man sich schließlich orientieren, das sollte ja die Funktion der Schule sein – setzt sich der Chef auch nicht mit seinen Angestellten zusammen und fragt sie, wie sie sich die Arbeit vorstellen, was sie denn nun gerne machen möchten. Hier geht es darum, unter ökonomischen Prinzipien ein Ziel durchzusetzen, und nichts anderes. Es sollte so sein, daß die Lehrer den Unterrichtsstoff durchziehen und ihren Schülern klarmachen, das habt ihr zu lernen, das ist wichtig, und daß die Schüler darauf hören müssen. Die Schule ist keine Wiege, in der man sich ausruhen kann, wo man seine Individualität so weit wie möglich durchsetzen kann – im Leben geht das auch nicht.»

Es dürfen also auch keine freundschaftlichen Verhältnisse zwischen Schülern und Lehrern bestehen?

«Nein, auf keinen Fall. Denn das ist wirklichkeitsfremd. Der Chef klopft seinem Angestellten auch nicht auf die Schulter und sagt, ab heute duzen wir uns. Was ich fordere, ist Lebens- und Wirklichkeitsnähe. Die Schule ist eine Traumwelt geworden. Den Schülern werden tagtäglich Seifenblasen vorgesetzt.»

Das heißt, die Situation in den Betrieben sollte möglichst weitgehend auf die Schule übertragen werden?

«Das Hierarchische muß wieder anerkannt werden, ja. Ein Lehrer darf nicht jemand sein, den der Schüler duzen kann, zu dem er irgendwie flapsig sein kann. Die Ebenen sind ja vollkommen verschwommen. Die Lehrer, die heute lehren, sind zum größten Teil keine Autoritäten mehr.»

Nun gibt es aber an jeder Schule Vertrauenslehrer, deren Aufgabe es gerade ist, ein vertrauensvolles Verhältnis zu Schülern aufzubauen und sie bei Konflikten zu beraten ...

«Ich halte nichts davon, daß es Vertrauenslehrer geben muß. Ich halte auch nichts davon, daß es Elternschaftsvertreter geben muß. Eltern haben in der Schule nichts zu suchen.»

Das heißt, in dem Schulsystem deiner Wünsche gibt es keinerlei Mitspracherecht für Eltern?

«Sagen wir's mal so: sie brauchen das nicht mehr. Es sollte für Eltern nicht nötig sein, sich in den Schulkram einzumischen. Es sollte staatlicherseits so organisiert sein, daß alles funktioniert, daß die Eltern keine Angst haben müssen, daß ihre Kinder ihnen umerzogen werden. Die Lehrer brauchten auch nicht die Möglichkeit, sich in Gewerkschaften zu organisieren. Die GEW ist ein unwahrscheinliches Machtmittel. Wenn das abgebaut wäre, würde das das Bildungssystem erleichtern und entspannen.»

Gibt es in deinen Vorstellungen einer zukünftigen Schule noch eine Schülervertretung?

«Ich fände es phantastisch, wenn es für uns Schüler nicht mehr vonnöten wäre, eine solche Vertretung zu haben, wie es noch vor 15 Jahren war. Es wäre wünschenswert, wenn die Bildungslandschaft sich wieder dahingehend entspannen würde, daß der Kampf um politische und ideologische Meinungsherrschaft völlig aus den Schulen verbannt würde. Wenn wieder objektive und nicht durch politischeinseitige Indoktrination gefärbte Lehre gewährleistet wäre. So könnten wir Schüler vielleicht auch wieder ohne eine Vertretung auskommen.»

II.

DISCOUNT

HAMBURGER
RESTAURANT

Fürst von Bismarck

«Kaiserliche Hoheiten, Gott segne Sie!»

Paneuropa-Jugend: Für das ganze Europa

Mainz, im Oktober 1983. Da stehen sie, andächtig in Reih und Glied, die Herren der Paneuropa-Union mit ihren jungen Helfern. Mit ihren Gattinnen gedenken sie der Toten des 117er Infanterie-Leibregiments: Exmarinerichter Hans Filbinger, Exministerpräsident Alfons Goppel, Exbundesminister Erich Mende. Nach der Kranzniederlegung studieren sie noch einmal in Ehrfurcht die Regimentstafel am 117er Ehrenmal, einem Kriegerdenkmal an der Mainzer Kaiserstraße.

Sie sind die Vorbilder der meist männlichen jungen Kämpfer der «Paneuropa-Jugend Deutschland e. V.» (PEJ), der von der «Paneuropa-Union» (PEU) 1975 gegründeten Jugendorganisation, deren größte und unumstrittene Vater- und Führerfigur immer noch Otto Habsburg heißt. Er soll bei den Mainzer Europa-Tagen eine ganz besondere Ehrung erfahren.

Nach der Begrüßungsansprache folgt die Verleihung der «Sonderstufe der Europa-Medaille» im Kurfürstlichen Schloß. Der ganze Festabend ist einer Person gewidmet: Otto Habsburg, genauer Dr. Franz-Josef Otto Habsburg-Lothringen, Sohn Kaiser Karls I. von Österreich und König von Ungarn usw. In Erinnerung an seine königliche Herkunft nennt er sich selber gerne Otto von Habsburg. Er ist Präsident der Internationalen Paneuropa-Union, des Zusammenschlusses von 17 nationalen Sektionen und für die CSU Mitglied des Europäischen Parlaments. Dafür erhielt der Österreicher zusätzlich die Staatsbürgerschaft des Freistaates Bayern.

Zu dem Festakt begrüßt PEU-Präsident Alfons Goppel auch eine stattliche Zahl Vertreter der «geistig-moralischen Wende» und diplomatische Gesandte befreundeter Länder: Erich Mende, Hans Filbinger, einen Oberst a. D. vom Kyffhäuserbund, Oberstleutnant

Bechmann vom Deutschen Bundeswehrverband (in Uniform), den Präsidenten des Bundes der Mitteldeutschen usw. Die internationale Gästeliste geriet noch interessanter: Neben dem venezuelanischen Botschafter geben sich auch ein türkischer Generalkonsul und der zweite Sekretär der Botschaft Chiles die Ehre. Mit dabei ist auch US-Generalkonsul William Bodde.

Nach der Begrüßungszeremonie, von jungen Musikern festlich umrahmt mit Beethoven und Mozart auf Violine, Klavier und Violoncello, beginnt Alfons Goppel mit der Laudatio für den Preisträger: «Kaiserliche Hoheiten ...» Der Bayer zitiert kräftig den Philosophen Karl Jaspers, Papst Pius XII. – und aus dem Herder-Lexikon. Thema: Freiheit. Gewürdigt werden auch die «spalterisch-zerstörerischen Friedensaktionen» gegen die «freie, westliche Gemeinschaft». Deshalb brauchen wir den Kampf, «wachsam und standhaft», «furchtlos und treu», «für das christliche Abendland. Das ganze!»

Schwenk zu ihrer «Kaiserlichen Hoheit, dem Erzherzog ...» Es folgt die Würdigung des «wahrlich bewegten Lebenslaufes unseres Präsidenten». Was er nicht alles erleiden mußte! Den «Zusammenbruch des Reiches», das «Schicksal seiner Familie, der alten Habsburg-Monarchie ...». «Mut und Grundsatztreue» und sein «Engagement in der Gegenbewegung», «sein Studium, seine Reden, seine Schriften» – nicht enden wollendes Goppel-Pathos. «Kaiserliche Hoheiten, Gott segne Sie!» Stehend bringen junge und alte Paneuropäer den Applaus. Sie wissen, was einem Kaisersohn gebührt. Sie jubeln nicht nur, sie glauben an ihn. Otto Habsburg selbst stellt den «christlichen Glauben» immerzu als zentrale Quelle seiner Aktivitäten heraus. Keine Rede ohne einen Hinweis auf Gott: «Wir sind nicht ein Spielzeug blinder Gewalten. Wir sind Persönlichkeiten, die die Entwicklung der Welt mitbestimmen können. Das gilt ganz besonders für uns Christen, die wir einen göttlichen Auftrag erhalten haben, für das Wohl der Menschheit zu wirken und so unser eigenes Seelenheil zu erlangen.» Der jugendlich agil wirkende Kaisersohn ist vor allem für die jungen Mitglieder der Paneuropa-Union das wichtigste Idol. Von seinen Freunden mit kaiserlichen Würden beehrt, reagiert er eher unkompliziert und undiplomatisch: kämpferisch in der Rede, flott im Umgang. Seine Sprachbegabung – er spricht fließend Ungarisch und Spanisch, wenn auch mit leichtem österreichischen Akzent – bringt ihm beim gelegentlichen Übersetzen von Kundgebungsreden große Bewunderung ein. Die jungen Paneuropäer honorieren ganz besonders, daß er sie nicht die Distanz spüren läßt, wie sie das aus Parteien oder anderen Organisationen bei Politikern und Vorsitzenden erlebt haben. Sie erzählen, daß Otto Habsburgs Führungsstil eben nicht so verkrampft sei, daß er ohne Starallüren einen sehr persönlichen Umgangsstil pflege.

Die CSU-Wochenzeitung *Bayernkurier* schreibt über ihren Europa-Kandidaten: «Parlamentarier für die CSU in Europa zu sein ist für Otto von Habsburg die politisch-organisatorische Ergänzung bei der Erfüllung einer Lebensaufgabe, der er sich mit beispielhafter Disziplin und einem schier unglaublichem Arbeitseinsatz unterzieht.»

«Sie geben ihr Letztes ...»

Doch etliche Gedanken aus Habsburgs Schriften sind so radikal, daß selbst die CSU-Politiker erblassen müssen. In einem Artikel «Zeitgerechte Abwehr» fordert er bereits 1978 in der *Zeitbühne* für den Fall einer «nuklearen Erpressung von seiten terroristischer Gruppen»: «Das Wesentliche wäre: Alle Macht, ohne Verzug, wird auf neun Monate an eine einzige Person übertragen. Dieser Mann sollte, nur für die Zeit des Notstandes, das Recht haben, sämtliche Gesetze zu suspendieren und alle Maßnahmen zu ergreifen, die für die Erhaltung des Lebens der Bevölkerung notwendig sind. Er wäre mit dem Inkrafttreten der Verfassungsreform in einer gemeinsamen Geheimsitzung des Bundestages und des Bundesrates zu wählen. Mit dem Staatsnotstand tritt er automatisch an die Stelle des Kanzlers. Auch die Funktion des Bundespräsidenten müßte für die Zeit des Notstandes ruhen ... Mit der Ausrufung des Staatsnotstandes träte auch das Kriegsrecht in Kraft. Es scheint absolut geboten, für eine solche Situation eine schnell arbeitende Justiz bzw. die letzte Strafe wieder einzuführen ...»

Otto Habsburg weiß mit kernigen Thesen seine Anhänger zu bewegen. Die Europa-Medaille, Marke «Sonderstufe» nimmt er in der ihm eigenen jovialen Art entgegen: «Vergelt's Gott! Danke dafür!»

Am nächsten Tag versammeln sich nachmittags 500 Teilnehmer im Großen Saal des Kurfürstlichen Schlosses zur Kundgebung «Paneuropa für Frieden und Freiheit». Eine ältere Tischnachbarin erzählt etwas von einer «deutschen Jugendmusikgruppe»: «Sie geben ihr Letztes an deutschem Bewußtsein.» Der Männergesangverein stimmt das «Europalied» an. Emsig laufen die adrett gekleideten Helfer von der Paneuropa-Jugend (PEJ) umher, sie halten den Kongreß organisatorisch zusammen. Ein blaues Transparent fordert ein «unabhängi-

17. Juni 1983: Kundgebung der Internationalen Gesellschaft für Menschenrechte in Berlin. Redner sind Norbert Blüm (halb verdeckt) und Otto von Habsburg

ges Europa» in «Freiheit, Einigkeit, Gerechtigkeit». Wieder einmal werden Gäste begrüßt. Der Exiliraner Dr. Samani, ein Gesinnungsfreund aus dem Libanon, Staatssekretär Peter Lorenz als Vertreter der Bundesregierung. Don Manuel Fraga Iribarne, ein ehemaliger Franco-Minister, Freund Habsburgs und Präsident der spanischen «Alianza Popular», tritt als Gastredner auf. Noch zum Gründungskongreß seiner rechtskonservativen Partei weigerte sich Fraga Iribarne, «die Auslöschung des gigantischen Werkes der letzten vierzig Jahre zu akzeptieren». Er meinte das Erbe des Diktators Franco. Chefdolmetscher Otto Habsburg übersetzt, was der rechte Spanier unter Freiheit versteht: «Das freie Unternehmertum ist die Grundlage für das Europa von morgen.»

Die junge «Activitas»

Sonntagmorgen, 9 Uhr. Dampferfahrt mit der «Germania» nach Rüdesheim. Aus dem Lautsprecher erklingen Lieder zum Rhein und zum Wein. Postkarten werden geschrieben. Eine Paneuropäerin signiert Einladungskarten für ein Wurstessen an ihre Freunde vom «Welfenbund». Jetzt zählt das gemütliche Beisammensein beim Rheingauer Wein. Zwei Stunden später legt die «Germania» in Rüdesheim an. Die paneuropäische Truppe wandert zur Rheinhalle. Bei fetttriefendem Gulasch, Nudelpampe und Rheingautröpfchen gibt es einen Willkommensgruß des Bürgermeisters und der Weinkönigin. Sie leiert ihr Sprüchlein in deutsch, englisch und französisch. Man merkt ihr die Nervosität an, als sie den Ehrentrunk an ihre «Kaiserliche Hoheiten» überreichen soll. Doch Otto Habsburg bricht das Eis, hebt jovial den Pokal und prostet seinem Volk zu.

Ein Gespräch am Rande der Rüdesheimer Veranstaltung für Volkstum und Weinseligkeit. Bernd Posselt, Vorsitzender der Paneuropa-Jugend, erzählt ein paar Neuigkeiten über seine Jugendorganisation. Stolz berichtet er im Sprachgebrauch der Studentenverbindungen von seiner sehr starken «Activitas» in dem paneuropäischen Jugendverband. Eine Führungsschicht von 600 Leuten soll die PEJ haben: «Mit so einer Truppe kann man 'ne Menge auf die Beine stellen.» Auch wenn Kenner der paneuropäischen Szene an die hohe Mitgliederzahl nicht glauben mögen (Posselt gibt bundesweit 8000 bis 9000 PEJ-Mitglieder an), einige wenige, besonders eifrige, junge Kämpfer halten den Laden zusammen.

Die Angriffe der «kommunistisch unterwanderten» Jungen Europäischen Föderalisten (JEF), eine ähnlich der Europa-Union pluralistisch organisierte Jugendorganisation, in der auch Unionsjugendliche ihren Platz haben, hätten sie vor ein paar Jahren zwar in Schwierigkeiten gebracht, bestätigt Bernd Posselt. Doch letztendlich hätten sie der Jungschar genutzt: «Das brachte uns nur Publicity und Mitglieder. Vor allem die richtigen Mitglieder, die nicht nach den ersten Angriffen schon weglaufen.»

Solche engagierten, kampfentschlossenen Jugendlichen braucht Bernd Posselt auch, wenn er seine Ziele durchbringen will. Junge PEJ-Mitglieder dürfen nicht gleich abspringen, wenn sie hören, daß ihre Organisation im Dunstkreis alter und neuer Faschisten agiere. Standhaftigkeit – das ist auch die Mentalität, die ihr Vorsitzender Bernd Posselt verkörpert. Seit Jahren ist er unumstrittener Anführer der PEJ, seine Reden und seine Artikel haben nichts an Aggressivität verloren. Bei seinen Auftritten wirkt der 28jährige ein wenig steif, etwas zu eng hat er sich in den feinen Nadelstreifanzug eingepaßt. Stets bewegt er sich bei den paneuropäischen Veranstaltungen in der Nähe der Prominenten. In seiner Begleitung befindet sich dabei oft Dr. Walburga Habsburg. Die 26jährige ist drittjüngste aus der Nachfahrenschaft der Ehe Otto Habsburg mit Regina Habsburg-Lothringen, geborene Prinzessin Regina von Sachsen-Meiningen und Hildburghausen. Die Habsburg-Tochter gehört ebenfalls zum aktiven Kader der Paneuropa-Jugend. Sie ist mit Bernd Posselt immer in der ersten Reihe, wenn es um die wichtigen organisatorischen Hilfen für die Großveranstaltungen der Paneuropäer geht. Auch andere Prominente zählen zu der Organisation. So zum Beispiel Max Strauß, Sohn des bayerischen Ministerpräsidenten, der im Januar 1984 ins Gerede kam, als der Münchener PEU-Bezirksverband den von ihm ein Jahr zuvor vorgeschlagenen Vorsitzenden Alexander Graf Urechia wegen finanzieller Eigenmächtigkeiten hart kritisierte.

Die paneuropäische Jugend arbeitet ganz nach dem persönlichen Stil ihres großen Vorbildes Otto Habsburg: mit starkem Eifer und Arbeitseinsatz, plakativer Propagandaarbeit, aktionsorientiert und kämpferisch gegen den politischen Gegner. Ihre Aktionen und ihre Schriften zeugen von einer radikal deutschnationalen Haltung.

Über «Studienreisen» nach Südafrika und Rhodesien, die Vater Habsburg seiner damals 18jährigen Tochter Walburga und seinem damals 17jährigen «Kronprinzen» Karl spendierte, berichtete Walburga Habsburg in einem Interview der Zeitschrift *Paneuropa*: «Um es ganz klar zu sagen: Es gibt in Rhodesien keinerlei Rassismus. Jedermann kann das an Ort und Stelle nachprüfen. Ich habe verschiedene Truppenteile und Frontabschnitte besichtigt und dort tapfere schwarze Offiziere gefunden, die weiße Rekruten ausbilden. In der ‹Patriotischen Front› sind keine Freiheitshelden organisiert, sondern feige, von den Kommunisten bezahlte Mörder. Gegen diese Mörder kämpfen schwarze und weiße Rhodesier Schulter an Schulter.»

Kontakte in der rechten Grauzone

Wenn es um die Menschenrechte geht, dann blickt Walburga Habsburg in erster Linie über den «Eisernen Vorhang» nach Osten. Auf einer Pressekonferenz in Bonn bedankte sie sich als stellvertretende Vorsitzende der Paneuropa-Jugend und als Vorsitzende des «Brüsewitz-Zentrums» bei dem bayerischen Ministerpräsidenten Strauß für seine Verdienste um die Freilassung «des christlichen Bürgerrechtlers

Rainer Bäurich aus dem Gefängnis Brandenburg». Die Pressekonferenz wurde gemeinsam veranstaltet von vier sogenannten Menschenrechtsorganisationen, die allesamt mit rechtslastigem Gedankengut aus den Einzelschicksalen der politisch Verfolgten in der DDR und anderer Warschauer Paktstaaten politisches Kapital schlagen wollen:

- die «Internationale Gesellschaft für Menschenrechte» (IGFM), die stets mit Referenten und Informationsmaterial bei PEU-Veranstaltungen präsent ist. IGFM-Bundesvorsitzender Nitsche erklärte, man müsse das «Mittel Menschenrechte» als «Kampfmittel einsetzen».
- das «Brüsewitz-Zentrum», ein «Bildungs- und Informationszentrum» in Bad Oeynhausen, dessen Trägerverein «Christlich-Paneuropäisches Studienwerk e. V.» am 18. Juni 1977 von einer Bundesmitgliederversammlung der Paneuropa-Jugend auf Initiative Otto Habsburgs gegründet wurde. Der Name des Zentrums wurde trotz des Einspruchs der Witwe des Pfarrers Brüsewitz benutzt, der sich 1976 in Zeitz (DDR) öffentlich verbrannte. In dem Bad Oeynhausener Bildungszentrum veranstaltet die PEJ ihre Seminare.
- die «Hilfsaktion Märtyrerkirche», die sich auch für eine gemeinsame Unterschriftenaktion mit dem Neonazi Manfred Roeder nicht zu schade war. In ihrem Organ *Stimme der Märtyrer* beglückwünschte sie Chiles Diktator Pinochet für seinen «Sieg über die atheistische Tyrannei».
- die Aktion «Hilferufe von Drüben», die sich «für die Bürgerrechtsbewegung in der ‹DDR›» einsetzt. Ehrenpräsident und Mitbegründer ist der Fernsehmoderator Gerhard Löwenthal, der als führende Figur der rechtslastigen «Deutschland-Stiftung» ein personelles Kontakt-Scharnier zu zahlreichen Gruppen und Organisationen in der rechten Grauzone bildet. Er ist gern gesehener Gast bei den Europa-Tagen der PEU und ebenfalls Mitglied der IGFM und des «Brüsewitz-Zentrums».

Wes Geistes Kind die aktiven Funktionäre der Paneuropa-Jugend sind, beschreibt besonders deutlich ein Nachruf ihres Vorsitzenden Bernd Posselt auf das erste Ehrenmitglied der Paneuropa-Jugend Hans-Joachim von Merkatz. Posselt über den ehemaligen Präsidenten der Paneuropa-Union: «Am 7. Juli 1905 in Stargard geboren, entstammte er einer alten pommerschen Offiziers- und Diplomatenfamilie. Das prägte ihn zutiefst; er sah das Leben als Pflichterfüllung und diente Gott, seinem König und bis an sein Lebensende den europäischen Idealen.» Nach dem Urteil des PEJ-Vorsitzenden war ihr Ehrenmitglied «nationaldeutsch im besten Sinne des Wortes und europäisch. Souverän im Gegensatz zu zahlreichen Politfunktionären, die heute oft den Ton angeben, sagte er immer, was er dachte, ohne ängstlich nach links und rechts zu schielen. So erregte er 1951 erhebliches Aufsehen, als er im Deutschen Bundestag betonte, daß der monarchische Gedanke und der Geist des Grundgesetzes miteinander vereinbar seien. Zeitlebens hielt er gegen alle Stürme an dieser Auffassung fest: Eine konstitutionelle Monarchie sei die beste Garantie gegen totalitäre Systeme.»

Europa-Fahnen und Ministerpräsidenten-Söhne

Freistaat Bayern, München, im Mai 1984. Während die bayerische Europa-Union am Freitag eher betulich ihre Feierlichkeiten zum Europatag 1984 in pluralistischer Eintracht beging, veranstaltete die Paneuropa-Union einen Tag später eine Mammutkundgebung als Demonstration ihrer Stärke. In der Münchener Olympiahalle läßt sie ihre Bataillone aufmarschieren. Die wichtigste Organisationskraft bei der riesigen Veranstaltung ist wieder einmal die Paneuropa-Jugend Deutschland e. V.

Paneuropäische Volkstumspflege, feurige Europa-Reden und Klagen über die Situation der «Völker hinter dem Eisernen Vorhang» stehen im Vordergrund. Die tagesaktuellen Probleme der Europapolitik hingegen spielen kaum eine Rolle.

Fast die Hälfte der Besucher sind an der Kundgebung aktiv beteiligt: 2000 Bläser, 1000 Sänger, über 4000 «Heimatvertriebene» und Vertreter von «Völkern hinter dem Eisernen Vorhang», insgesamt 8000 «Teilnehmer mit und ohne Tracht aus 14 europäischen Nationen». Die Olympiahalle wird zum Marschfeld.

Angeführt wird der Einmarsch der über 30 Trachtengruppen, Fahnenabordnungen und Verbände von den Vertretern der Paneuropa-Jugend. Sie sind die Hoffnung der Alten, sie sind der aktivste Teil der Bewegung, die in den Reihen der 30- und 40jährigen erhebliche Lükken aufweist. Die junge Generation macht dies wieder wett, symbolisiert in der Marschanordnung: An der Spitze des Zuges marschieren zum bayerischen Defiliermarsch der Bundesvorsitzende Bernd Posselt, Walburga Habsburg und der bayerische Landesvorsitzende der Jugendorganisation Michael G. Möhnle – alle drei stolz die Europa-Fahne der Bewegung tragend.

Unter der Leitung von Bernd Posselt und Walburga Habsburg werden stets die flinken jugendlichen Pressebetreuer, Ordner und Organisatoren dirigiert. Im korrekten dunklen Anzug, ausgerüstet mit Walkie-talkies, sorgen die jungen Herren für den fließenden Ablauf der Großveranstaltung. Die adretten Mädchen tragen zum Einmarsch von Franz Josef Strauß, der als einer der Starredner teilnimmt, Europa-Fahnen in die Olympiahalle. In seiner Begleitung, wie häufig zu beobachten, eine weitere junge Nachwuchskraft der konservativen Politik in Bayern: Franz-Georg Strauß. Der Ministerpräsidentensohn marschiert gleich hinter seinem Vater in dem Troß von Fahnenträgerinnen, Fotografen und Sicherheitsbeamten mit. Zwar wurde seine politische Karriere mit dem Eintritt in das 3. Luftwaffenausbildungsregiment im mittelfränkischen Bundeswehr-Standort Roth ein wenig gebremst. Doch wie sein älterer Bruder Max Josef begann er schon früh mit dem Einstieg in das politische Geschäft. Dabei eckte er ganz wie der Vater schon häufiger an. «Nur mit Wahlfälschung», so beschuldigten Mitglieder der Münchener Schüler Union den Prominenten-Sprößling, sei er zum Bezirkssprecher ihrer Organisation avanciert. Mit 17 Jahren war er immerhin schon Mitglied seines CSU-Kreisvorstandes, Geschäftsführer des bayerischen Regionalverbandes der «Arbeitsgemeinschaft christlich-demokratischer Europäer», eine Vereinigung, die in den Unionsparteien «für die Einigung Europas wirbt». «Franzi» war auch jahrelang Redakteur der Münchener Schülerzeitschrift *Direkt*. Da durfte er natürlich nicht in der CSU-nahen «Freie Jugendpresse Deutschland (FJP)» fehlen, in deren Vorstand er sich um die Herausgabe des Informationsdienstes *Impulse* kümmern sollte. Doch schon bald ging der konservative Verband der «Nachwuchsjournalisten» mit einem Riesenkrach in die Pleite. Bei einer CSU-Veranstaltung im Wirtshaus «Fischerbräu» im bayerischen Eitting wagte er auch schon einen verbalen Rundumschlag ganz im Stile seines Vaters. Die damals noch sozialliberale Bundesregierung beschimpfte der 20jährige Strauß-Sohn als «die Deppen da droben». Für einen politischen Gegner hatte er eine ganze Schimpfwortpalette bereit: «Lump, Superdepp, Rindviech, usw.» Natürlich begleitet er seinen Vater in Wahlkämpfen oder zu Kundgebungen wie bei der Paneuropa-Union. Hier trifft er auf junge Gesinnungsfreunde.

Moderiert von CSU-MdB und Ex-Olympia-Pressesprecher Hans «Johnny» Klein, nimmt der Aufmarsch der paneuropäischen Bataillone in der Olympiahalle den Charakter einer Machtdemonstration an. Ausdrücklich lobt der geschickte CSU-Mann am Mikrofon den Einsatz der jugendlichen Musiker und Trachtenträger: «Achten Sie auf die jungen Gesichter: Die Jugend bewahrt das Brauchtum.» Zum bayerischen Defiliermarsch, dem Hoch-und-Deutschmeister – und dem Laridah-Marsch, begrüßt er «die fleißige, zähe deutsche Volksgruppe der Oberschlesier», die Siebenbürger Sachsen, die Elsässer,

Mai 1983: Der stolze Papa mit seinem Sohn Franz Georg

mehrere spanische Trachtengruppen, die Sudetendeutsche Turnerschaft, Litauer und Ukrainer, eine der PEU korporierte ungarische Pfadfindergruppe, drei Südtiroler Gruppen, Kartellbrüder der katholischen deutschen Studentenverbindung in vollem Wichs, die Vorarlberger Kaiserschützen und zahlreiche Trachtengruppen aus Bayern und Österreich. Der Moderator vergißt nicht bei allen Vertriebenengruppen einen Hinweis auf das «Joch der kommunistischen Unterdrückung» einzuflechten. Vier Stunden Kundgebungsreden sollten das «machtvolle Bekenntnis zu Europa» bekräftigen.

Bernd Posselt ist stolz auf seine junge Garde. Sie gibt ihm in der paneuropäischen Sammlungsbewegung die Autorität, besonders forsch aufzutreten. Bei ihren Mainzer Europa-Tagen durfte der Chef der Jugendorganisation sogar das Schlußwort sprechen. Er machte deutlich, daß sich «Kaiserliche Hoheiten» über den Kampfeswillen des Nachwuchses keine Sorgen zu machen braucht.

Bernd Posselt

«Paneuropa für Frieden und Freiheit»
– Schlußrede auf der Kundgebung der Paneuropa-Union und der Paneuropa-Jugend am 8. Oktober 1983 in Mainz

(...)
Mit dem Regierungswechsel in Bonn hat für uns die ernsthafte Arbeit erst angefangen. Denn eine Bundesregierung kann bestenfalls Rahmenbedingungen schaffen, innerhalb derer die Bürger ein einiges, freiheitliches und christliches Europa erkämpfen können. Und wenn wir von diesen Rahmenbedingungen sprechen, so möchte ich etwas aufgreifen, was vorhin der Herr Staatssekretär Lorenz gesagt hat. Er hat nämlich vorhin in seiner Ansprache gesagt, die Paneuropa-Bewegung habe den Dank der Bundesregierung. Für diesen Dank sind wir sehr froh, ich möchte in diesem Rahmen aber einmal sagen: Wir könnten die Bundesregierung in ihrer Arbeit noch mehr unterstützen, wenn wir auch von Bonn her noch mehr Unterstützung bekommen würden.

(Heftiger Applaus)

Wir sind nicht diejenigen, die man ohnehin hinter sich hat, sondern wir sind eine eigenständige Bewegung, eine eigenständige Kraft mit einer klaren Programmatik, die vor allem von unserem internationalen Präsidenten Otto von Habsburg, von Alfons Goppel, Heinrich Aigner und all denen, die mit ihnen kämpfen, verkörpert wird. Und diese Bewegung hat in meinen Augen einen Anspruch darauf, endlich im öffentlichen Leben der Bundesrepublik Deutschland den Platz zu haben, der ihr zukommt.

(Applaus)

Meine Damen und Herren, genau wie unser internationaler Präsident gesagt hat: wir sind keine Spesenritter. So ist es weiß Gott wahr, sonst hätten wir längst resignieren müssen. Wir sind eine Bewegung, die für Ideale eintritt. Und diese Ideale sind in unserer Zeit notwendiger denn je geworden. Auch die großartige Rede von Don Manuel Fraga Iribarne hat uns gezeigt, welche Herausforderungen zum Beispiel Europa im Mittelmeerraum zu bestehen hat. Seit vielen Jahren arbeitet gerade zum Beispiel auch die Paneuropa-Jugend mit der Alianza Popular und auch ihrer Jugend ganz eng zusammen. Und ich möchte Ihnen in diesem Zusammenhang sagen, daß diese Zusammenarbeit auch in der Bundesrepublik Deutschland bisweilen – ich möchte mal so sagen – in bürgerlichen Kreisen mit einer gewissen – vorsichtig formuliert – Zurückhaltung aufgenommen wurde. Ich möchte hier an dieser Stelle einmal sagen, daß wir Don Manuel Fraga Iribarne dafür zu danken haben, daß er sich von Unkenrufen niemals hat beirren lassen. Auch davon nicht, daß zum Beispiel eine sonst eher nicht sozialistische deutsche Zeitung (er meinte vermutlich die *Frankfurter Allgemeine Zeitung* – d. Red.) in Spanien einen Korrespondenten hat, der eine systematische Verleumdungskampagne gegen ihn entfesselt hat. Und wir danken ihm, daß er sich nicht hat beirren lassen, und damit die Stütze des freiheitlichen Spanien geworden ist.

(Starker Applaus)

Die Paneuropa-Jugend hat 1975, gerade als in Spanien wesentliche Veränderungen vor sich gingen, ihre Gründung gehabt. Und eine unserer ersten Aktionen war unsere Flugblattaktion damals: «Spanien – Eckstein Europas. Ohne diesen Eckstein bricht das Haus Europa zusammen.»

(Applaus)

Meine sehr verehrten Damen und Herren, ein weiterer Eckstein ist Ost- und Ostmitteleuropa. (...) Der Arbeitskreis «Deutsche–Polen–Paneuropa» hat sich vor allem dieses mitteleuropäischen Problems angenommen. Und wenn ich aus diesen Beratungen ein Resümee ziehen möchte, so werde ich vielleicht das folgende sagen müssen: Deutsche und Polen sind, wie überhaupt alle Völker Europas, in einer engen Schicksalsgemeinschaft zusammengeschweißt. Und wenn wir aus diesen Europa-Tagen etwas mitnehmen, so das: Wir müssen stolz auf unsere Geschichte sein. Wir müssen mit Nachdruck unsere Rechte, die wir als einzelne Völker, als einzelne Bürger und als Paneuropäer haben, verteidigen.

Wir müssen aber erkennen, daß wir Bundesgenossen im Kampf gegen die große Kolonialmacht Sowjetunion sind, deren größter Triumph es wäre, wenn sich die europäischen Völker wieder auseinanderhetzen lassen würden.

Und das werden wir verhindern! Das ist Paneuropa!

(Starker, lang anhaltender Beifall – im Anschluß erklingt, begleitet von einem Blasorchester, das Deutschlandlied.)

«Gegen Chaoten, Aussteiger und Asoziale»

Konservative Aktion: eine Bewegung für Deutschland

Oktober 1980 – Strauß will Kanzler werden. Dies zu erreichen, gründet sich eine «Bürgeraktion Demokraten für Strauß». «Wir bekennen uns in aller Offenheit und mit voller Überzeugung zu Franz Josef Strauß, dem fähigsten deutschen Politiker ... Für Franz Josef Strauß verbürgen wir uns», versprechen die Initiatoren Jutta Heine, Olympiasiegerin und CDU-Aktivistin, Ludek Pachman, Schachspieler und Exiltscheche, und Gerhard Löwenthal, Fernsehjournalist und stets dabei, wenn es rechte Sammlungsbewegungen zu unterstützen gilt. Ebenfalls dabei: Peter Helmes, Exbundesgeschäftsführer der CDU-Mittelstandsvereinigung, und Joachim Siegerist, Ex-*Bild*- Journalist und «Berater» des Christlichen Gewerkschaftsbundes.

Strauß sei gar nicht so schlimm, wie die Linke immer wieder behauptet, wissen die rechten Wahlkämpfer. «Machtbesessenheit – das ist einer der Vorwürfe, den die deutsche Linke immer wieder gegen Strauß erhebt. Aber die Wirklichkeit sieht anders aus.» Nicht einmal, als er auf Grund der *Spiegel*-Affäre zum Rücktritt gezwungen wurde, habe Pinochet-Sympathisant Strauß «seine Macht als Verteidigungsminister ins Spiel gebracht ... Kein Hauch von Junta-Geist wurde in der Bundeswehr spürbar.»

«Wenn Sie wollen, daß der fähigste deutsche Politiker Bundeskanzler wird, dann setzen Sie sich mit uns in Verbindung. Wir sagen Ihnen, wie Sie ganz persönlich daran mitwirken können ...» Wer sich meldete, durfte in einer Wahlkampfkampagne mitmachen, deren Aggressivität sogar CSU-Kandidaten veranlaßte, auf Distanz zu gehen. Die Plakate der Bürgeraktion «werden gegen meinen Willen geklebt», erklärte beispielsweise der Münchener Abgeordnete Erich Riedl. «Wenn ich in meinem Wahlkreis so was entdecke, lasse ich es entfernen.» Bürgeraktion-Geschäftsführer Helmes konterte lapidar: «Wir sind eine freie Bürgerinitiative.» Man müsse keinen Kandidaten um Erlaubnis bitten.

«Deutsche!» begannen diese Plakate jeweils in großen Lettern, um anschließend darüber aufzuklären, welche «Brunnenvergifter» hinter der Anti-Strauß-Kampagne stecken: «‹DDR›-finanzierte Journalisten, Scheckbetrüger, Hascher, Terroristenfreunde, Kommunisten. Und leider auch Sozialdemokraten. Stoppt diese linke Volksfront!»

«Moskaus Partisanen sind unter uns»

Ein Jahr später starten die rechten Kämpfer einen erneuten Kreuzzug zur «Rettung der Demokratie». «Konservative Aktion» nennt sich die Truppe nun. Als erster Spender überreicht Franz Josef Strauß einen 1000-Mark-Scheck.

Wieder erscheinen großformatige Anzeigen. «Moskaus Partisanen sind unter uns», warnen sie vor der «sogenannten Friedensbewegung». «Die Geschichte lehrt: Pazifismus führt zum Krieg. So war es 1939, als die braune Diktatur den Krieg wollte. So kann es heute wieder kommen, wenn der rote Imperialismus nicht in Schach gehalten wird. Deshalb: Frieden schaffen ohne Angst vor Waffen!»

Verantwortlich zeichnet Ludek Pachman. Mit dabei: Lothar Bossle, Strauß-Freund und Soziologie-Professor an der Universität Würzburg; Ludwig Eckes, 1983 verstorbener Likörfabrikant und als Finanzier zahlreicher rechter Vereine bis hin zur NPD einschlägig bekannt; Hans Eschbach, CDU-Ratsmitglied in Rösrath und Bundesvorsitzender des ultrarechten Ringes freiheitlicher Studenten (RFS); Heinz Karst, Brigadegeneral a. D. und Autor bei der Mun-Sekte sowie des rechtsradikalen Druffel-Verlages; die ehemaligen Hamburger SPD-Parlamentarier Winfried Döbertin und Wolfgang Duysen; Hermann Kreutzer, Berliner Ministerialdirigent a. D. und von Pachman als «aufrechter Sozialdemokrat» geschätzt; Professor Klaus Motschmann, Schriftleiter der Zeitschrift *Konservativ heute*; Strauß-Anwalt Günther Ossmann sowie natürlich die «Demokraten für Strauß» Gerhard Löwenthal und Joachim Siegerist.

Waren es bei der Bürgeraktion noch die aggressiven Plakate, die für Aufsehen sorgten, so verschaffte diesmal Pachmans «Aufruf zur Gründung von Bürgerwehren» Schlagzeilen. «Selbsthilfegruppen nach amerikanischem Vorbild» seien damit gemeint, erläuterte der

«Bundesvorsitzende» Pachman im Pressegespräch, nicht jedoch «harte Profis mit Waffen». Die «neue Bewegung» wolle keine Selbstjustiz propagieren, sondern lediglich «einen festen Rahmen für spontane Aktionen bieten».

«Das freie Deutschland grüßt den Friedenspräsidenten»

Im Juni 1982 besuchte US-Präsident Ronald Reagan Deutschland. Die konservativen Aktionisten nutzten dankbar diese Chance, ihrem großen Idol persönlich ihre uneingeschränkte Loyalität zu bezeugen. Eine Kundgebung zu seinen Ehren im supermodernen Berliner Internationalen Congress-Centrum (ICC), eine neue Anzeigen-Kampagne und weiße Rosen als Danksagung für die hier stationierten US-Soldaten sollten demonstrieren, «daß die anständigen Deutschen hinter der Politik des amerikanischen Friedenspräsidenten stehen», daß «die Mehrheit der Deutschen nichts gemeinsam hat mit den Chaoten, Krawallmachern, kriminellen Straßenterroristen und Kommunisten, die das deutsche Ansehen in der Welt seit Jahren in den Schmutz treten», schreibt Ludek Pachman in einem Bittbrief an «Mitglieder, Freunde und Förderer» und kündigt großmundig gleich neue Aktionen an: «Tausende von Bürgern haben uns ermutigt, unsere Pro-Amerika-Aktion fortzusetzen. In Zusammenarbeit mit unseren amerikanischen Freunden möchten wir deshalb jährlich etwa 100 junge deutsche Konservative für jeweils drei Monate in die USA schicken» – als «Gegengewicht zu den verblendeten USA-Hassern, Grünen, Moskau-Partisanen, Aussteigern und Politbanditen der Straße, die alles bestreiten – außer ihren eigenen Lebensunterhalt». Schirmherr dieser Aktion: «Unser Freund und Mitglied Gerhard Löwenthal.»

Auch «gegen den DGB» werde man antreten, verspricht Pachman in einem Werbebrief den Lesern der Zeitschrift *Criticon*, eines im Juli 1970 als konservatives Gegengewicht zur Studentenbewegung gegründeten Blattes, das auch bekannte rechtsradikale Autoren zu seinen Mitarbeitern zählt. Denn der Deutsche Gewerkschaftsbund entwickle sich zum «Krebsgeschwür», zum «unkontrollierbaren Machtfaktor mit größerem Einfluß als das gesamte Parlament».

1983 – «das Jahr des Straßenpöbels»

Wieder stehen Bundestagswahlen vor der Tür und damit die Frage, «ob Deutschland von der CDU/CSU oder einem rot/grünen Chaos regiert wird». Für die wahlkampferprobten Konservativen eine klare Sache. «Die CDU/CSU muß die Wahlen gewinnen.» Dabei werde man ihr «mit allen Kräften» behilflich sein. Denn diesmal geht es «um unser aller Schicksal».

Und vor allem um die Nachrüstung. Grüne, «die eher ins Gefängnis statt ins Parlament gehören, bauen mit Brandt, Bahr, Ehmke und Genossen eine böse Front der Verweigerung auf. Diese Politik bereitet Moskau den Boden vor. Die Neutralisierung Deutschlands – die rote Fahne über der ganzen Nation –, das ist die zwingende Folge einer solchen Politik ... Moskau wird seine Hilfstruppen in Bewegung setzen.»

«Eine neue Regierung haben wir bekommen. Jetzt müssen wir auch den politischen Wandel erreichen», frohlockte Pachman nach siegreicher Wahl. «Wir werden die neue Regierung hart bedrängen.»

Auf welche Weise dies geschehen sollte, deutete Geschäftsführer Siegerist bereits im Herbst 1982 in *Criticon* an: «Bürgerinitiativen können im Volk Grundströmungen erwecken, denen sich die Parteien irgendwann anschließen müssen. Bisher gab es das nur bei den Linken. Wir machen es jetzt auf der konservativen Seite.» Einer «Volksfrontmentalität selbst im bürgerlichen Lager» müsse offensiv entgegengetreten werden. «Diese Volksparteienmentalität widert mich an.» Die Konservative Aktion werde «Druck ausüben auf die ‹Etablierten›», ein «neues politisches Bewußtsein» schaffen und «Mut zu kompromißlosen Formulierungen» beweisen – «das alles sind Dinge, nach denen nicht nur die Jugend lechzt ...»

Die Junge Union Hamburg nahm diese und andere Äußerungen zum Anlaß, einen Unvereinbarkeitsbeschluß zur Konservativen Aktion vorzubereiten. Christian Wulff, Landesvorsitzender der Jungen Union Niedersachsen, erklärte die KA öffentlich zur «gegnerischen Organisation» und zog eine Einladung zur JU-Landeskonferenz zurück. Pachman sah sich genötigt, den Bundesvorsitzenden der Jungen Union «um Ihre Intervention beim Landesverband Hamburg, in Hannover und vielleicht auch anderswo (Berlin)» zu bitten:

«Sehr geehrter Herr Wissmann!

Die jetzt knapp mehr als 45000 Mitglieder und Aktivisten zählende Konservative Aktion wurde im Sommer 1982 nicht deshalb gegründet, um mit politischen Parteien zu konkurrieren, sondern um sie in einer Sphäre zu ergänzen: Unsere Aufgabe ist, die geistige und moralische Auseinandersetzung mit negativen gesellschaftlichen Kräften (Pazifismus, grün-rote Bewegung, Schmarotzertum und ‹alternatives› Aussteigen etc.) zu führen ... Deshalb setzen wir uns in diesem Wahlkampf ohne jedes Wenn und Aber für die Union ein. In unserer großen Anzeigen-Kampagne (Gesamtwert gut 1500000 DM) unterstützen wir von Unionspolitikern namentlich Helmut Kohl und Gerhard Stoltenberg. Unsere prominenten Mitglieder treten als Redner bei Wahlkampfkundgebungen der CDU/CSU und der Jungen Union auf. Ich werde noch in dieser Woche bei zwei JU-Kundgebungen sprechen ...

Deshalb würde ich es als verheerend betrachten, wenn es nun zu einer Konfrontation zwischen der von mir geleiteten Konservativen Aktion und der Jungen Union kommen sollte. Ich möchte mit allem Nachdruck feststellen, daß wir eine solche Konfrontation nicht wünschen, daß wir sie für schädlich und politisch dumm halten. Es gehört jedoch auch zu unseren Gewohnheiten und zu unserem Stil, daß wir immer mit der äußersten Härte reagieren, wenn uns eine solche Konfrontation aufgezwungen wird ...»

Wenige Monate später präsentiert die Konservative Aktion der Öffentlichkeit im Rahmen eines «Großen Freiheitskongresses» einen eigenen Jugendverband: die Konservative Jugend Deutschlands.

Der «Große Freiheitskongreß»

Eine «große Demonstration gegen den Kommunismus und für die Freiheit» sollte er werden, ein Zeichen, «daß die Mehrheit der deutschen Jugend mit den roten Chaoten auf unseren Straßen nichts gemein hat». Große Namen waren auch als Redner angekündigt: Gerhard Stoltenberg, Bundesfinanzminister, Uwe Barschel, Ministerpräsident von Schleswig-Holstein, Hans Graf Huyn, außenpolitischer Sprecher der CSU, Franz Ludwig Graf von Stauffenberg, CSU-MdB und Initiator einer «Stiftung Deutschlandlied e. V.», die es sich zur Aufgabe gemacht hat, die deutsche Nationalhymne mit allen drei Strophen zu verbreiten, sowie «eventuell» Franz Josef Strauß als Hauptredner des Eröffnungskongresses. Helmut Kohl, Ronald Reagan und Margaret Thatcher hätten Grußworte geschickt.

«Wir tagen in Berlin, weil wir diese Stadt und ihre Bewohner lieben, weil wir die Freiheit lieben, den Kommunismus aus tiefster Seele hassen und verachten – als die größte Geißel der Menschheit. Wir scheuen uns nicht zu sagen, daß wir glühende Antikommunisten sind», begründet Joachim Siegerist, «Initiator des Kongresses», im

17.–19. Juni 1983: «Großer Freiheitskongreß» in Berin. v. l.: Elisabeth Motschmann, Gerhard Löwenthal (Mitte), Ludek Pachmann und Dieter von Clahn

vierfarbig auf teurem Papier gedruckten Prospekt den Polittourismus seiner «Bewegung» in die «Hauptstadt des ganzen Deutschland». «Wir tagen in Berlin, weil diese Stadt – wie keine andere – dafür geeignet ist, den Menschen in unserem Vaterland zuzurufen: ‹Die Mehrheit der deutschen Jugend hat nichts zu tun mit den Aussteigern, Hausbesetzern, Chaoten und nützlichen Idioten Moskaus›. Die deutsche Jugend steht zu ihrem Vaterland ... Berlin – das ist der Inbegriff der Freiheit! Diese Freiheit lieben wir. Darum tagen wir in Berlin, unserer Hauptstadt.»

Recht peinlich begann der dreitägige Kongreß am 17. Juni. Zur offiziellen Senats-Kundgebung wollte man nur ungern gehen – hatte sich Bürgermeister Richard von Weizsäcker doch soeben deutlich von der Konservativen Aktion distanziert – und auf eine eigene Kundgebung hatte man «mit Rücksicht auf die befreundete Internationale Gesellschaft für Menschenrechte (IGFM)» verzichtet. Immerhin konnte die IGFM bei ihrer Kundgebung mit Otto Habsburg als Redner eines der großen Idole der rechten Kämpfer vorweisen.

Doch die IGFM wehrte die freundschaftliche Umarmung ihres Ehrenvorsitzenden Pachman ab. Dieter Dombrowski, Sprecher der Arbeitsgruppe Berlin, warnte in einem Rundschreiben vor den geplanten Aktivitäten der Konservativen Aktion. Sie «sind nicht mit uns abgestimmt und können empfindlich unsere Vorhaben stören. Die IGFM wird deshalb allen ihren Einfluß geltend machen, damit es nicht zu einer solchen Gründung kommt bzw. unsere Kräfte nicht zersplittert werden.»

Thomas Lotz, aus Bayern angereistes IGFM-Mitglied, distanzierte sich in einem Leserbrief an die *Süddeutsche Zeitung*: «Daß die hart am Rande des Rechtsextremismus dahinvegetierende Konservative Aktion die IGFM als ‹befreundete› Organisation bezeichnet, entspricht höchstens dem Wunschdenken ihrer Funktionäre und nicht den realen Gegebenheiten.» Zwar säßen im «Vorstand bzw. Ehrenpräsidium der IGFM auch drei Mitglieder der Konservativen Aktion (L. Pachman, L. Bossle, K. Hornung)», doch dies sei lediglich «ein repräsentativer Ausschnitt aus den politischen Meinungen der Bundesbürger» und nicht etwa «Zeichen für eine ultrarechte Unterwanderung».

Am Abend war es dann endlich soweit – die erste eigene Veranstaltung der Konservativen Aktion konnte beginnen: «Um 21.30 Uhr werden rund 2000 junge Leute direkt an der Mauer aufmarschieren», kündigte der Veranstaltungskalender bereits Wochen vorher an. Doch statt der 2000 kamen nur etwa 300 junge Kämpfer, um – rote Bengalfackeln in der einen und Transparente wie «Uns stinken die Linken» in der anderen Hand – den Rednern Löwenthal und Pachman zuzuhören. Die junge Generation werde eines Tages «wieder die deutsche Fahne auf dem Brandenburger Tor hochziehen», trugen riesige Lautsprecherboxen Löwenthals heisere Stimme in den Ostteil der Stadt. Pfeifenden Gegendemonstranten antwortete eine Gruppe Skinheads mit «Rotfront verrecke». Als die erste Strophe des Deutschlandliedes einsetzte und die jungen Rechten ihr «Deutschland, Deutschland über alles» anstimmten, waren die wenigen Linken schon gegangen oder trauten sich nicht mehr zu stören.

«Je t'aime»

Sehr früh aufstehen mußte am nächsten Morgen, wer gemeinsam mit Ludek Pachman vor einem besetzten Haus demonstrieren wollte. «Sie können sicher sein, daß es nicht zu handgreiflichen Auseinandersetzungen mit den Hausbesetzern kommen wird», hatte Pachman vorab versprochen. «Wir sind bestens vorbereitet.»

Doch statt der angekündigten «1000 jungen Leute» fanden sich keine 100 Aktivisten zur «aus Sicherheitsgründen kurzfristig vorverlegten» Kundgebung an der Potsdamer Straße ein, um dort, wo vor 50 Jahren der Sportpalast stand und Goebbels den totalen Krieg forderte, «kriminellen Rechtsbrechern» den Kampf anzusagen.

Doch diese reagierten gelassen auf Pachmans einpeitschende Ausbrüche und untermalten die Worte des Vorsitzenden mit zeitgemäßer Musik. Zu preußischen Märschen und Kochtopfwirbeln baute sich eine Polizeikette ordentlich auf dem weißen Mittelstreifen der weiträumig gesperrten Straße auf, um direkte Annäherungsversuche zwischen den heimischen Hausbesetzern und den aus Westdeutschland angereisten Demonstranten zu vermeiden. «Die Hausbesetzer stören den Frieden, die Amerikaner schützen ihn, und die Erde ist eine runde Scheibe», verkündete ein Transparent, und die zum Abschluß von der Konservativen Aktion üblicherweise eingespielte Nationalhymne konkurrierte mit einer alternativen Version von Ingo Insterburg. Als Jane Birkins «Je t'aime» erklang, bestiegen Pachman und seine jungen Claqueure bereits wieder die gecharterten Busse und fuhren unter polizeilichem Geleit zur Eröffnung des «Großen Freiheitskongresses».

Ein völlig anderes Bild bot sich dem zornigen Schachmeister eine Stunde später im ICC dar: Dort erwartete ihn bereits ungeduldig die «anständige Jugend». Begeistert verfolgten die etwa 700 aus dem ganzen Bundesgebiet für 30 DM pro Kopf eingeführten jungen Rechten seine Rede, skandierten ihre schwarz-rot-goldenen Fähnchen schwingend an den richtigen Stellen oft minutenlang Beifall.

«Hauptredner» Franz Josef Strauß erschien zwar nur auf der überdimensionalen Leinwand zum Video-Grußwort, doch auch dabei war ihm ein langer Applaus sicher. Ebenso lautstark die Pfiffe für Richard von Weizsäcker, der es gewagt hatte, sich vom «Konfrontationskurs» der Konservativen Aktion zu distanzieren, und sich daraufhin von Gerhard Löwenthal vorhalten lassen mußte, schon damals, als Löwenthal auf der Straße von der Hitler-Jugend verprügelt worden sei, «die gepflegte Atmosphäre in den Salons gehobener nationalsozialistischer Funktionäre des NS-Regimes genossen» zu haben. Wenn man heute so manche Äußerungen Weizsäckers höre, müsse «man sich fragen, ob dieser Mann immer noch dabei ist, die nationalsozialistische Vergangenheit seines Vaters aufzuarbeiten».

«Das können Sie jetzt alles über Ihren Linksfunk, Rotfunk senden, machen Sie ja doch nicht ...» schrie der ZDF-Moderator unter lautem Gejohle seiner bereits aufgeheizten Fans den filmenden SFB-Kollegen entgegen. Und «an die Adresse der Verleumder, der Lüg-

Potsdamer Straße, Berlin. Kundgebung mit Ludek Pachmann vor einem besetzten Haus

ner, der Opportunisten und Feiglinge bis hinein in die Spitze der Berliner Stadtregierung»: «Nun kommt der Punkt, wo auch meine Geduld langsam zu Ende ist.» Eine «wirkliche Wende» müsse nun her, «genau das, was in Amerika seit der Wahl Reagans passiert ist».

«Stolz auf Deutschland»

Die «geistige Wende» klagte auch Michael Stange ein, der 18jährige «Bundesvorsitzende» der Konservativen Jugend Deutschlands aus Hamburg-St. Pauli. «Wir Jugendlichen brauchen endlich wieder Vorbilder, die uns sagen, daß wir stolz sein können auf unser Vaterland. Es gibt nur noch sehr wenige Politiker, die wirklich aus Liebe zur Heimat und aus Verantwortung vor unserem Volk Politik machen. Eitelkeit, Geldgier, Macht um der Macht willen – diesen Anspruch haben die meisten ...» ereifert sich der Jung-Unionist, der seine Partei als «kleinstes Übel» ansieht und, sollte die CSU in Hamburg ein Büro einrichten, «als erster anstehen würde». «Vielleicht ist tatsächlich die Stunde gekommen, da mancher Deutsche erwachen muß.» Vor allem die ältere Generation habe es nicht nötig, «sich vor all den Epplers, Brandts, Kellys und Bahrs zu verstecken», nachdem sie jahrelang Deutschland wieder aufgebaut habe. «Wir Jugendlichen haben allen Grund, unseren Eltern und Großeltern dafür dankbar und auf das, was sie geleistet haben, auf unsere Heimat, stolz zu sein. Auf mein Land stolz zu sein, das hat nichts mit Überheblichkeit zu tun. Es bedeutet nicht, daß unser Volk wertvoller wäre als irgendein anderes. Aber es hat in meinem Herzen Vorrang vor anderen. So wie ich zuerst nach meiner Familie frage, die mir natürlich näher steht und somit auch wichtiger ist als andere, so sorge ich mich zuerst um meine Heimat, mein Volk und mein Vaterland ...

Wir sollten in unseren Schulen endlich weniger über mathematische Kurvendiskussionen und Wahlprogramme der rotgrünen Alternativen lernen, sondern mehr über deutsche Geschichte und Heimatkunde. Ich halte das für einen Skandal, daß junge Menschen in unserem Lande nach Beendigung ihrer Ausbildungszeit nicht einmal wissen, wo Weimar, Rostock und Königsberg liegen. Und sie müßten auch wissen, daß Deutschland immer noch größer ist als die Bundesrepublik. Um das wieder zu erreichen, müssen zuerst einmal alle kommunistischen Lehrer aus unseren Schulen verschwinden ...» hetzte er unter tosendem Beifall der zumeist gleichaltrigen oder jüngeren Zuhörer weiter. «Was immer sich ein gewalttätiger, plündernder, prügelnder, zum Bürgerkrieg entschlossener Pöbel auf unseren Straßen leistet, ganz gleich, ob es gegen die Bundeswehr, gegen die Amerikaner, zugunsten kommunistischer Terroristen oder um leerstehende Häuser geht, es findet bei den Politikern Anklang oder zumindest keine vernünftige Antwort, es sei denn, man nimmt das opportunistische Gestammel der Politiker wahr, die um Verständnis für die ach so frustrierte Jugend bitten. Chaoten und Rechtsbrecher werden in dieser Stadt offenbar lieber gesehen als Jugendliche, die zu dieser Stadt stehen», versetzt auch er den «Opportunisten» um Richard von Weizsäcker einen Hieb.

Im schwülstigen Pathos vergangener Zeiten beendet er seine Rede mit dem Versprechen, «an unsere unfreien Landsleute im Osten, sie nicht aufzugeben ... Aus tiefster Überzeugung wissen wir, daß Deutschland nicht am Brandenburger Tor endet. Berlin und das deutsche Volk lebt – und sein Herzschlag ist der unüberhörbare Ruf nach Freiheit und Einheit ...»

Michael Stange, Bundesvorsitzender der «Konservativen Jugend»

«Aktion Heimkehr»

Lächelnd kündigt Elisabeth Motschmann, Pfarrersfrau aus Schleswig-Holstein und stellvertretende Bundesvorsitzende der Konservativen Aktion, für den Nachmittag noch eine kleine Aktion an. Im «Kreuzberger Türkenviertel» wolle sie «an die türkischen Mitbürger» Blumen und Briefe verteilen. «In diesen Briefen wird an die alte deutsch-türkische Freundschaft erinnert, aber um Verständnis dafür gebeten, daß Bundeskanzler Helmut Kohl im Interesse unserer Nation die Ausländerzahlen innerhalb der nächsten zehn Jahre in Deutschland halbieren muß.»

Über 10000 Menschen haben sich jedoch am Nachmittag in Kreuzberg eingefunden, um «gegen diese Provokation rechter Fanatiker» zu demonstrieren und der türkischen Bevölkerung ihre Solidarität zu bekunden. Die konservativen Kämpfer zogen es deshalb vor, ihre «Heimkehr»-Briefe im angenehmeren Tiergarten und am Kurfürstendamm zu verteilen.

Dennoch kam es zu einer der härtesten Straßenschlachten in Kreuzberg mit mindestens 83 verletzten Demonstranten und Zuschauern, 46 verletzten Polizisten, 53 zerstörten Polizei‹wannen› und 203 Festnahmen – ausgelöst durch zwei Männer aus Innensenator Lummers Polizeitruppe, die vor den Augen der Demonstranten zwei Türken verhaften wollten, weil diese hoch oben über den Köpfen der Menschen am Geländer des Kottbusser U-Bahnhofs ein Transparent angebracht hatten. Leere Cola-Dosen und Bierflaschen flogen in ihre Richtung, und die beiden Ordnungshüter zogen sich zurück. Damit hätte der Zwischenfall beendet sein können, doch plötzlich rückte die Polizei massiv mit Tränengas vor, verfolgte die bereits auseinandergehenden Demonstranten und Zuschauer, sperrte die Rückzugswege. Wenige hundert Meter weiter, auf der großen Wiese am Mariannenplatz, feierten noch demonstrativ Deutsche und Türken mit Musik, Kleinkunst, Kebab und Spielen ein Freundschaftsfest. Auch hier fuhren plötzlich die Mannschaftswagen auf, trieben Kinder und Musiker fort, hetzten Demonstranten und Picknicker mit Schlagstock und Tränengas von einer Ecke des Platzes in die andere. Steine flogen zurück, Barrikaden wurden aufgebaut. Einem Fotografen wurde die Kamera entrissen und auf dem Boden zertrümmert, eine Kollegin wurde durch Androhung von Prügel ‹überredet›, keine Polizisten zu fotografieren. Eine junge Punkerin, die demonstrativ in stoischem Desinteresse in der Mitte der Wiese saß, mußte von Sanitätern weggetragen werden, nachdem zwei nicht viel ältere Polizisten mit ihren Knüppeln über sie hergefallen waren.

«Gruppen von Chaoten, anpolitisierten Kriminellen und sexuell Frustrierten» hätten sich da «ihre Ersatzbefriedigung auf der Straße» besorgt, schäumte Löwenthal tags darauf und meinte nicht die Polizei. «Unser Freund Heinrich Lummer» hatte seine Visitenkarte hinterlassen und die «Bewegung» dankte ihm «den hervorragenden Einsatz der Polizei» mit minutenlangen Ovationen.

«Die letzte Schlacht meines Lebens»

Während im großen Saal des Internationalen Congress-Centrums die jugendlichen Gestrigen ihrem Vorbild huldigen, verteilen vor dem polizeilich gesicherten Eingang Mitglieder einer kleinen Bürgerinitiative Flugblätter. Die «deutsch-ausländische Nachbarschaft Charlottenburg» wirbt für «gegenseitige Verständigung» und «den Abbau von Vorurteilen». Sie diskutieren selbst mit dem herbeieilenden Ludek Pachman und laden ihn zu ihrem nächsten Treffen ein. Für «meine Dummheit», die Einladung angenommen zu haben, entschuldigt er sich später schriftlich bei der Initiative. «Es war für mich ein gespenstisches Erlebnis, als ich zuhörte, wie es einige Deutsche einem Ausländer erlauben, sich über den Begriff Deutschland lustig zu machen. Herrn Savyer können Sie ausrichten, daß ich immer diejenigen Leute scharf verurteile, die unzivilisiert ‹Türken raus!› schreien. Nach dem gestrigen Erlebnis kann ich sie jedoch trotzdem einigermaßen verstehen. Wer sich so frech in einem Land verhält, das er nicht als sein Land anerkennt, verdient nichts anderes als dieses ‹Raus›! ...»

«Chaoten, Aussteiger und Asoziale»

«So bekämpfen wir Rechtsbrecher, Chaoten und Kommunisten» – in schwarz rot gold umrandeten Flugblättern kündigt Ludek Pachman bereits den «heißen Herbst» an. «Wir ‹besuchen› die Linken bei ihren Sitzstreiks. Wenn Herr Bastian mit seiner Petra Kelly verbissen vor den deutschen und amerikanischen Kasernen hockt, werden junge Leute der Konservativen Aktion genau vor diesen Kasernen – zur gleichen Zeit – Rosen, Dankeschönbriefe und den Symboligel an die Soldaten verteilen. Wir kommen in Fahrzeugen und mit Ballons aus der Luft ... Den Terror und die Gewalttätigkeit fürchten wir nicht.»

Stattgefunden hat diese Aktion dann zwar nicht, aber Ludek Pachman brachten seine Haßtiraden eine Verurteilung zu einer Geldstrafe von 4200 DM ein. «Rotes Gesindel», begründet der Hamburger Staatsanwalt zurückhaltend seinen Antrag, «ist eine Formulierung, die ich im Geschichtsunterricht kennengelernt habe.»

Daß sich seit Monaten in zunehmendem Maße Unionsfreunde von der Konservativen Aktion distanzieren, begründet sich jedoch weniger in diesen Ausbrüchen Pachmans, sondern vor allem in den unermüdlichen Anstrengungen des Vorsitzenden und seines Geschäftsführers, aus der Konservativen Aktion die lang ersehente 4. Partei zu machen. Vor allem in Berlin rechnet man sich gute Chancen aus, nach einem «sehr harten Wahlkampf» erfolgreich abzuschließen. «Da Berlin immer bundespolitische Signalwirkung habe, müsse man jetzt den Hebel in der alten Reichshauptstadt ansetzen», verkündete Siegerist im Juli 1984 – zur Überraschung der Berliner KA-Aktivisten. Die erfuhren erst aus der Zeitung von den Plänen des Duos Pachman / Siegerist.

Ludek Pachman
Schriftsteller
Int. Schachgroßmeister

8399 Griesbach i. Rottal
Aunhamer Weg 45
Tel. 08532/8499

am 2. Juli 1983.

Frau
Ute Becker,
[redacted]
1000 BERLIN [redacted]

Bitte die schlechte Qualität des Briefes zu entschuldigen, die Schreibmaschine streikt!

Sehr geehrte Frau Becker,

ich möchte mich bei Ihnen für meine Dummheit entschuldigen, die mich immer wieder dazu verführt, auch mit militanten Linken einen freundschaftlichen Dialog zu versuchen. In diesem Falle war ich sogar so naiv, daß ich mit Ihnen tatsächlich davon reden wollte, wie man den Ausländern helfen kann. Statt dessen erlebte ich Haßtiraden gegen unseren, gegen meinen Staat. Wer etwa die Polizeibeamten als Gangster bezeichnet, ist-entschuldigen Sie, daß ich es so offen schreibe, entweder ein Fall für Psychiater oder selbst Verbrecher.
Ihnen und Ihren Kumpanen geht es doch gar nicht um die Hilfe an Ausländer. Dies ist für Sie nur ein Vorwand, um diesen Staat, den Sie eigentlich pathologisch hassen, zu bekämpfen.
Dies möchte ich Ihnen noch sagen:
Unser Staat ist natürlich kein Ideal, keine große Utopia. Es ist jedoch der beste Staat der Geschichte, es ist jedenfalls der beste Staat, den ich in meinem Leben kennengelernt habe. Der Weg zu seiner Vernichtung führt deshalb nur über meine Leiche. Ich habe die "Konservative Aktion" gegründet, um mich zusammen mit meinen Freunden und mit immer mehr meiner Mitbürger zur entschiedener Abwehr gegen linke Ideologen, Chaoten, gegen das rote Pöbel, gegen Aussteiger, die alles bestreiten, außer ihrem eigenen Lebensunterhalt zu stellen. Es ist eigentlich die letzte Schlacht meines Lebens, gerade deshalb werde ich sie jedoch gewinnen!
Eigentlich muß ich Ihnen mein Beileid aussprechen. Wer ohne eine Heimat lebt (und das tut jeder, der sie hasst, statt sie zu lieben!), kann nie glücklich sein. Es war für mich ein gespenstisches Erlebnis, als ich zuhörte, wie es einige Deutschen einem Ausländer erlauben, sich eigentlich über den Begriff Deutschland lustig zu machen. Herrn Savyer können Sie noch ausrichten, daß ich immer diejenigen Leute scharf verurteile, die unzivilisiert "Türken raus!" schreien. Nach dem gestrigen Erlebnis kann ich sie jedoch trotzdem einigermaßen verstehen. Wer sich so frech in einem Lande verhält, das er nichts als sein Land anerkennt, verdient nichts anderes, als dieses "raus"!
Glück wünsche ich Ihnen in Ihrer Arbeit nicht, aber vielleicht die Genesung Ihrer Seele. Mit freundlichen Grüßen

Kto.-Nr. 570154773 bei der Sparkasse Griesbach (BLZ 74050000)

Diese Geschichte dürfte ein typisches Beispiel für die Organisationsstruktur der Konservativen Aktion sein.

Diese Geschichte düfte ein typisches Beispiel für den Umgang der kadermäßig aufgebauten Organisation mit ihrer «Basis» sein. Der Beriner Landesverband der Konservativen Jugend beschwerte sich

Konservative Aktion

Hamburger Straße 3, 2000 Hamburg 76, Telefon: 040/229 52 12

Hamburg, im September 1983

Sehr geehrte

der rote Krawallpöbel rüstet zum sogenannten "heißen Herbst". Die vereinigte Linke - angefangen von den verbrecherischen Terroristen bis hin zu den Chaoten, Aussteigern, Grünen und Alternativen, von der DKP bis zur SPD und dem DGB: Sie alle drohen schon jetzt "friedliche" Demonstrationen an. Kasernenbesetzungen, Straßenblockaden, Schlachten mit der Polizei. Mit vermummten Gesichtern, Schlagstöcken, Steinen und Brechstangen werden sie ihre "Friedensliebe" demonstrieren.

Musterbeispiele dafür hat dieses rote Gesindel bereits geliefert. General Bastian schämt sich nicht, sich wie ein dummer, trotziger Junge von Polizeibeamten von der Straße tragen zu lassen. Als "Demonstrant" vor Bundeswehrkasernen. Er hat aber keinerlei Hemmungen, von der von ihm geschmähten Bundeswehr monatlich rund 6000 DM (!) Generalspension zu kassieren. Dieser Mann ist eine Schande für die Nation.

Im hessischen Parlament bespritzt ein "grüner" Abgeordneter einen amerikanischen General mit seinem eigenen Blut. Politik von Fanatikern oder ein Fall für Nervenärzte?

Mit allen gewalttätigen Mitteln wird der rote Krawallpöbel die uns bevorstehenden Monate zu einem chaotischen und gewalttätigen Herbst "umfunktionieren" wollen. Das dürfen wir uns nicht gefallen lassen. Wir können nicht mehr länger zusehen, wie die nützlichen Idioten des Kreml unser schönes Land kaputtmachen und den Sowjets unterwerfen wollen.

Deswegen hat die KONSERVATIVE AKTION ein ungewöhnliches Gegenkonzept entwickelt. In einem kleinen Prospekt, den Sie in diesem Brief finden, haben wir unsere geplanten Aktionen zusammengestellt.

Bitte, helfen Sie uns durch eine Spende, dieses Programm voll zu verwirklichen. Wir müssen endlich etwas unternehmen. Jeder von uns!

Mit freundlichen Grüßen

Ludek Pachman

Ludek Pachman
Bundesvorsitzender

Bankverbindung:
Deutsche Bank Wiesbaden,
Konto-Nr.: 0207 100,
Bankleitzahl 510 700 21

Geschäftsführender Vorstand:
Ludek Pachman (Bundesvorsitzender),
Elisabeth Motschmann (stellv. Vorsitzende),
Professor Dr. Konrad Löw (stellv. Vorsitzender),
Joachim Siegerist (Schriftführer)

Vorsitzender der Redaktions-Kommission:
Professor Dr. Klaus Hornung

Mitglieder des Kuratoriums:
Gerhard Löwenthal (Vorsitzender),
Prof. Dr. Klaus Motschmann (stellv. Vorsitzender),
Dr. Heinz Burneleit,
Ludwig Eckes (Fabrikant),
Erich Heimeshoff (Generalstaatsanwalt a. D.),
Heinz Karst (Brigadegeneral a. D.),
Friedrich Lotze (Pfarrer),
Martin Schetter (Gewerkschaftsvorsitzender),
Dr. Hans-Günther Weber (Oberstadtdirektor a. D.)

mehrfach über den Mangel an innerverbandlicher Demokratie – erfolglos. Im Oktober 1984 zogen die 25 Aktivisten die letzte Konsequenz: sie lösten ihren Landesverband auf.

Ludek Pachman scheint derweil seinen großen Plan, eine «echte parlamentarische Alternative» aufzubauen, trotz negativer Resonanz

selbst in den Reihen der Konservativen Aktion nicht aufgegeben zu haben. Der letzte Parteitag der CSU-Dissidenten «Republikaner» konnte unter dem Motto «Wir erneuern Deutschland» einen besonderen Ehrengast begrüßen: Ludek Pachman, Vorsitzender der Konservativen Aktion.

«Letztgültige Wahrheiten»

«Jugendarbeit '80»: ein Geheimbund zur Unterwanderung der Jungen Union

«Unser Symbol, die Freiheitsglocke, ist – wie in Berlin angekündigt – jetzt auf Ringen für alle Mitarbeiter erhältlich. Nach der seinerzeit im Bundesausschuß verabschiedeten Regelung kann jeder Mitarbeiter einen Silberring erwerben, Mitglieder oder ehemalige Mitglieder des Bundesausschusses haben die Möglichkeit, einen Goldring zu kaufen.

Von der ersten in Auftrag gegebenen Serie sind nur noch wenige Exemplare vorrätig, zu folgenden Preisen:

Herrenring, Gold, 333er	*DM 230*
Herrenring, Silber, 925er	*DM 90*

Die nächste Serie wird erheblich teurer auf Grund der gestiegenen Metallpreise. Gleiches gilt für die Damenringe, da hier ein besonderes Modell angefertigt werden muß. Bestellungen an Reinhard Werner.»

Dieses Dokument ist nicht etwa aus den beschlagnahmten Akten der italienischen Geheimloge P2 zitiert worden. Der Bestelltext für die Siegelringe stammt aus einem internen Rundbrief einer Organisation, die – weitestgehend unbemerkt von der Öffentlichkeit – der Jungen Union schon seit Jahren zu schaffen macht. Während einzelne rechtsextreme Zwischenfälle innerhalb der Unionsjugend jeweils in den Medien große Resonanz erfuhren, merkte die breite Öffentlichkeit nichts von den Schwierigkeiten, die Junge Union und Schüler Union seit Jahren mit der «geheimbündlerisch organisierten» Vereinigung haben, die seit 1973 in ihren Reihen wirkt und zunehmenden Einfluß gewann.

Bereits am 9. Oktober 1976 zog der Deutschlandrat der Jungen Union die Notbremse und faßte einen Unvereinbarkeitsbeschluß: «Die Junge Union lehnt eine Zusammenarbeit mit dem ‹Arbeitskreis für Freiheitliche Gesellschaftspolitik› auf allen Organisationsstufen entschieden ab. Die politischen Vorstellungen des ‹Arbeitskreises für Freiheitliche Gesellschaftspolitik› entsprechen nicht den politischen Grundsatzpositionen der Jungen Union.» Am 23. April 1983 wurde der Beschluß einstimmig bekräftigt: «Die Junge Union unterstreicht, daß dieser Beschluß auch für die Nachfolgeorganisationen des ‹Arbeitskreises für Freiheitliche Gesellschaftspolitik› wie ‹Jugendarbeit '80› und ‹Stiftung politische und christliche Jugendbildung e. V. in Gründung› Geltung hat.»

Zur Begründung heißt es: «1. Ihre Tätigkeit steht im Gegensatz zum Demokratieprinzip des Grundgesetzes und entspricht einer Kaderorganisation ... 2. Der Anspruch der ‹Jugendarbeit '80›, die einzig richtige Konzeption zu besitzen und mit Elite- und Sendungsbewußtsein die ‹letztgültigen Wahrheiten› in praktische Politik umzusetzen, steht im evidenten Widerspruch zum Toleranzgebot des Grundsatzprogramms. 3. Das Ziel der systematischen Unterwanderung der Schüler Union und der Jungen Union fordert die Junge Union in ihrem Selbstverständnis als größte politische Jugendorganisation heraus. 4. Teile ihrer Mitgliedschaft verbreiten rechtsradikales Gedankengut ...»

Daß dieser Beschluß, der von zahlreichen Untergliederungen und dem Ring Christlich-Demokratischer Studenten (RCDS) übernommen wurde, kaum Auswirkungen hatte, gestehen die «liberalen, moderat reformfreudigen» JUler ein. Entschiedene Gegenwehr sei «ziemlich schwer», beklagen sie sich in der Funktionärszeitschrift *Die Entscheidung*, weil die Junge Union

- «sich an rechtsförmigen Verfahren zu orientieren hat, während sich die anderen nicht daran halten und auch vor bedenkenlosen Manipulationen nicht zurückschrecken;
- immer nur einzelne Gliederungen, Regionen und Landesverbände betroffen sind und durchgreifende Gegenmaßnahmen am Desinteresse der jeweils Nichtbetroffenen scheitern;
- manche Offiziellen bei knappen Wahlen ihre Stimmen einzukaufen suchen – um den Preis des Stillhaltens;
- die Partei im Interesse der Vertuschung die JU immer wieder zu faulen Kompromissen nötigt.»

Für Reinhard Werner, langjähriger Vorsitzender dieser Vereinigung, sind solche Vorwürfe lediglich «absurdes Theater einzelner, in ihrer Eitelkeit getroffener Jungfunktionäre der Jungen Union. Sie entbehren nicht nur jeder sachlichen Grundlage, sondern enthalten darüber hinaus falsche Tatsachenbehauptungen und Verleumdungen.» Er betreibe lediglich «christlich-soziale Bildungsarbeit mit Jugendlichen», eine gezielte Einflußnahme auf die Politik und Mehrheitsbildung im CDU-Nachwuchs versuche er nicht. «Erste und wichtigste Aufgabe» seiner Arbeit sei es, «ein realistisches Menschenbild und die daraus folgende Ableitung von Grundwerten und Grundrechten in das Bewußtsein der Zielgruppe zu rücken ... Weder aus philosophischer Grundüberzeugung noch aus christlichem Glauben läßt sich ein bestimmtes politisches Programm ableiten. Ableiten läßt sich allerdings eine Verantwortung, sich am gesellschaftlichen Gestaltungsprozeß zu beteiligen. Deshalb ist die zweite Aufgabe einer christlich-sozialen Bildungsarbeit, Vorschläge zur praktischen Gestaltung des sozialen Seins in die gesellschaftspolitische Diskussion einzubringen.» Denn: «Wer sich als kritischer Realist mit dem Wesen des Menschen und des Seins überhaupt beschäftigt hat, den drängt es zu Vorschlägen für die praktische Ausgestaltung des Gemeinwesens.»

Reinhard Werner drängt es bereits seit Anfang der 70er Jahre, die «praktische Ausgestaltung» der Unionsjugend in die Hand zu nehmen. 1974 gründete er den «Bad Nauheimer Kreis in der Schüler Union» (BNK) mit dem Ziel, den amtierenden Landesvorsitzenden der hessischen Schüler Union, Ralf Niehus, zu stürzen. Acht Monate später hatte Werner sein Ziel erreicht: Unter dem massiven Druck des BNK trat Ralf Niehus am 15. Februar 1975 von seinem Amt zurück. Sein Nachfolger wurde vier Tage später der Werner-Mitstreiter Norbert Meyer. Die Schüler Union Hessen bezog eine neue Geschäftsstelle in der Wilhelmshöher Allee 167, dem Sitz des BNK.

«Seit dieser Zeit», heißt es in einer internen Studie der Jungen Union Hessens, «war die Zusammenarbeit zwischen Schüler Union und Junger Union in Hessen gestört ... Der Einfluß der ‹Jugendarbeiter› in der SU führte vor allem in Kassel zu erheblichen internen Flügelkämpfen, auch in der JU.»

Zu einem ersten Höhepunkt des noch heute andauernden Konfliktes zwischen Schüler Union und Junger Union Hessen kam es am 15. Juni 1975 anläßlich des SU-Landestages. Dort verabschiedete die Schüler Union überraschend eigene «politische Grundsätze» sowie eine neue Satzung, nach der sie sich auch organisatorisch von der Jungen Union abkoppelte. Die JU Hessen stellte über diesen Vorgang fest, daß die Schüler Union «ein teilweise von den Grundsätzen der JU und der CDU abweichendes Grundsatzprogramm hat und eine eigene Organisationsstruktur anstrebt bzw. bereits verwirklicht hatte».

Ende 1975 änderte Reinhard Werner erstmalig den Namen seiner Vereinigung – in «Arbeitskreis für Freiheitliche Gesellschaftspolitik» (AFG). Das Ziel seiner Arbeit benannte Werner damals noch sehr offen in der AFG-eigenen Publikation «Grundlagen»: «... Menschen zu befähigen und subsidiär dabei zu unterstützen, die Grundsätze der christlichen Soziallehre und -ethik und eine vom Menschen ausgehende Theorie von Staat, Familie und Wirtschaft(sordnung) hereinzutragen im Sinne einer Bewußtseins- und Haltungsänderung in ihre Arbeit an der Basis und in der Union. Mit ‹Union› sind nicht allein die Unionsparteien gemeint, sondern auch – und dies ist genauso wichtig – ihr Vor- und Umfeld, wie studentische, gewerkschaftliche, kirchliche und andere Gruppen. Vom Erfolg auch der Arbeit des Arbeitskreises wird es abhängen, ob dabei Führungspositionen besetzt werden können.» Konsequenterweise dehnte Werner mit dem AFG seine Arbeit auch auf andere Bundesländer – vor allem Rheinland-Pfalz und Berlin – aus.

Mitten in die Aufbauphase kam der Unvereinbarkeitsbeschluß der Jungen Union. Am 8. November 1976 löste sich deshalb der AFG selbst auf. Nicht aufgelöst wurde der bereits im August gegründete «Verein zur Förderung gesellschaftspolitischer Bildung e. V.», der von nun an die Arbeit des AFG übernahm, mit der alten Adresse, mit der alten Ideologie, mit denselben «Mitarbeitern».

«Jugendarbeit '80»

Am 5. Februar 1977, bereits drei Monate nach Auflösung des AFG, wird in Mannheim unter Vorsitz von Reinhard Werner ein weiterer Verein konstituiert: «Jugendarbeit '80». Die Kontinuität der Arbeit – von Werner stets bestritten – wird in einer Einladung zur sogenannten «Berliner Konferenz» deutlich, die Reinhard Werner am 8. Juni 1978 an einen auserwählten Kreis verschickte: «Dieser Rundbrief geht an alle aktiven und ehemals aktiven Mitarbeiter unserer Bildungs- und Betreuungsarbeit, die wir 1974 in Hessen als ‹Bad Nauheimer Kreis in der Schüler Union› gründeten, 1975 im Rahmen des ‹Arbeitskreises für Freiheitliche Gesellschaftspolitik› (AFG) auf Berlin und Rheinland-Pfalz ausdehnten und heute unter verschiedenen Namen in bereits fünf Regionen durchführen. Beispiel für die Kontinuität unserer Arbeit ist das gesellschaftspolitische Seminar ‹Alsfelder Wochenende›, das wir seit 1974 ohne Unterbrechung alle sechs Wochen veranstalten. ...» Seit der Berliner Konferenz vom 3.–5. November 1978 tritt die Jugendarbeit '80 offiziell als Koordinator sämtlicher Veranstaltungen und Publikationen auf. «Sinn und Ziel dieses Treffens war es, den Grundstein zu legen für eine lebenslange Gemeinschaft», heißt es abschließend.

"Geschichte" der Jugendarbeit 80

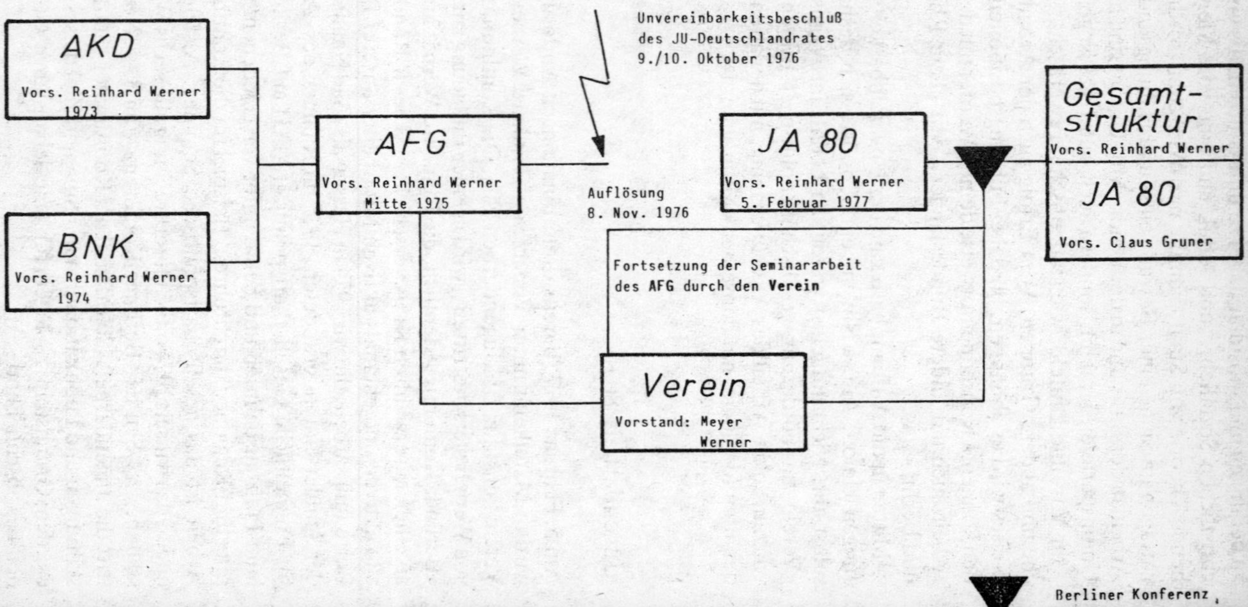

Struktur der Jugendarbeit 80

entspr. auch der Gesamtstruktur

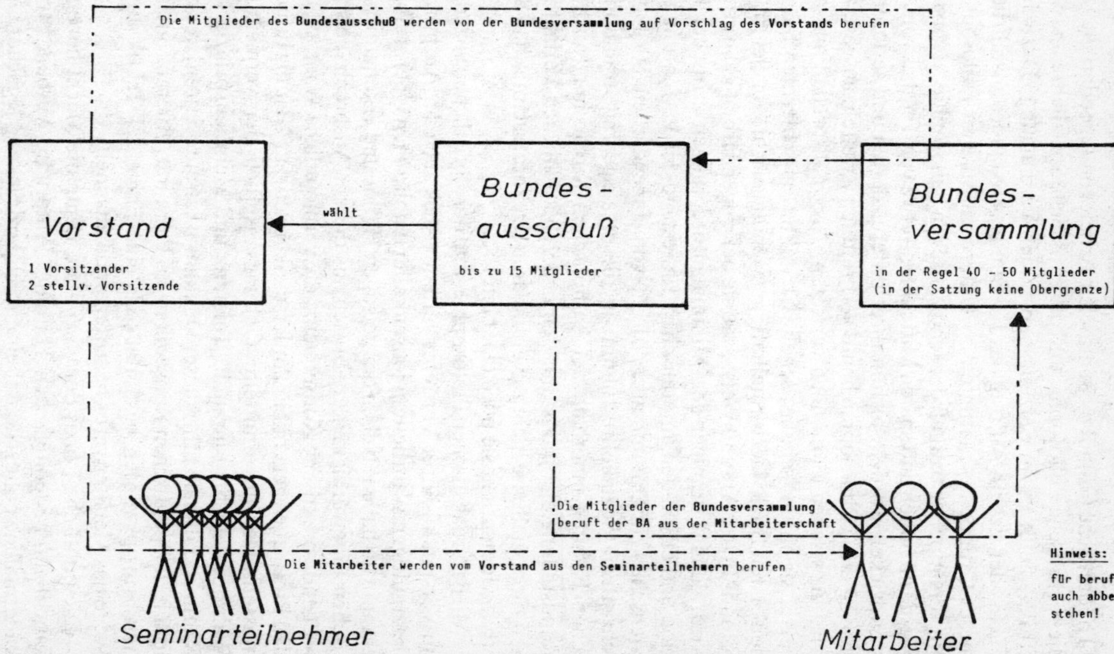

Hinweis:

für beruft kann
auch abberuft
stehen!

Letztgültige Wahrheiten und realistische Philosophie

«Theoretische Grundlage sämtlicher Arbeit von Jugendarbeit '80 sind die realistische Philosophie und die christliche Soziallehre und Sozialethik», heißt es im Satzungspapier der Vereinigung. Dazu Jürgen Fuchs, der sich im Auftrag des JU-Bundesvorstandes ausführlich mit dieser Gruppe beschäftigte: «a) Unter ‹realistischer Philosophie› ist ein versimpelter Aufguß der scholastischen Philosophie zu verstehen, wie sie im hohen und späten Mittelalter – etwa von Thomas von Aquin – entwickelt wurde. Auch in ihrer differenzierten und seriösen Version ist diese Philosophie heute verbreiteten Zweifeln ausgesetzt und wird inzwischen kaum noch vertreten. Als ‹realistische Philosophie› verrät sie ihren ‹scholastischen› Charakter im schlechten Sinne auf den ersten Blick: leerformelhaft, auswendiggelernt, abgeleiert, geisttötend. In der Art und Weise, wie sie bei ‹Jugendarbeit '80› vermittelt wird, genügt sie nicht den Minimalanforderungen kritischer Reflexion und erfüllt den amoralischen Tatbestand der Verführung junger Menschen zur Dummheit ... b) Die von ‹Jugendarbeit '80› gemeinte ‹christliche Soziallehre› nimmt in dieser ausgeprägt traditionalistischen Fassung innerhalb der katholischen Kirche nur (noch) eine Randstellung ein und ist mit den neueren kirchlichen Verlautbarungen zur Soziallehre nicht zu vereinbaren. Der protestantischen Sozialethik widerspricht sie noch eklatanter ...

Mit der ‹realistischen Philosophie› und der ‹christlichen Soziallehre› im Verständnis ihrer Vertreter verbindet sich auch der Anspruch, die ‹letztgültigen Wahrheiten› jenseits aller empirischen Überprüfbarkeit erkannt zu haben. Neben der geistigen Hybris und erkenntnistheoretischen Fragwürdigkeit ergibt sich aus diesem Anspruch die schwerwiegende praktische Konsequenz, die vermeintliche Wahrheit um jeden Preis, auch gegenüber Andersdenkenden, zur Geltung bringen zu müssen. Der unvermittelte Geltungsanspruch der vermeintlichen Wahrheit läßt für Pluralität, Toleranz und Mehrheitsprinzip keinen Raum ... Deshalb führt dieser Denkansatz zu autoritären, wenn nicht totalitären politischen Konsequenzen. Pluralität, Toleranz und Mehrheitsprinzip werden bestenfalls als eine Frage der Taktik auf dem Wege des Machterwerbs begriffen und behandelt.

Die politische Praxis dort, wo diese Leute die Macht haben, entspricht ihrer ideologischen Haltung. Autoritäre Verbandsstruktur, kadermäßige politische Arbeit und Unterdrückung jeglicher Opposition sind durchgängig festzustellen.

Auch wenn die ‹Philosophie› von ‹Jugendarbeit '80› teils trivial teils fragwürdig ist, hat sie doch eine ideologische und politische Funktion.

Sie stattet einmal ihre Vertreter mit einem elitären Selbst- und Sendungsbewußtsein aus, das sie gegenüber Frustration weithin immunisiert, den Zusammenhalt der Gruppe begründet und die Arroganz gegenüber Andersdenkenden – einschließlich der Kaderarbeit und der Unterdrückung von Opposition – legitimiert ...»

Straffer, hierarchisch organisierter Aufbau der Gruppe, strengste Anforderungen in Leistung und Disziplin an die Kader, geheimbündlerisches Auftreten, verbunden mit großer Scheu vor Öffentlichkeit, uneingeschränkte Überzeugtheit von der absoluten Richtigkeit der eigenen ‹Philosophie› und nicht zuletzt rigide Maßnahmen gegen Kritiker und Gegner auch in den eigenen Reihen – Parallelen zu «Jugendsekten» drängen sich geradezu auf. Teilnehmer eines «Führungsseminars» berichten in einem handschriftlichen, verbotenerweise angefertigten Protokoll: «Eine förmliche Einladung erhielten nur bestimmte Personen, die sich durch ihre herausragenden Leistungen in der Schüler Union hervorgehoben hatten ... Wir wußten, daß wir alles wie im Schlaf beherrschen mußten, um uns nicht zu blamieren. Das verstanden Gruner und Löwenstein am besten uns einzubläuen und damit angst zu machen – richtigen Psychoterror betrieben sie ... Am Tag der Inquisition wurden von vielen Beruhigungs- oder Aufputschmittel geschluckt, da sie sich sonst nicht mehr in der Lage fühlten, die Prüfung zu absolvieren.»

Wer an den einwöchigen «Führungsseminaren» der Jugendarbeit teilnehmen darf, gehört bereits zu den «Auserwählten». «Diese Einladung beruht auf einer übereinstimmenden Einschätzung der Regionalleitung Deiner Region und des Vorstandes der Jugendarbeit, daß Du die Gelegenheit haben solltest, Dich eine Woche lang intensiv mit philosophischen und politisch-theoretischen Sachverhalten zu beschäftigen. Wir wollen damit das Fundament für ein sinnvolles, erfolgreiches – gemeinsames – Engagement in den verschiedensten gesellschaftlichen Bereichen schaffen», heißt es in den vorgedruckten Einladungen. «Das Seminar wird an jeden Teilnehmer geistig wie persönlich höchste Anforderungen stellen; der Ablauf erfordert ebenso Disziplin wie Toleranz und äußerste Bereitschaft der Beteiligung.»

Gelegentlich sah sich Jugendarbeit-Vorsitzender Claus Gruner genötigt, «Bemerkungen» zur «Moral der Truppe» zu versenden, um mehr Disziplin einzuklagen: «Aus Berichten von verschiedenen Regionaltagungen höre ich, daß die Disziplin deutlich zu wünschen übrigläßt ... Erstaunt war ich, daß Mitglieder, die meinen, eher dem engeren Kreis zugeordnet zu werden, sich hier selbst ein Bein stellen. Ich werde dies beobachten ...» warnte er in einem Rundbrief am 24. April 1980.

Freudig begrüßt wurden «neue Mitarbeiter» in einem Rundbrief vom 31. Januar 1981. «Der Vorstand hofft, daß die ‹newcomer› gemeinsam mit allen Mitarbeitern die neuen Aufgaben mit Elan anpakken, damit wir auf der diesjährigen Jahreskonferenz am traditionellen ersten November-Wochenende in Kassel vor der gesamten Gruppe und uns selbst Rechenschaft ablegen können ...» spornte Gruner seine neuen Auserwählten an. «Wir brauchen im neuen Jahr Arbeitskräfte, Teamgeist und Begeisterung für die Sache. Wir investieren damit in die faszinierende Aufgabe, unserer Gruppe an innerer Festigkeit und äußerer Schlagkraft immer mehr hinzuzufügen.

Schließlich ist unsere Arbeit nicht etwas Beliebiges neben anderem. Wir besitzen eine Konzeption, die uns dazu führen wird, einen langfristigen geistigen Klimawechsel in unserer Gesellschaft herbeizuführen ... Wir sind aber auch eine Gemeinschaft, die all denen, die zuverlässig zu unserem Erfolg beitragen, Halt gibt.» Doch wehe denen, die nicht mehr zum Erfolg beitragen, die ‹Verrat› begehen oder Kritik üben. «Diejenigen, die ... versucht haben, Mißtrauen und Spaltung unter uns zu tragen, ... haben das Recht zur Teilhabe an unserer Arbeit und zur Teilhabe an allen Veranstaltungen unserer Gruppe verwirkt», teilt er den Ausschluß einer ganzen Gruppe um den Jugendpressefunktionär Christian Boergen mit. Ähnlich der Praxis in der Scientology-Sekte wird den übrigen Jugendarbeit-Angehörigen der weitere Umgang mit den Exkommunizierten verboten: «Ebenso besteht eine selbstverständliche Unvereinbarkeit zwischen Teilhabe an unserer Arbeit und der Teilnahme an jeglichen Aktivitäten dieser Personen, ob sich diese nun in neuen Presseverbänden, in literarischen Zirkeln oder sonstigen Versuchen der Tätigkeit niederschlagen.»

Am 6. Mai 1981 «suspendierte» Gruner die gesamte Berliner Regionalleitung, nachdem diese vorsichtig «Manöverkritik» geäußert und es gewagt hatte, zur Information der Berliner Mitarbeiter ein Protokoll einer Bundesversammlung anzufertigen – was ausdrücklich verboten war. Der damalige Regionalleiter Michael Neugebauer, Redakteur bei Springers *Morgenpost*, erklärte in einem Abschiedsbrief, wie es zu diesem Eklat kam:

«... Auf der Jahreskonferenz im vergangenen November ist schon einmal eine größere Gruppe von Mitarbeitern ausgeschlossen worden, die offensichtlich versucht hatte, Kritik vorzubringen und Änderungen in der inhaltlichen Arbeit zu erreichen. Die Betroffenheit über den Ausschluß der Gruppe und eigene Unzufriedenheit mit Teilen der inhaltlichen Arbeit und einigen personellen Entscheidungen hat uns veranlaßt, die Arbeit des Gesamtverbandes von da an genauer auf die Finger zu sehen. Ergebnis davon war eine Manöverkritik, die wir im März vorgelegt haben. Selbst für uns war überraschend, wie viele Kritikpunkte sich da innerhalb weniger Wochen angesammelt hatten. Die Diskussion über die Manöverkritik allerdings hat keine Einigung oder Besserung gebracht.

... Der Weg, den wir innerhalb der Gesamtgruppe gehen wollten – und der jetzt zu unserem Ausschluß geführt hat –, hätte der Jugendarbeit beweisen sollen, daß eine kritische Diskussion über jeden Punkt unserer Arbeit ohne Frageverbot, ohne Dogmen und ohne ausweichende Floskeln geführt werden kann und im Sinne unserer Glaubwürdigkeit geführt werden muß; daß sich Menschenführung nicht allein auf Amtsautorität aufbaut, sondern auch die Bereitschaft beinhaltet, sich selbst der Kritik zu stellen; daß die Solidarität der Mitarbeiter untereinander nicht aufhört, wo einer beginnt, Fragen zu stellen und Kritik zu üben; daß unsere Philosophie sich gerade dadurch von jeder Ideologie unterscheidet, daß sie sich weiterentwickelt und sich bemüht, Realität und Überzeugung in Einklang zu bringen. Dieses Vorgehen – in unseren Augen eine Selbstverständlichkeit – erscheint dem derzeitigen Vorstand der Jugendarbeit offenbar undenkbar. Mit unserem Ausschluß hat er sich seiner stärksten Kritiker schlicht entledigt ...»

«... oder geballt in einen bestehenden Verband eintreten»

Ein politisch bedeutsames Standbein der Stiftung war schon immer die Jugendpressearbeit. In einem internen Protokoll über die wichtige Berliner Konferenz des jungen Geheimbundes wird die Anfangsphase des Engagements in diesem Arbeitsbereich beschrieben. «Die Jugendpressearbeit ist als neuer Bereich der Jugendarbeit im vergangenen Jahr forciert worden. Besonders engagiert hat sich hier Christian Boergen (Wiesbaden), der nun auch der Leiter der entsprechenden Projektgruppe ist.» Besonders wichtig ist den «Mitarbeitern» die «Wahrnehmung unserer Interessen in den Jugendpresseverbänden». In einem anderen Rundbrief wird diese Projektgruppe als «den Regionalleitungen rangmäßig gleichgestellt» bezeichnet – und das will in dem streng hierarchisch durchorganisierten Club etwas heißen.

Doch der Vorsitzende hatte mit dem eigenwilligen Leiter der Jugendpresse-Projektgruppe Probleme. Aber selbst der Austritt von Christian Boergen und seinen Freunden im November 1981 konnte den damaligen Vorsitzenden Claus Gruner, der es immerhin in der

Schüler-Union bis zum stellvertretenden Bundesvorsitzenden brachte, nicht schocken. Einige Monate später fand der Jugendclub einen neuen Bündnispartner in der Jugendpressearbeit: die «Initiative Jugendpresse e. V. (IJP)», die ihren Sitz ebenfalls im Stiftungs-Stammland Hessen hat. Im März und September 1982 veranstaltete die Stiftung zusammen mit der IJP «Seminare für Redakteure von Schüler- und Jugendzeitungen». Die Themen: «Ein Staat lebt nicht für sich allein» und «Jugend und Gott». Die guten Kontakte zu dem heute in der Unionsjugend einflußreichen Jugendpresseverband kommen nicht von ungefähr. Führende Funktionäre des Vereins für den Medien-Nachwuchs mit Sitz im noblen Königstein im Taunus kennen die Jugendarbeit '80 von innen. (Vgl. «Formulierungshilfe für Peter Boenisch».)

Aber auch wenn solche Kontakte nicht existieren, scheut sich die Gruppe um den Kasseler Reinhard Werner nicht, eine Vereinigung kurzerhand zu okkupieren. Wie dies funktioniert, beschreibt der heutige Stiftungs-Chef in einem Brief an seine 12 Bundesausschuß-Mitglieder: «(...) Wir müssen eine Lösung für die Frage finden, wie wir in Zukunft ältere Newcomer zu Tagungen einladen. Hierzu böte sich das Schild Europa-Jugend-Verband an. Außerdem sind wir sowieso für die europäische Perspektive engagiert, suchen wir außerdem Möglichkeiten, unsere Arbeit im engeren Sinne in den nächsten Jahren ins Ausland zu tragen.

Schwierig ist zur Zeit in jedem Falle aber noch die Frage, ob wir einen neuen Verband aufziehen oder geballt in einen bestehenden eintreten.»

Offiziell spielt die Junge Union das Problem Jugendarbeit bzw. «Stiftung» herunter. Doch wer bei Jungunionisten des eher liberalen Flügels nach den emsigen rechten Aktivisten fragt, stößt auf vielsagende saure Minen. Eindeutige Aussagen trifft auch CDU-Generalsekretär Heiner Geißler in einem Schreiben an den Kasseler CDU-Kreisvorsitzenden Dr. Axel Zarges: «Sehr geehrter Herr Zarges, ich lese in der Zeitung vom 7. Oktober, daß Sie gesagt haben, ich hätte auf Grund eines persönlichen Gespräches die Prüfung der ‹Stiftung politische und christliche Jugendbildung› durch die CDU Kassel nie beanstandet.

Ich kann mich nicht daran erinnern, je so etwas gesagt zu haben. Ich habe im Gegenteil Ihnen gegenüber anläßlich meiner Veranstaltung in Kassel Bedenken erhoben gegen die Arbeit von ‹Jugendarbeit '80› und ihren Nachfolgeorganisationen.

... Ich bin der Auffassung, daß die CDU auf allen Ebenen sich energisch dagegen wehren sollte, daß sich in ihren Verbänden Zirkel und Organisationen bilden, die sozusagen als Staat im Staate die innerparteiliche Demokratie zerstören.»

Dr. Zarges beherzigte die Warnung seines Generalsekretärs. Zumal Reinhard Werner den CDU-Funktionären nicht nur durch seine Stiftungsarbeit immer unangenehmer auffiel. So habe er auch «in zahlreichen Fällen durch Manipulationen versucht, Wahlen in seinem Sinne zu beeinflussen», begründete der JU-Landesvorstand ein Ausschlußverfahren gegen Werner, das ihm in erster Instanz die Aberkennung der Fähigkeit «für immer, politische Ämter auszuüben», einbrachte. Auch die CDU beschloß, Werner die Mitgliedsrechte zu entziehen – «nicht leichten Herzens», erklärte Dr. Zarges gegenüber der Presse, «da Werner ein fähiger politischer Kopf ist, doch von einer hemmungslosen Agitation besessen und dem Willen, bestimmte Ziele unter Einsatz aller, auch illegaler Mittel zu erreichen.» Werner ging vergeblich gegen die CDU vor; zuletzt bestätigte der Hessische Verwaltungsgerichtshof ihm am 2. August 1984, daß Wahlmanipulationen («so mit fingierten Wohnsitzen») «schwerwiegende Parteiverfehlungen» darstellten.

Derart in die Enge getrieben, verschaffte sich Reinhard Werner noch einen wirkungsvollen Abgang: «Rücktrittswelle in der Jungen Union» meldete die *Hessische/Niedersächsische Allgemeine* am 22. September. «Aus Protest gegen das geradezu abenteuerliche Demokratieverständnis der Kasseler CDU-Spitze ist nahezu die gesamte Führung der Jungen Union Kassel zurückgetreten: U. a. bis auf zwei Beisitzer und einen stellvertretenden Kreisvorsitzenden der ganze Kreisvorstand sowie zwei der drei Stadtteilverbandsvorsitzenden. 31 von insgesamt 44 Vorstandspositionen im Kreisverband und in den Stadtteilverbänden sind damit ... unbesetzt.»

Reinhard Werner und seine Kasseler «Jugendarbeiter» gehören nicht mehr der CDU an. Für die Partei ist damit das Problem gelöst. Liberale «Stiftungsgegner» werden es zukünftig noch schwerer haben, auf Mißstände aufmerksam zu machen. Beispielsweise in Berlin, wo es Mitarbeitern der Stiftung im Oktober 1984 gelang, die «Freie Jugendpresse Berlin» zu übernehmen – unter Ausnutzung «unkameradschaftlicher, wenn nicht gar illegaler Methoden», beklagte sich ein Mitglied schriftlich bei Reinhard Werner. Administrative Maßnahmen gegen Stiftungsmitarbeiter seien dort ebensowenig geplant wie inhaltliche Diskussionen, heißt es aus der CDU-Geschäftsstelle.

Die Konfliktbereitschaft innerhalb der Jungen Union und erst recht in der durch Regierungskrisen und Wahlniederlagen strapazierten Partei ist nicht sehr groß. Vor allem der Öffentlichkeit gegenüber wird das Problem stets heruntergespielt.

Jürgen Fuchs, der für parteiinterne Gutachten eine Dokumentation über die Werner-Vereinigung erstellte, sitzt heute als Referent im

Verein zur Förderung gesellschaftspolitischer Bildung e.V.

Darmstadt
Clemensstr. 13
Wiesbaden
Liebigstr. 7.

11. 3. 1978

Hiermit laden wir Dich persönlich zu unserem alljährlichen Führungsseminar ein, das vom 1.-7. April in Habitzheim, zwischen Darmstadt und Dieburg, in einem uns für diesen Zweck dankenswerterweise zur Verfügung gestellten Haus stattfindet.
Eine Woche lang werden wir die Gelegenheit haben, uns intensiv mit philosophischen und politisch-theoretischen Sachverhalten zu beschäftigen und das Fundament für ein erfolgreiches gemeinsames Engagement zu schaffen.
Das Seminar wird an jeden Teilnehmer geistig ebenso wie persönlich höchste Anforderungen stellen; der Ablauf wird Disziplin erfordern.
Morgens wird mit Hilfe erfahrener Referenten aus unseren eigenen Reihen die jeweilige Themenstellung intensiv vorbereitet, um das dort gesammelte Wissen dann am Nachmittag im Plenum anzureichern

Ministerium von Heiner Geißler. Er sollte seinem Chef nochmals das Fazit seines Gutachtens vorlegen: «In dem Maße, wie es Vertretern dieser Ideologie gelingt, in der Schüler Union, der Jungen Union und der CDU größeren Einfluß zu gewinnen, ihre Ideologie zu verbreiten und ihre Politik durchzusetzen, verlieren SU, JU und CDU ihren Charakter als demokratische Volksparteien der breiten Mitte und werden in rechte bis rechtsextreme Kaderorganisationen umgewandelt, deren Wählerpotential optimistisch gerechnet auf 5 bis 10 Prozent zu schätzen ist. Mit der heutigen CDU hätte eine solche Partei nichts mehr gemein.»

Reinhard Werner

3500 Kassel, den 8-6-1978
Neisseweg 4
Telefon 0561/35743

Vertraulich

Liebe Freunde, liebe Mitarbeiter !

Dieser Rundbrief geht an alle aktiven und ehemals aktiven Mitarbeiter unserer Bildungs- und Betreuungsarbeit, die wir 1974 in Hessen als "Bad Nauheimer Kreis in der Schüler-Union" begründeten, 1975 im Rahmen des "Arbeitskreises für freiheitliche Gesellschaftspolitik" (AFG) auf Berlin und Rheinland-Pfalz ausdehnten und heute unter verschiedenen Namen in bereits fünf Regionen durchführen. Beispiel für die Kontinuität unserer Arbeit ist das gesellschaftspolitische Seminar "Alsfelder Wochenende", daß wir seit 1974 ohne Unterbrechung alle sechs Wochen veranstalten.

Wir begannen damals als junge Schüler, die, von linken Lehrern herausgefordert, ihre politische Heimat in der Schüler-Union suchten, und ihre politisch-argumentative Schulung in die eigene Hand nahmen. Daß die Durchführung einer eigenen Bildungsarbeit, stellenweise gepaart mit jugendlichem Übereifer, seinerzeit zu Spannungen mit unserer Partei, der CDU, führen musste, war im Nachhinein vorauszusehen. Inzwischen haben wir längst eingesehen, daß der Bereich der politisch-sozialen Personalpolitik innerhalb der Partei allein Sache der zuständigen Gremien der Partei ist, und uns konsequent jeder Einmischung enthalten. Die CDU wiederum wurde gegenüber unserem Anliegen der gesellschaftspolitischen Bildungsarbeit und der darauf aufbauenden Gemeinschaft geistig und freundschaftlich verbundener junger Menschen toleranter.

Heute, meine Freunde, angesichts der bedrohlichen politischen Lage in Europa und der Welt, angesichts der Auseinandersetzungen an unseren Schulen und Universitäten, angesichts der Probleme, die unsere Generation in den nächsten Jahrzehnten wird lösen müssen, wissen wir, daß eine Christlich-soziale Bildungsarbeit, aufbauend auf der Realistischen Philosophie, die einzige Möglichkeit bietet, eine geistige Gegenposition zum Marxismus aufzubauen und zu vertreten. Und nur, wenn wir der Position der Unfreiheit eine Position der Freiheit entgegensetzen können, haben wir die Chance, uns eine freie und humane Gesellschaft zu erhalten.

Aus diesem Grund führt unsere Gruppe, derzeit getragen von 16-20 jährigen Schülern und Studenten, allein in diesem Jahr über 90 Wochenend- und Abendseminare durch. Hieraus hat sich ein fester, ständig erweiternder Freundeskreis gebildet, der sich auch im privaten Leben vielseitig unterstützt.

Aus diesen menschlichen Bindungen wie aus dem Wesen unserer Arbeit, die ohne Unterstützung nicht auskommen kann, ergibt sich, daß wir nach den ersten Semestern Studium und wachsenden beruflichen Belastungen nicht einfach auseinanderlaufen sollten, sondern uns als lebenslange Gemeinschaft begreifen.

«Formulierungshilfe für Peter Boenisch»

Der Kampf um den jungen Medien-Nachwuchs

Peter Ahrens*, Regensburger Student im zweiten Physik-Semester, fühlt sich nicht ganz wohl unter den über 100 Gleichaltrigen: «Ich dachte schon, hier gibt's keine normale Leut mehr. Als ich eben mit denen hier reden wollte, da wurde ich von allen gesiezt. Die siezen sich auch untereinander.» So mancher, der hierherkommt, hat das Gefühl des Auserwähltseins. Immerhin sind sie, Studenten und Schüler im Alter zwischen 17 und 27 aus Bayern, von der CSU-nahen Hanns-Seidel-Stiftung (HSS) in den Festsaal des bayerischen Wirtschaftsministeriums eingeladen worden. Sie sind Besucher der «Fachtagung für Studenten und Nachwuchsjournalisten». Thema der zweitägigen Veranstaltung: «Neue Technologien – Herausforderung für Studium und Arbeitswelt». Für viele der jungen Teilnehmer ist klar: Hier geht es um ihre berufliche Zukunft, hier wird auch über ihre Ausbildungs- und Berufschancen geredet.

«Wir wollen unsere Leute in den Medien unterbringen.» Das ist das erklärte Ziel der Hanns-Seidel-Stiftung, wie es ihr eifriger Pressesprecher Hans-Peter Niedermeier formulierte. Er gründete dafür eigens einen «Gesprächskreis junger Publizisten» und veranstaltet nun schon seit drei Jahren Informationstagungen mit dem journalistischen Nachwuchs. In seiner Partei wird Niedermeiers erfolgreiches Programm gern gesehen. Denn die verlorene Bundestagswahl 1980 forcierte das Nachdenken der konservativen Parteistrategen über die Rolle der Massenmedien.

Edmund Stoiber, damals CSU-Generalsekretär, beschrieb in einem Brief an die Orts-, Kreis- und Bezirksvorsitzenden seiner Partei die neue Linie: «Die CSU-Führungsgremien haben beschlossen, der Medienpolitik in Zukunft einen besonderen Schwerpunkt zu widmen.

* (Name von der Red. geändert)

Dies ist eine der Konsequenzen aus den Erfahrungen des zurückliegenden Bundestagswahlkampfes, denn noch nie wurde ein Wahlkampf in derartigem Umfange über die Medien ausgetragen und durch sie beeinflußt.» Stoibers Strategie für die nächsten Jahre: «Wir werden ein eigenes Programm zur Förderung des Mediennachwuchses aufbauen.»

Ergebnis dieser Bemühungen ist die Bildungsarbeit der Hanns-Seidel-Stiftung. Sie veranstaltet nicht nur sehr erfolgreich Informationstagungen und Gesprächskreise. Den jungen Redakteuren von Jugend- und Schülerzeitungen schickt Pressereferent Hans-Peter Niedermeier auch regelmäßig einen Informations- und Artikeldienst, aus dem sie Beiträge aus den Federn von CSU-Mitarbeitern gleich für ihre Magazine übernehmen können. «Vervielfältigung erlaubt», heißt es dort ermunternd. Der Informationsdienst «Die Werkstatt» liefert wichtige Termine der CSU und der Hanns-Seidel-Stiftung inklusive Einladungskarten zum Ausschneiden gleich in die Redaktionsstuben der Jugendlichen. Auflage: 4500 Exemplare.

Frühere Mitglieder der Redaktion haben es mittlerweile schon zu höheren Ämtern in der Jungen Union und der Partei gebracht, so zum Beispiel der bayerische Jungunionist Josef «Beppo» Nachmann, der nun im Bundesvorstand der Jungen Union als einer der beiden Stellvertreter des konservativ-liberalen Vorsitzenden Christoph Böhr dafür sorgt, daß die Positionen der bayerischen Unionsschwester in Bonn nicht in Vergessenheit geraten. Oder Rolf Bovier, dessen Parteikarriere in Hessen ebenso geradlinig verläuft. Er gilt bei der CDU als Medienexperte und ist Mitarbeiter beim Bayerischen Rundfunk. Für Walter Wallmann, Frankfurts Oberbürgermeister, schreibt er obendrein noch Reden.

Doch mit Seminaren und Informationsmaterialien ist das Engagement des HSS-Pressereferenten noch nicht erschöpft. Wer nach einem journalistischen Arbeitsplatz sucht, kann getrost seine Bewerbungsunterlagen in Kopie an die Stiftung schicken. Ihr Pressereferent ist offen für solche Ansinnen.

Hans-Peter Niedermeier, gleichzeitig stellvertretender Landesvorsitzender der bayerischen Jungen Union, will auch aufräumen mit den liberalen Jugendprogrammen in Hörfunk und Fernsehen. Sein Kommentar in der CSU-Wochenzeitung *Bayernkurier* über die WDR-Jugendsendung «Alles klar?»: «Kommunisten, Anarchisten, Schwule, Lesben erhalten hier das Wort. Es ist eine Art Einstiegsveranstaltung zur Subkultur.» Wenn es nach Niedermeier ginge, soll mit solchen Abartigkeiten nun aufgeräumt werden. «Wir müssen darauf achten», schrieb er in der CSU-Postille, «daß das vorhandene Zerrbild der Jugend in unseren Medien wieder in realistischer Weise verändert wird. Schließlich will der große Teil der Jugendlichen in der Bundesrepublik dem Staate dienen, eine Arbeitsleistung erbringen und eine Familie gründen, seinen Wohlstand selbst verdienen. Wir dürfen es nicht weiter zulassen, daß diese Mehrheit unter den Jugendlichen zugunsten politisch gesteuerter Krawallmacher und Chaoten medienwirksam in die Ecke gedrängt wird.»

«Aus der Sicht der Wirtschaft ...»

Ganz im Sinne von Niedermeiers Wunschbild einer «positiven Jugend», die nicht mehr protestierend durch die Straßen zieht, geben sich seine jungen Gäste bei der Seidel-Stiftung. Die Pausengespräche der Tagungsteilnehmer drehen sich in der mit Referaten und Vorführungen vollgestopften Veranstaltung fast nur um eins: Jobs, Praktika, Hospitanzen, Studium, Aufbaustudium, Zusatzqualifikation, Beruf, Auslandsstudium usw. Sie haben die Hoffnung, an diesem sonnigen Wochenende in München, während ihre Freunde sich ins Schwimmbad legen, mehr über ihre Zukunftschancen zu erfahren. Vielleicht nährt auch der Veranstalter diese Hoffnung. Die Stiftung ist sicherlich ein guter Ansprechpartner. Noch dazu, wenn zu der Tagung die Siemens AG und das bayerische Staatsministerium für Wirtschaft und Verkehr einlädt.

Immerhin stehen illustre Namen auf der Einladung: ein Ministerialrat und ein Ministerialdirektor, der Leiter einer Forschungsabteilung, ein Kabelfernsehen-Geschäftsführer, der dpa-Geschäftsführer. Ein Empfang wird gegeben, die Mahlzeiten und das Hotel in Schwabing sind frei. Sogar die Fahrtkosten bezahlt die Hanns-Seidel-Stiftung (oder die Siemens AG?).

Heiner Geißler hätte seine Freude an den über 100 jungen Leuten. Hier fällt niemand durch alternative Lebenskultur, freakige Kleidung und flapsiges Verhalten auf. Protest wird nicht geäußert – weder verbal noch durch andere Ausdrucksformen. Den Referenten macht das sichtlich Spaß.

Den Anfang macht Dr. Wolfgang Henning, Referent für Öffentlichkeitsarbeit der Siemens AG im Unternehmensbereich Bauelemente. Erst zeigt er einen Propagandafilm seines Unternehmens über den «Pulsschlag des Mikroprozessors». Die Leistungen des Mammutkonzerns werden kräftig gewürdigt: «Wir haben die schnellsten Speicher.»

Die Luster werden abgedunkelt, die Regie senkt die Verdunklungsrollos an den riesigen Fenstern, am Overhead-Projektor wird jetzt der «elektronische Managerarbeitsplatz» vorgestellt.

«Nehmen Sie sich das Büro der 80er Jahre, und schauen Sie sich den Manager an!» Ein Streifzug durch die heile Computerwelt der Zukunft: Der Manager schreibt mit dem «elektronischen Griffel» auf das «elektronische Menutableau» oder auf das «Grafiktablett». Vom Schreibtisch ist keine Rede mehr. Ganz so, wie es der Berliner Technologieforscher Prof. Axel Zerdick prophezeit, wird die politische Durchsetzung der neuen Technologien hier propagandistisch vorbereitet. Die neuen Kommunikationstechniken werden zuerst in den angesehenen Berufen, an den angenehmen Arbeitsplätzen durchgesetzt: bei Managern, bei Journalisten, bei Ingenieuren. Die Folgen für den Arbeitsplatz des einfachen Arbeiters werden nicht berücksichtigt.

Dr. Joachim Kormann, Ministerialrat im Wirtschaftsministerium, wird in seiner Ansprache offensiver. Er will seine «Wünsche an Sie als jetzige und zukünftige Meinungsbildner» loswerden: «Keine Maschinenstürmerei, keinen Zukunftspessimismus, die Zukunftschancen aktiv unterstützen! Bleiben Sie selbst immer bereit, etwas dazuzulernen!»

Auch die «Auswirkungen der Mikroprozessortechnik auf Arbeitswelt und Arbeitsinhalte» werden diskutiert. Natürlich von einem Unternehmervertreter: Dr. Ernst Hofmeister, Leiter der Forschungs- und Entwicklungskoordinierung im Siemens-Unternehmensbereich Bauelemente.

Ganz «objektiv» stellt er die Arbeitgeberposition vor. Der Angst vor den neuen Technologien müsse begegnet werden. Aber nicht die Technik sei schuld an den negativen Folgen, das sei die Sache des politischen Systems. Und in einer «pluralistischen demokratischen Gesellschaft» läßt sich das alles ja regeln. Viele der Aversionen der Bürger rühren nur von «dem schlechten Gebrauch der Datentechnik» her. Das sind noch die «Kinderkrankheiten». «Das kann man ja ganz vernünftig machen» – nur «die unvernünftigen Forderungen der Gewerkschaften» sind nicht realisierbar.

Die neue Computerwelt muß auch mit neuen Wörtern propagiert werden. Der Zeichner wird zum «Designer am elektronischen Terminal». Die Heimarbeit wird zur harmlosen «Telearbeit», fast wie die Entspannung vor dem Fernseher. «Dezentralisierung» heißt das Stichwort für die kostensparende Verschiebung der Arbeitsplätze in die Wohnungen der Arbeiter.

Danach können sich die Teilnehmer die «Bauelemente»-Produktion im Münchener Siemens-Werk selbst anschauen.

In den Brainstorming- und Entwicklungslabors des Konzerns sieht die Situation am Arbeitsplatz jedoch anders aus, als es die Propagandisten der neuen Technologien wahrmachen wollen. Die jungen Besucher sehen in einem Testlabor zum Beispiel Frauen bei stupiden und monotonen Kontrollarbeiten an den Mikrochips. Die glücklichen Gesichter, wie sie zuvor bei der Ton-Dia-Show gezeigt wurden, sind offenbar bei Siemens noch keine Realität.

Als ein Teilnehmer bei einer kurzen Fragestunde nach der Besichtigung diesen Widerspruch nur vorsichtig, aber etwas ironisch andeutet, erntet er eine harte Kritik der Siemens-Leute. Väterlich und oberlehrerhaft korrigiert PR-Referent Wolfgang Henning den jungen Fragesteller: «Warum denn gleich so emotional, junger Mann?» Henning erzählt lieber technische Details über die Winzigkeit und Zuverlässigkeit der Siemens-Chips. Oder auch mal die Unwahrheit: «Die staatlichen Subventionen spielen in der Gewichtung keine Rolle.» Die Realität sieht bei dem steinreichen Konzern ganz anders aus. Die Aktiengesellschaft hat in den letzten zehn Jahren per Saldo nicht einen Pfennig Steuern bezahlt. Allein aus dem Forschungsministerium erhielt der Elektronikkonzern in den Jahren 1973 bis einschließlich 1982 Subventionen in Höhe von 4,2 Milliarden Mark. Damit hat Siemens ein Viertel aller an Unternehmen vergebenen Staatszuschüsse für die Entwicklung neuer Technologien eingestrichen. Im gleichen Zeitraum wurden jedoch nur 4,85 Milliarden Mark an Steuern vom Einkommen, Ertrag und Vermögen abgeführt. Zählt man nun noch die zahlreichen Subventionen und Förderungen hinzu, die der Konzern aus anderen staatlichen Quellen erhalten hat, dann wird die verbleibende Differenzsumme von 650 Millionen Mark mehr als aufgewogen.

Nach der Siemens-Besichtigung geht's wieder in das Ministerium. Einige junge Damen haben sich noch schnell fein zurechtgemacht und ein neues Kleid angezogen, bevor es an das kalte Buffet geht. Danach stehen die Diskos und Kneipen in Schwabing auf dem Programm. Auf die Betreuung der Gruppe wird jetzt nicht mehr geachtet. Der eine oder andere hat erkennbar Schwierigkeiten, «Anschluß» zu finden.

Am Sonntagvormittag geht es um die Medien. «Aus der Perspektive der Wirtschaft» erläutert ein «Referent für Innovationsforschung» aus dem industrienahen Ifo-Institut die Strategien der bundesdeutschen Wirtschaft. Jürgen Doetz berichtet aus der «Sicht der Journalisten» über das Kabelfernsehpilotprojekt Ludwigshafen. Dabei fällt es ihm leicht, sich von den Positionen der Journalistenverbände zu den neuen Medien zu distanzieren. Schließlich ist er auch kein normaler Journalist mehr, sondern Geschäftsführer der privaten «Programmgesellschaft für Kabel- und Satellitenrundfunk mbH (PKS)». Vorher war er unter anderem fünf Jahre lang Chefredakteur der JU-Funktionärszeitschrift *Die Entscheidung*. Doch als Fragen nach neuen Arbeitsplätzen für studentische Praktikanten und Volontariate beim Kabelpilotprojekt in Ludwigshafen kommen, werden seine Antworten deutlich unkonkret. Da kann er offenbar nicht so viel bieten, wie sonst von den neuen Medien versprochen wird.

Thilo Pohlert, Geschäftsführer der Deutschen Presseagentur (dpa), lockert wieder etwas auf mit einem Werbefilm seiner Agentur. Wieder geht es um die Einsatzmöglichkeiten der neuen Technologien im Medienbereich. Manchmal geht dem dpa-Manager, einem gern gesehenen Gast bei Veranstaltungen der Hanns-Seidel-Stiftung, der Eifer durch. Als er von der «unzertrennlichen Freundschaft zwischen Gerät und Redakteur» in den Redaktionsräumen der Nachrichtenagentur schwärmt, kommt selbst bei den braven Jugendlichen leichtes Schmunzeln auf. Aber sein Fazit wird mit echtem Applaus quittiert: «Die Elektronik vernichtet keine Arbeitsplätze. Das ist Polemik. Sie macht schwere Arbeit leichter – zum Wohle der ganzen Gesellschaft.»

Tagungsleiter Ditmar Görgmaier aus dem Wirtschaftsministerium richtet zum Schluß der Wochenendveranstaltung einen Appell an die «Nachwuchsjournalisten und Studenten»: «Es hat keinen Sinn, den Kopf in den Sand zu stecken. Es gibt keinen Grund zur Mutlosigkeit, es gibt immer noch genug Arbeitschancen in den Verbänden, in den Medien, im kulturellen Bereich. Es gibt noch ungeahnte Möglichkeiten von neu zu schaffenden Arbeitsplätzen. Machen Sie einen EDV-Kurs! Nützen Sie die Chancen!» ‹No future› ist bei dem Ministerialen Görgmaier nicht angesagt. Um das «Miteinander von Jugend und Wirtschaft zu bewahren», müssen neue Tugenden her: «Flexibilität, Lernfähigkeit, Mobilität, Leistungsbereitschaft».

Die Nachwuchslieferanten

Zwei Tagungsteilnehmer sind etwas Besonderes. An den Revers ihrer dezent blauen Jacketts tragen die jungen Herren ganz professionell Namensschilder mit der Aufschrift «Dachverband der Jugendpresse – Bundesring deutscher Nachwuchsjournalisten – DdJ».

Aufnahmeanträge für ihre Organisation und die Mitgliederzeitschrift *Jugendpresse-Forum, Magazin für Nachwuchsjournalisten* wurden von der Hanns-Seidel-Stiftung zum Mitnehmen auf den Infotischen ausgelegt.

Das freundschaftliche Verhältnis zu den Jugendfunktionären des DdJ kommt nicht von ungefähr. Einen ersten Hinweis gibt schon das Papier zur Selbstdarstellung des Verbandes, das von der CSU-nahen Stiftung verteilt wurde: «Der Dachverband der Jugendpresse bejaht eine der freiheitlichen Ordnung der Bundesrepublik entsprechende Medienpolitik.» Dahinter steckt mehr, als die vorsichtige Formulierung vermuten läßt.

Der «Dachverband der Jugendpresse» ist eine der beiden wichtigsten Jugendorganisationen zur Rekrutierung des konservativen Mediennachwuchses. Sein politisches Spektrum reicht weit nach rechts. Die Organisation der «Nachwuchsjournalisten» wirbt nicht nur für die Informationsdienste und Seminare der Hanns-Seidel-Stiftung, auch die deutschnationale «Konservative Aktion» von Ludek Pachman und Gerhard Löwenthal darf im *Jugendpresse-Forum* werben. Vorgestellt werden auch Seminare, die der DdJ zusammen mit dem «Bund der Vertriebenen» zum Thema «Mitteldeutschland» veranstaltet. Kurzum: Alles, was sich im konservativen Spektrum in den unterschiedlichsten Sammelbecken organisiert hat, ob als politische Organisation oder als Vereinigung im Kultur- oder Medienbereich, wird von dem konservativen Jugendpresse-Dachverband bejubelt.

Doch wer steckt dahinter? Wer finanziert die Nachwuchsarbeit der Jugendorganisation? Wer sind die Aktivisten?

Es begann mit bayerischen Querelen

Am Anfang stand der Versuch der Schüler Union, den Landesverband der «Deutschen Jugendpresse», die «Junge Presse Bayern» (JPB), zu majorisieren. In der «Deutschen Jugendpresse» haben sich als Selbstorganisation von 3000 Jugend- und Schülerzeitschriften Redakteure aus unterschiedlichen politischen Richtungen zusammengetan. Nicht zuletzt wegen der kritischen Grundhaltung der meisten parteiunabhängigen Schülerzeitschriften waren die Vorstände dieser Interessenvertretung von linken Kräften dominiert. Das war der Unionsjugend, die sich in der Jugendpresse aktiv betätigte, ein Dorn im Auge. Jahrelang versuchte die Schüler Union in Bayern, die Junge Presse in ihre Hand zu bekommen. Jedoch nur einmal gelang es ihr tatsächlich, den Landesvorstand zu übernehmen, wenngleich auch mit merkwürdigen Methoden. Der ehemalige Landesvorsitzende der JPB, Wolfgang Taubert, beschreibt die Vorgehensweise der jungen Konservativen: «1973 karrte die Schüler Union einen ganzen Bus voller frischgebackener JPBler zur Jahreshauptversammlung nach Augsburg, krempelte die Tagesordnung um, verlegte die Neuwahlen von Sonntag auf Freitag und ernannte zwei Vertreter von Junger Union bzw. Schüler Union zum ersten und zweiten Landesvorsitzenden. Nach getaner Arbeit zog man dann am selben Abend wieder ab.»

Ein von der Schüler Union geworbenes Mitglied schrieb 1976 an den Landesvorstand, weil es seine Mitgliedsbeiträge nicht zahlen wollte: «Die JU erledigte alle Formalitäten und zahlte den Beitrag.» Die Gründe, weshalb das JPB-Mitglied nicht zahlen wollte: «1. Ich war nie bei einer Schülerzeitung; 2. Meine Mitgliedschaft war nur für diese Wahl gedacht; 3. Ich war nicht volljährig, als ich den Beitritt unterschrieb.»

Doch die Hauruckmethoden der bayerischen Schüler-Unionisten hatten keinen langfristigen Erfolg. Frustriert zogen sie sich aus der Arbeit in dem demokratischen Jugendpresseverband zurück. Hermann Huber, Landesvorsitzender der Schüler Union, gründete deshalb Ende 1975 einen Konkurrenzverband, die «Freie Jugendpresse Bayern». Sie sollte das Initial für eine jahrelange Rangelei konservativer Jugendpresse-Funktionäre um Vereine, Posten, Geld und Parteieinfluß werden.

Unterstützung fand Hermann Huber bei dem Freien Deutschen Autorenverband (FDA). Das Mäzenatentum durch den rechtskonservativen Schriftstellerverband ist nicht ganz zufällig. Seine Geschichte ähnelt der des Jugendpresseverbandes, der sich ebenso «frei» nennt. 1973 wurde der FDA nämlich als Reaktion rechter Autoren auf die Empfehlung des Verbandes deutscher Schriftsteller gegründet, sich der IG Druck und Papier im DGB anzuschließen.

Eine erste FDA-Finanzspritze in Höhe von 10000 Mark sollte dem neugegründeten Jugendpresseverein den Aufbau der Organisation erleichtern.

Ihrer Arbeit konnten sie zunächst auch in den Büroräumen der FDA nachgehen. Als Telefonanschluß der Freien Jugendpresse

(FJP) gab ihr erster Landesvorsitzender aber schon eine feinere Adresse an: eine Durchwahlnummer der CSU-Landesleitung.

Derart finanziell gefördert, konnte die FJP zwei Jahre später den Sprung zum Bundesverband wagen. Doch die Lebensdauer der bundesweit organisierten Freien Jugendpresse betrug nur zwei Jahre. Am Ende mußte der noch junge Verband mit einem Riesenkrach aufgeben. Im Herbst 1979 meldete die FJP mit über 100000 Mark Schulden Konkurs an. Eine angebliche Volontariatsvermittlung für Mitglieder mit Ausbildungsplätzen in Presse, Funk und Fernsehen und ein Songwettbewerb mit großen Preisen erwiesen sich als leere Versprechungen. In einem Papier, das während der Delegiertenversammlung 1979 in Frankfurt kursierte, wurde berichtet, Vorsitzender Hermann Huber habe von einem Konto bei der Deutschen Bank in München, Zweigstelle Nymphenburger Straße, im Namen der FJP fast täglich (bis zu zweimal am Tag) dreistellige Beträge abgehoben. Auch bei den Vorstandssitzungen ließen sich die FJP-Funktionäre nicht lumpen. In Bad Kissingen stiegen sie im teuersten Hotel ab, 114 Mark wurden für eine Übernachtung hingeblättert. In der Münchener Nobelherberge «Vier Jahreszeiten» ließen sich die jungen Nachwuchskräfte ebenfalls beköstigen. Mit dabei im Bundesvorstand der Pleite-Organisation war auch Franz-Georg Strauß, Sohn des Ministerpräsidenten. Er kümmerte sich um die Gestaltung des Informationsdienstes *Impulse*.

Neuer Name – alte Gesichter

Doch der Konkurs und der politische Skandal um die Freie Jugendpresse hinderte den nordrhein-westfälischen Landesverband nicht, im Juni 1981 einen neuen Bundesverband zu gründen. Eben unter neuem Namen: «Dachverband der Jugendpresse – Bundesring deutscher Nachwuchsjournalisten». Die personelle Kontinuität blieb gewahrt. Neuer Vorsitzender des Dachverbandes wurde Martin Lessenthin, der schon länger das Amt des FJP-Vorsitzenden Nordrhein-Westfalen innehatte. Er ist bis heute noch Chef seiner Organisation. Als seine Stellvertreter traten in dem wieder neu gegründeten Jugendpresseverband Michael Bigos und Claus Gruner auf. Michael Bigos war vorher Geschäftsführer der FJP Nordrhein-Westfalen, Claus Gruner gehörte dem hessischen FJP-Landesverband an und gehörte zu den führenden «Mitarbeitern» der «Jugendarbeit '80». Als Beisitzer im Bundesvorstand auch schon dabei war Andreas Domeyer von der früheren FJP Berlin. Er war bis Juni 1984 stellvertretender Vorsitzender des DdJ, wurde dann aber auf Grund seiner Kritik an der Amtsführung des Vorsitzenden Lessenthin aus dem Bundesvorstand «entfernt» (vgl. das Interview mit ihm). Bis heute gab es nur wenige Veränderungen in der Führungsspitze des «Dachverbandes der Jugendpresse». Doch für viele junge und engagierte Schülerzeitungsredakteure wurde der vielköpfige Vorstand zum personellen Durchlauferhitzer. Ihr Vorsitzender Lessenthin gilt im Verband als «Zentralist», der wenig Interesse an der politischen Eigenständigkeit von einzelnen Landesverbänden zeige. Er strebt den «Ausbau des DdJ zu *dem* Jugendmedienverbund» an, wie es in einem Bericht der DdJ-Zeitschrift *Jugendpresse-Forum* über die Bundesdelegiertenkonferenz im Juni 1984 hieß. So beschwerten sich die Landesverbände darüber, daß sie zu hohe Mitgliedsbeiträge an den Dachverband abführen mußten. Der Berliner Landesvorsitzende Thomas Nicklas berichtet, daß «sämtliche Verlagsarbeiten von dem Koloss-Verlag erledigt werden».

Mit der Firma Koloss wird die DdJ-Story erst richtig interessant. Genauer handelt es sich um die «Koloss GmbH & Co. KG» und deren Komplementärin «Koloss Werbe- und Verlagsgesellschaft mbH» in Herne 2 bzw. Wanne-Eickel. Prokurist von Koloss ist ein gewisser Martin Lessenthin. Und der Geschäftsführer der PR-Agentur ist auch ein alter Bekannter: Rolf Schneider. Lessenthins Mitgesellschafter an der jungen Agentur ist ein Aktivist aus alten FJP-Zeiten. Noch im Frühjahr 1980, vier Monate nach dem Konkurs des Verbandes, verschickte er als «Bundesjustitiar der Freien Jugend Presse» Dementis.

In der Branche wirbt Koloss als «Spezialist für Werbung im Medium Jugendpresse». Dabei werden auch schon mal geschäftsübliche Regeln über Bord geworfen. Den Kunden aus der werbenden Wirtschaft bietet die Agentur ihre Kontakte in der Jugendpresse-Szene an. Alle geschäftlichen Aktivitäten von Koloss finden ohne Kontrolle durch den Dachverband statt. Darin sieht Lessenthin kein Problem: «Wer will, kann das doch machen. Ist doch schön, besser als Herumlungern in der Disko.» Zumindest bringt es mehr Geld als Diskobesuche. Besonders hilfreich in der Unternehmenskonzeption der Koloss-Agentur ist natürlich das umfangreiche Adressenmaterial aus dem Jugendpressebereich. Dieses «Kapital» wird in der Branche weithin anerkannt, ist es doch bei stets fluktuierenden Schülerzeitungsnamen und -Adressen nicht so leicht, an zuverlässige Dateien heranzukommen. Doch nicht immer werden die werbenden Kunden zufriedenstellend bedient. So sind Anzeigenkunden Belege geliefert worden, deren Herkunft aus der Jugendpresse zweifelhaft sind. Die Jugendzeitung *Pro und Contra* beispielsweise erscheint angeblich «alle zwei Monate in Bochum und Umgebung». Gedruckt wurde das DIN-A 5-Blättchen in der Druckerei «Hötzel GmbH» in Stadtlohn, deren Mitgesellschafter wiederum Koloss-Geschäftsführer Schneider ist. Als presserechtlich Verantwortliche von *Pro und Contra* zeichnet eine Jura-Studentin, die wider ihren Willen und ohne ihre Kenntnis ins Blatt gekommen ist. Mit der redaktionellen Betreuung der «Zeitschrift» hatte sie nichts zu tun. Das 16seitige Blatt besteht fast ausschließlich aus Anzeigentexten und aus Texten einer Artikelmappe «Gebäck», die von der Werbeagentur Koloss als Auftragsarbeit für die Hamburger «Idee Public Relations IPR» erstellt wurde. Auch die IPR brauchte schließlich für ihren Auftraggeber, den Verband der deutschen Backwarenindustrie, Belege von Schülerzeitschriften, die ihre PR-Texte nachgedruckt haben. Inhaltsgleich mit der Zeitschrift *Pro und Contra* erschien *Der heiße Draht* – mit denselben Texten, mit denselben Anzeigen. Lediglich der Titel und das Impressum wurden geändert. Als Herausgeber trat dort Hans-Jürgen Leersch auf, ein Münsteraner Tageszeitungsjournalist, der heute Ehrenratsvorsitzender des DdJ ist.

Auch in anderen Zeitschriften wurden im Impressum Mitarbeiter von Koloss oder des DdJ genannt. Selbst eine Studentin, die ihr Geld als Putz- und Schreibhilfe bei der Agentur verdiente, wurde als Redakteurin einer Schülerzeitschrift aufgeführt. Als Herausgeber weiterer Blätter traten Inhaber der «Werbe- und Verlagsgesellschaft b. R. Titan» auf, als deren Arbeitsfeld «Jugendkommunikation» gilt. Die Konzeption von Titan ist bis auf die Schrifttypen an Koloss angelehnt. Hinter Titan stehen zwei DdJ-Aktivisten und Lessenthin-Freunde: Detlef Wenzlik und Andreas Rediger.

Horrorpropaganda über die «Rotgrünen»

In *Pro und Contra* und *Der heiße Draht*, aber auch in den letzten Publikationen des DdJ sticht eine Anzeige des «Bonner Friedensforums» (BOFF) ganz besonders ins Auge. Geworben wird in dem Inserat der Bonner Aktivisten für einen Schreibwettbewerb «Der beste Text zur NATO». Das BOFF beliefert die Junge Union, aber auch weiter rechts stehende Gruppen, mit besonders aggressivem Propagandamaterial: Plakate, Schriften, Aufkleber usw. Ihnen geht es hauptsächlich um die «deutsche Frage» und um die Propagandaarbeit gegen die «von Moskau ferngesteuerte» Friedensbewegung. Mitglieder des Bonner Friedensforums kommen ebenfalls aus dem DdJ.

Neuerdings inseriert auch die Konservative Aktion im «Jugendpresse-Forum» des DdJ. Klaus Veuskens, zweiter Stellvertreter von Lessenthin, erzählt gerne, daß die Mitgliederzeitschrift mit der KA-Anzeige ein gutes finanzielles Polster erhalten hat. So durfte die Konservative Aktion in der Juniausgabe des «Magazins für Nachwuchsjournalisten» ganzseitig für «das Lied der Deutschen» werben:

> «Deutschland, Deutschland über alles,
> Über alles in der Welt,
> Wenn es stets zu Schutz und Trutze
> Brüderlich zusammenhält,
> Von der Maas bis an die Memel,
> Von der Etsch bis an den Belt ...»

Klaus Veuskens machte schon in der Jungen Union Hildesheim von sich reden, als er zum Bundestagswahlkampf im Januar 1983 ein Flugblatt verteilte, das an Radikalität kaum noch zu überbieten war. Der CDU-Stadtverband Hildesheim sah sich gezwungen, sich «in aller Entschiedenheit» von dem Pamphlet der beiden JU-Vorstandsmitglieder Petra Daniels und Klaus Veuskens zu distanzieren. Unter dem Titel «Nie wieder 30. Jan. 1933» rückten die beiden JU-Funktionäre ihre politischen Gegner auf der Linken in die Nähe der Faschisten: «Ähnelt nicht der Haß, mit dem viele Rotgrünen, die zu feige und zu faul sind, sich in unserer Marktwirtschaft zu bewähren, und statt dessen an die Pensionskassen des von den Fleißigen bezahlten Staates drängen, ähnelt nicht ihr Haß auf die Erfolgreichen den nationalsozialistischen Komplexen gegenüber den offen überlegenen Juden?

Und wenn dann – etwa nach einem rotgrünen Wahlerfolg mit verheerenden planbürokratischen Eingriffen in die Wirtschaft – Zahl und Elend der Arbeitslosen weitersteigen, wenn dann ein dämonisch wirksamer Demagoge aus der rotgrünen Flut heraussteigt – ist dann wirklich keine Wiederholung des 30. Januar 1933 zu befürchten? Wohl nicht umsonst ergeben Rot und Grün auf der Mischpalette Braun!»

Doch selbst die harte Kritik seiner eigenen Partei und die eindeutigen Kommentare in der *Hildesheimer Allgemeinen Zeitung* konnten den forschen Jungunionisten Veuskens nicht zum Nachdenken bewegen. In einer Erklärung gegenüber der Lokalpresse bekräftigte er noch einmal seinen Standpunkt: «Wir verstehen unter ‹Rot-Grünen› ausschließlich jene marxistischen und neomarxistischen Kräfte, die

NIE WIEDER 30. Jan. 1933!

Zum 50. Mal jährt sich der Tag, an dem skrupellose Vereinfachung, dreiste Lüge, verbrecherische Diskriminierung die Macht in Deutschland übernahmen.
Der Jahrestag ist Mahnung zum Nachdenken, verpflichtet uns Jüngere nicht so sehr, den beteiligten Generationen für Ihr blindes Mitmachen, Dulden Vorwürfe zu machen, sondern mahnt uns vor allem, in dem Deutschland von heute jeden Anfängen einer Parallele zu 1933 wachsam entgegenzutreten.

Es ist nicht hinzunehmen, Millionen Gastarbeiter erst in unser Land, das vielfach eben mittlerweile auch ihr Land geworden ist, zu holen, damit sie die Arbeit machten, für die wir zu fein waren, um sie heute zu diskriminieren und aus dem Lande zu jagen. Ähneln nicht viele der gräßlichen Türken-Witze den Juden-Witzen zu Anfang des Jahrhunderts? Müssen wir nicht gemeinsam gegen jede mögliche Wiedergeburt des Rechtsradikalismus kämpfen?
Ähnelt nicht der Haß, mit dem viele Rotgrünen, die zu feige und zu faul sind, sich in unserer Marktwirtschaft zu bewähren und statt dessen an die Pensionskassen des von den Fleißigen bezahlten Staates drängen, ähnelt nicht ihr Haß auf die Erfolgreichen den nationalsozialistischen Komplexen gegenüber den offen überlegenden Juden?

Und wenn dann - etwa nach einem rotgrünen Wahlerfolg mit verheerenden planbürokratischen Eingriffen in die Wirtschaft - Zahl und Elend der Arbeitslosen weitersteigen, wenn dann ein dämonisch wirksamer Demagoge aus der rotgrünen Flut heraussteigt - ist dann wirklich keine Wiederholung des 3o. Januar 1933 zu befürchten? Wohl nicht umsonst ergeben Rot und Grün auf der Mischpalette Braun!

Achten wir gemeinsam auf die, welche alles von dem Staat - genauer: von den fleißigen Steuerzahlern - fordern und Ihm und uns statt Dank nur Haß entgegenbringen. Entdecken wir doch die, welche zu faul und zu feige sind, auch nur das Risiko eines Bauchladens an der Ecke einzugehen, und statt dessen von einem prächtigen Funktionärsdasein etwa in den Ostberliner Bonzenburgen auf dem Rücken der Werktätigen träumen. Entlarven wir den rotrünen Haß auf die Leistung unserer Volkswirtschaft als eine schwere Bedrohung unserer freiheitlichen Zukunft.

Helfen Sie mit, unsere Freiheit, unsere freiheitliche Wirtschaftsordnung gegen rotgrünen und braunen Ansturm zu verteidigen! Helfen Sie mit, schon die Voraussetzungen einer Wiederholung des 3o. Januar 1933 zu erkennen und zu vermeiden!

junge union

unter dem Deckmantel grüner Organisationen oder unter Ausnutzung idealistischer Anliegen oder offen in kommunistischen Splitterparteien oder verdeckt im linken Flügel der SPD gewollt oder ungewollt das Ziel haben, unsere Demokratie zu zerstören.»

Dieser Skandal hinderte die Funktionäre des Dachverbandes der Jugendpresse jedoch nicht, den radikalen JUler Veuskens in die Führungsleitung ihrer Organisation aufsteigen zu lassen.

Wie entschlossen der konservative Jugendpresseverband mit dem politischen Gegner umgeht, zeigt eine interne Studie aus Kreisen der Jungen Union. In der detaillierten und kenntnisreichen Dokumentation wird über die Aktivitäten des Verbandes berichtet: «Gegen die Stimmen der restlichen Landesverbände wurde Bernd Krekeler auf der letzten Führungssitzung in Mannheim zum Leiter des Bonner Büros und Koordinator der Kampagnen gegen konkurrierende Presseverbände bestimmt.» Krekeler ist Mitarbeiter des CDU-Bundestagsabgeordneten Engelbert Nelle (Gifhorn-Peine). Neuerdings ist der Jura-Student zum Geschäftsführer des DdJ aufgestiegen. Seit der Übernahme der Regierungsmacht in Bonn benötigt der konservative Jugendpresseverband auch eine Lobby in der Bundeshauptstadt. Wo früher wenig zu holen war, rechnet er sich nun Chancen auf staatliche Unterstützung aus. Dazu ist es recht praktisch, einen Kontaktmann in Bonn zu haben – ausgestattet mit einem Diensttelefon des Bundestages.

Peter Boenisch läßt grüßen

Doch da gibt es noch ein Problem: Neben der «Deutschen Jugendpresse e. V.» gibt es noch die «Initiative Jugendpresse e. V. (IJP)» als Konkurrenten. Die IJP macht sich die Arbeit leichter. Der Verein, nur aus 30 handverlesenen Mitgliedern und einem sechsköpfigen Vorstand bestehend, ist ebenfalls eindeutig in der Hand der Unionsjugend. Frank-Dieter Freiling (21), IJP-Gründer und Vorsitzender aus Königstein im Taunus, möchte seine konservative Karriere nicht unnötig durch große Wahlen und Mitgliederversammlungen aufhalten. Die «Dreckarbeit» – Interessenvertretung, Schulungsarbeit, Service-Leistungen für Schülerredaktionen – interessiert ihn nicht. Ausschließliche Zielsetzung seines «Gemeinnützigen Vereins zur Kommunikationsförderung» ist es, Tagungen, Informationsveranstaltungen und Seminare für Redakteure jugendeigener Zeitschriften zu organisieren. Frank-Dieter Freiling, Industriellensohn aus dem

Taunus, zeigte bei der Durchführung von zahlreichen Pressegesprächen und Tagungen mit prominenten Politikern aus allen Parteien eine glückliche Hand. Durch eine geschickte Verbandspolitik erreichte er die Anerkennung des konservativ orientierten Vereins auch bei einzelnen Politikern anderer Parteien, die das ganze Durcheinander bei den Jugendpressevereinigungen nicht mehr verstanden. Seinen größten Fang machte er mit dem Regierungssprecher Peter Boenisch, den er für sein nobles Kuratorium gewonnen hat. Doch den Leiter des auch für Tagungen interessanten Presse- und Informationsamtes der Bundesregierung wollen sich die Konkurrenten vom DdJ nicht wegschnappen lassen. DdJ-Geschäftsführer Bernd Krekeler fertigte deshalb einen internen «Vermerk» für seine Unionsfreunde an: «Betr. Kuratorium der Initiative Jugendpresse DJP», datiert auf den 20. Dezember 1983. In forschem Ton geht Krekeler mit Boenischs Engagement beim Konkurrenten ins Gericht. Der Grund für seine Aufregung: «Bekanntlich ist die Initiative Jugendpresse auf Grund der politischen Struktur des Vorstandes sowie der weiteren aktiven Mitglieder der ‹Jugendarbeit '80› anzurechnen.»

Die Idee eines Kuratoriums macht sich nun auch der DdJ zu eigen. In Martin Lessenthins Rechenschaftsbericht zur Bundesdelegiertenkonferenz vom Juni 1984 werden schon Namen genannt: «Folgende Persönlichkeiten aus Publizistik, Politik und Verbänden haben sich dem DdJ-Kuratorium zur Verfügung gestellt: Staatsminister Jürgen W. Möllemann, MdB, Irmgard Adam-Schwaetzer, MdB, Helmut Sauer, MdB, Detlef Kleinert, MdB, Rolf Dressler, Jörg Hebsacker, Dr. Bernhard Koch, Staatssekretär Dr. Ottfried Hennig, MdB.»

Bundespressesprecher Peter Boenisch zeigte sich immerhin versöhnlich, indem er für Bernd Krekelers DdJ am 10. Juni 1984 ein Grußwort zur Bundesdelegiertenkonferenz entrichtete, zusammen mit Heiner Geißler in seiner Funktion als Bundesminister für Jugend, Familie und Gesundheit. Die Grußwort-Riege ist auch ohne die beiden Bundespolitiker ein recht interessanter Führer durch die konservative Szene: Hubertus Prinz zu Löwenstein, Präsident des Freien Deutschen Autorenverbandes (FDA), Hartmut Koschyk, Bundesvorsitzender der Schlesischen Jugend, Wolfgang Stock, Paneuropa-Jugend Deutschland, Walburga Habsburg, Vorsitzende des Christlich-Paneuropäischen Studienwerks e. V. – Brüsewitz-Zentrum, Hans Peters, Oberstleutnant a. D. d. R., Vorsitzender des Arbeitskreises für Landesverteidigung e. V., und der Arbeitskreis Christlicher Publizisten e. V. und andere.

Krekeler

20.12.1983

Vermerk

Betr.: Kuratorium der Initiative Jugendpresse (IJP)

Bekanntlich ist die Initiative Jugendpresse aufgrund der politischen Struktur des Vorstandes sowie der weiteren aktiven Mitglieder der Jugendarbeit 80 zuzurechnen.

Insoweit muß die IJP also zu den politischen Gegnern der Union gerechnet werden.

Dem Kuratorium der IJP gehören neben Vertretern aller Parteien auch Matthias Wissmann, MdB, CDU, sowie Staatssekretär Peter Boenisch (Leiter des Presse- und Informationsamtes der Bundesregierung) an. Dieser Zustand ist aus Unionssicht unerträglich, da gerade aufgrund der breitgefächerten Struktur dieses Kuratoriums nicht anzunehmen ist, daß von dort aus ein inhaltlicher Einfluß auf die Verbandsarbeit genommen werden kann. Ohnehin steht zu befürchten, daß beide terminlich sehr eingespannten Politiker keine Gelegenheit haben, an Sitzungen des Kuratoriums teilzunehmen oder in sonstiger Weise inhaltlich Einfluß auszuüben.

Es muß daher die ernste Frage gestellt werden, ob eine weitere Mitgliedschaft beider im Kuratorium vertretbar ist.

Um die Herren auf die mißliche Lage aufmerksam zu machen, in die sie sich selbst gebracht haben, sollten möglichst viele Bundestagsabgeordnete sowie sonstige Parteirepräsentanten Schreiben in diesem Sinne an sie schreiben.

Bei der Formulierung der Schreiben wird von mir auf Anforderung Formulierungshilfe geleistet. Bei den Schreiben sollte allerdings jeder Bezug zu anderen Jugendpresseverbänden gemieden werden, bestenfalls sollte auf die ebenfalls extreme politische Stellung der Deutschen Jugendpresse hingewiesen werden.

In der aus Junge-Union-Kreisen stammenden Studie über den DdJ wird über die politische Kooperation des Lessenthin-Vereins mit anderen konservativen Gruppen berichtet: «Häufigste Seminarpartner der letzten zwei Jahre waren der Bund der Vertriebenen, die Informationszentrale der Energiewirtschaft, die BAYER AG, das Bildungswerk der nordrhein-westfälischen Wirtschaft e. V. und der Verein zur Förderung der sozialen Marktwirtschaft in NRW e. V. Gemeinsame Publikationen wurden herausgegeben mit dem Deutschen Arbeitnehmerverband ... dem Verein für deutsche Kulturbeziehungen im Ausland (VDA), verschiedenen Vertriebenenverbänden (Schlesienstiftung etc.) und dem Namibia Information Office.»

Der «Verein für deutsche Kulturbeziehungen im Ausland» trägt sein Kürzel VDA noch von der 1908 gegebenen Bezeichnung «Verein für das Deutschtum im Ausland». Der VDA wurde unter dem alten Namen 1945 durch das Gesetz Nr. 2 des Alliierten Kontrollrates als Nazi-Organisation verboten. Er arbeitet heute neben zahlreichen anderen deutschnationalen Organisationen auch mit der «Deutschen Südwestafrika/Namibia-Vereinigung» zusammen. Für das Namibia Information Office, dem in der Studie ebenfalls publizistische Kooperation nachgesagt wird, wirbt eine Bonner Public-Relations-Agentur, die auf ganz andere Weise mit dem DdJ kooperiert. Die PR-Firma «IPR Volker Stoltz GmbH» macht nicht nur Informationsarbeit über Politik und Wirtschaft im ehemaligen Deutsch-Südwestafrika, in ihrem Büro in der Bonner Venusbergstraße managte die PR-Agentin Elisabeth Kohl auch einen «Schülerzeitungswettbewerb 1984 der AMWAY GmbH – in Zusammenarbeit mit dem Dachverband der Jugendpresse DdJ». Zur Imagepflege des amerikanischen Waschmittelkonzerns paßte der Wettbewerb ins Konzept. Denn über das Firmenimage hat sich, wie das Wirtschaftsmagazin *Capital* im Februar 1984 schrieb, «ein Grauschleier gelegt». Die Verbraucherschutzorganisation «Aktion Bildungsinformation» wirft der AMWAY GmbH «eine sittenwidrige Handlung» wegen «unlauterer progressiver Kundenwerbung» vor. «Das war eine Idee des deutschen AMWAY Geschäftsführers Norbert Ziesche und von mir. Wir beraten nämlich AMWAY in allen Bereichen», erzählt Elisabeth Kohl. Mitgeholfen hat bei der Idee sicherlich der Umstand, daß die PR-Frau «Bardo Faßbender gut kannte». Das ehemalige Vorstandsmitglied des DdJ war Jury-Mitglied und Auswerter des Wettbewerbs. Martin Lessenthin verbucht den Wettbewerb als Erfolg: «Neben vielen neuen Ansprechpartnern für unseren Verband haben wir an Popularität und Bekanntheitsgrad gewonnen.»

Nicht ganz zufällig gab auch der DdJ einen Artikeldienst für Schülerzeitungsredakteure zum Thema Namibia heraus.

Wenn es um ideologische Fragen geht, zeigt der Dachverband der Jugendpresse eindeutige Parteilichkeit. Martin Lessenthin schreibt stolz in seinem Rechenschaftsbericht: «Beim Beschluß unseres Grundsatzprogramms war der DdJ Gast im Axel Springer-Verlagshaus. Die freundschaftlichen Beziehungen zu diesem führenden deutschen Zeitungsverlag sind ein weiterer Beweis, daß die Arbeit der demokratischen Nachwuchsjournalisten auf der Seite der Verlage ebenso geschätzt wird wie bei den demokratischen Journalisten.»

Selbst die Studie aus Kreisen der Jungen Union über den DdJ macht hier eine klare Beurteilung: «Nach Aussagen sehr nahestehender Verbandsbeobachter ... ist der Verband ‹ganz deutlich Union-liberal› bzw. ‹konservativ eingestellt›. Trotz einiger Grüner und Jungsozialisten ‹zum Vorzeigen› ist der Verband dominiert von Mitgliedern der CDU bzw. Jungen Union (z. B. Lessenthin, Ragge, Veuskens). Von Überparteilichkeit kann unter personellen Gesichtspunkten nicht die Rede sein.»

Um diese politische Struktur zu erhalten, greift der DdJ-Bundesvorstand offensichtlich auch zu aggressiven Methoden. In einem offenen Brief beschwerte sich Stefan Thiwissen als kommissarischer Landesvorsitzender eines der beiden nordrhein-westfälischen DdJ-Mitgliedsverbände über die innerverbandliche Demokratie: «Wahlen, und damit meine ich echte, demokratische Wahlen, finden im DdJ und einzelnen Landesverbänden schon lange nicht (mehr) statt.» Der enttäuschte Landesfunktionär fragt in seinem Brief nach, ob es «guter Stil» sei, wenn

«– per ‹fingiertem Aufnahmeantrag und getürkten Belegexemplaren› versucht wird, um Mehrheiten und Stimmrecht zu schachern,
– Vorstandskollegen arbeitsmäßig mit ‹Zensuren› bewertet werden,
– mit allen möglichen Tricks, von ausgefeimten GO-Tricksereien (GO = Geschäftsordnung, Anm. kf/lm) bis zur simplen Lüge, ausgenutzt werden, um persönliche (Macht-)Positionen auszubauen,
– persönliche ‹Stellvertreter› – bar jeder fachlichen Qualifikation und jeden Arbeitswillens – zur Verhinderung anderer Mehrheiten in Landesvorstände geschleust werden.»

Der schleswig-holsteinische Landesvorsitzende Jörn-Michael Martell fühlte sich vom Bundesvorstand des DdJ derart gebeutelt, daß er sogar mit Verbandsinternas in die Presse ging. So konnte man im Mai 1984 in den *Kieler Nachrichten* lesen, daß im DdJ «innerverbandliche

INITIATIVE JUGENDPRESSE E.V.

POSTFACH 1565 · HÖHENBLICK 2 · 6240 KÖNIGSTEIN/TS.
(06174) 7707

Herrn
Martin Lessenthin

Skagerrakstraße 82

4650 Gelsenkirchen

Königstein im Taunus, den 5. März 1984

Lieber Martin,

herzlichen Dank für die Übersendung der erwähnten Namensliste, die mich allerdings sehr amüsierte. Ich würde auf einen Informanten, der nicht einmal den richtigen Namen des wichtigsten und am häufigsten zitierten Herrn (Reinhard, nicht Raimund Werner) kennt, nicht allzu viel geben. Mir scheint diese Liste vielmehr die Abschrift verschiedener Teilnehmer- und Vorstandslisten zu sein, wobei die Hoffnung Vater der Vermutung ist.

Amüsiert hat mich auch der Wunsch einer Bestätigung unseres Arbeitsfeldes. Angesichts der Unverschämtheit, mit der Ihr einerseits mit uns Gespräche führt und andererseits (wenige Minuten später) Gespräche mit dem Ziel führt, uns massiv zu verleumden, erstaunt mich dieser Wunsch sehr. Ich glaube, über die Abgeordneten Schröder und Dr. Neumeister Briefe an unsere Kuratoriumsmitglieder Wissmann und Boenisch zu schreiben, ist nicht der Stil eines Verbandes, mit dem wir politischen Umgang pflegen möchten. Eine in den vergangenen Wochen durchgeführte Recherche förderte zudem eine sehr interessante Korrespondenz von führenden Mitgliedern Deines Verbandes und ihm nahe stehender Verlage zu Tage, die Euer wirkliches Interesse an einer gemeinsamen Arbeit sehr in Frage stellen. Ich habe Dir mehrfach deutlich zu verstehen gegeben, daß die IJP ihren Arbeitsschwerpunkt im Bereich der Seminar- und Tagungskonzeption hat. Da wir jedoch feststellen müssen, daß der DdJ beginnt, unsere Konzeptionen zu kopieren, werden wir unsere Position erneut überdenken.

Sollte es für diese Vorgänge jedoch eine plausible Erklärung geben, so freue ich mich, diese von Dir zu erfahren.

Mit freundlichen Grüßen

F.-D. Freiling

Frank - Dieter Freiling

Dachverband der Jugendpresse

Bundesring deutscher Nachwuchsjournalisten

Dachverband der Jugendpresse – Bundesring deutscher Nachwuchsjournalisten (DdJ)

Herrn
Frank-Dieter Freiling
Höhenblick 2

6240 Königstein/TS.

DER BUNDESVORSITZENDE

Dachverband der Jugendpresse – Bundesvorstand
Postfach 100818, 4650 Gelsenkirchen

Martin Lessenthin
Skagerrakstr. 82
4650 Gelsenkirchen
Tel.: 0209/87 34 44

Ihre Zeichen / Your reference	Ihre Nachricht vom / Your letter of	Unsere Nachricht vom / Our letter of	Unsere Zeichen / Our reference	Datum / Date
	05.03.1984		ml/cw	14.03.1984

Betreff
Subject

Lieber Frank-Dieter,

über Stil und Inhalt Deines Schreibens bin ich nicht verwundert, aber enttäuscht. Der Grund, Dir zu antworten ist, daß von Seiten des Dachverbandes nichts unversucht bleiben soll, Dich von der Schädlichkeit Deines Verhaltens zu überzeugen.

Eigentlich solltest Du dankbar sein, die gewünschte Liste erhalten zu haben, bei der ich weiterhin davon ausgehe, daß vor allem Du ihr eine große Bedeutung zumißt. Traurig stimmt mich Deine Überheblichkeit, wenn Du Dich darüber "amüsiert" zeigst, daß wir, gemäß unserer Absprache, immer noch eine Arbeitsfeldbeschreibung erwarten. Du bist verletzend, wenn Du uns unterstellst, daß wir Dich verleumden. Dies ist nie der Fall gewesen und nicht unser Stil. Wahrscheinlich bist Du Dir selbst Deiner Polemik bewußt, denn so unintelligent kannst Du nicht sein, Deine 30-Personen-Initiative mit einem Verband zu vergleichen.

Dagegen schrieb ein Stellvertreter Deiner Initiative an Anzeigenkunden unserer Verbandszeitschrift, mit dem Ziel, dieser die wirtschaftliche Basis zu entziehen. Ganz schön mies, findest Du das nicht auch?

Ich bin auch skeptisch, ob Du die Wahrheit schreibst, wenn Du von "interessante Korrespondenz von führenden Mitgliedern Deines Verbandes und ihm nahestehender Verlage" schreibst. Bitte trete den Beweis an! Für mich wäre es dann selbstverständlich, Dir zur Seite zu treten, wenn Dir einer der Unseren Unrecht tut.

Zum Schluß möchte ich Deinen unüberlegten Vorwurf kommentieren, der DdJ kopiere IJP-Aktivitäten! Das ist doch wirklich blöde! Nenne Du mir doch einmal eine IJP-Aktivität oder -Struktur, die nicht vom DdJ oder DJR geklaut wäre! .

In diesem Sinne verbleibe ich

Landesverbände: Dachverband der Jugendpresse in Bayern, Dachverband der Jugendpresse in Rheinland-Pfalz, Freie Jugendpresse Baden Württemberg, Freie Jugendpresse Berlin, Freie Jugendpresse Hamburg, ~~Freie Jugendpresse Hessen,~~ Freie Jugendpresse Nordrhein-Westfalen, Freie Jugendpresse Saarland, Schleswig-Holsteinische Jugendpresse, Verband der Niedersachsischen Jugendredakteure.

Der DdJ ist Mitglied im Arbeitskreis zentraler Jugendverbände

Querelen zwischen zwei Jungunionisten. Die beiden Vorsitzenden konkurrierender konservativer Jugendpresseverbände streiten sich um den Einfluß auf dem jungen Medienmarkt. Eine «Namensliste» von Mitgliedern der «Jugendarbeit '80» wird von DdJ-Chef Martin Lessenthin eingesetzt, um bei dem Versuch der Integration der IJP ein wenig nachzuhelfen.

Demokratie und Eigenständigkeit der Mitgliedsorganisationen nicht gewährleistet» seien. Martell warf in seiner Presseerklärung zum Austritt seines Landesverbandes aus dem Dachverband der DdJ-Führung vor, daß «in mindestens einem Fall eine Verquickung zwischen verbandlichen und wirtschaftlichen Interessen» bestehe. Die DdJ-Führung neige zu der Mentalität, «ihre Mitgliedsorganisationen finanziell in Anspruch zu nehmen und sie dadurch teilweise geradezu wirtschaftlich zu knebeln».

Doch dies alles erschüttert die konservativen Jugendpressefunktionäre nicht. Wie schon das Beispiel der Vorläuferorganisation «Freie Jugendpresse Deutschlands» zeigte, lassen sich die eifrigen Aktivisten für mehr Einfluß der Konservativen in den Medien selbst durch harte verbandspolitische Niederlagen nicht kleinkriegen.

Martin Lessenthin (DdJ)

Wie ist es dazu gekommen, daß du heute Vorsitzender des Dachverbandes der Jugendpresse bist?

«Mein Verständnis von Jugendpressearbeit war es nie, sie als Teil einer Bewegung zu verstehen, ich begreife darin vielmehr eine sinnvolle gemeinsame Beschäftigung von Jugendlichen, genauso wie Briefmarkensammeln. Für mich ist das jugendpflegerische Arbeit.

Ein Trick linker Vorstandsmitglieder führte in der Arbeit der ‹Jungen Presse Nordrhein-Westfalen› zu einem Wandel. Unsere demokratische Mehrheit konnte bei einer Mitgliederversammlung wegen Geschäftsordnungstricks nicht voll abstimmen. Um auf Dauer nicht chancenlos zu sein, blieb uns nichts anderes übrig, als einen Verband derjenigen zu gründen, die solche Vorgehensweisen ablehnen. Das war die Gründung der ‹Freien Jugendpresse Nordrhein-Westfalen›, der ich mich dann anschloß. Ich half beim Aufbau mit, und nach einem Jahr bin ich Vorsitzender geworden. In dieser Position habe ich später an der Gründung des Dachverbandes der Jugendpresse mitgewirkt.»

Bist du noch Mitglied in einer Partei?

«Ich bin Mitglied der Christlich-Demokratischen Union, aber weitgehend passiv. Für die Parteipolitik fehlt mir die Zeit.

Außerdem möchte ich so etwas, solange ich Bundesvorsitzender des DdJ bin, nicht machen, damit sich Verbandsmitglieder, die beispielsweise in der FDP oder in anderen Parteien Mitglied sind, nicht falsch vertreten fühlen.»

Du giltst im DdJ als ein besonders eifriger Funktionär, manche sagen, du seist ein «Arbeitstier», ein «Schaftelhuber». Stimmt das?

«Ich versuche kritisch gegenüber mir selbst zu sein. Sicherlich bringe ich nicht jeden Tag die Leistung, die ich von mir erwarte.»

Du stellst doch aber an dich selber sehr hohe Leistungsanforderungen?

«Es kommt darauf an, von welcher Position man das betrachtet. Es gibt bestimmt Leute, bei denen ich anerkennen muß, daß sie mehr leisten als ich.»

Was ist das wichtigste Motiv deines politischen Handelns?

«Das ist ein verbandspolitisches, aber kein politisches Handeln. Das wichtigste Ziel ist es, den Jugendpresseverband zu erhalten und auszubauen, in dem jeder, der nicht gerade extrem denkt – im Sinne von NPD oder DKP –, tätig sein kann.»

Du hast doch auch eigene, persönliche Motive.

«Ich lerne dabei sehr viele Leute kennen, ich bin ein geselliger Typ. Der größte Teil meines Freundeskreises ist in der Jugendpresse angesiedelt. Ich lerne selbst dabei Neues und versuche journalistisch besser zu werden.»

Der DdJ bezeichnet sich selbst als Verband der Nachwuchsjournalisten und hebt sich dadurch auch von anderen Verbänden ab. Sind denn alle Schülerzeitungsredakteure schon gleich Nachwuchsjournalisten?

«Der DdJ heißt ‹Dachverband der Jugendpresse – Bundesring deutscher Nachwuchsjournalisten›. Das zeigt schon, daß in unserem Verband mehrere Teile mitwirken. Zusätzlich haben wir ja auch noch Jungautoren im DdJ. Ich arbeite, um dies zu verbreitern, hin zu einem Zusammenschluß, in dem alle Leute sein können, die unter 35 Jahre alt sind und den Medien mit großem Interesse gegenüberstehen und aktiv sein wollen.»

Aber in Wirklichkeit wollt ihr doch nur den konservativen Mediennachwuchs heranzüchten.

«Bist du so freundlich, mir ‹konservativ› zu definieren?»

Das will ich von dir erfahren, als Mitglied der CDU bist schließlich du für das Konservative zuständig.

«Auch das nicht. Ich bin Mitglied einer Volkspartei und keiner allein konservativen Partei. Willst du mich im Sinne von ‹reaktionär› oder ‹deutschnational› fragen?»

Pressekonferenz mit Otto von Habsburg in Aachen. Martin Lessenthin (links) und Paneuropa-Jugend-Pressesprecher Stock

Ich meine ‹Unions-nah›.

«Nein, überhaupt nicht. Wir wollen lediglich denjenigen, die immer mehr Freude haben und Interesse gewinnen an Medien-Berufen, eine Art Vor-Ausbildung anbieten. Wir können das leider nicht konsequent durchführen, weil wir kein reicher Verband sind. Aber es ist dennoch spürbar, daß wir dabei vorankommen. Wenn ich mir ansehe, wie viele Kollegen aus unserem Bereich schon das erste Bein in einer Zeitungsredaktion haben oder gar mit zwei Beinen drinstehen, dann bin ich zufrieden.»

Was ist denn die politische Konzeption des Dachverbandes der Jugendpresse?

«Wir haben eine jugendpolitische und journalistische Konzeption. Politik steht nicht im Vordergrund. Wir sind eine Jugendgemeinschaft, die gemeinschaftlich Extremismus ablehnt und im jugendpflegerischen Sinne an Hand von Zeitungsarbeit und journalistischen Themen zusammenwirkt: auf Tagungen, Seminaren, auf Mitgliederversammlungen, auf Reisen. Wir organisieren zum Beispiel Studienreisen in Medienhauptstädte.»

Aber ihr macht doch sehr politische Veranstaltungen, zum Beispiel auch mit rechtslastigen Seminarträgern wie der Paneuropa-Jugend, mit dem VDA, mit der Vertriebenenjugend ...

«Wir haben noch kein Seminar mit der Paneuropa-Jugend gemacht. Du verwechselst das vielleicht mit einer Pressekonferenz, die wir vor knapp zwei Jahren in Aachen durchgeführt haben. An dieser Pressekonferenz hat der Vorsitzende der Paneuropa-Union (PEU), Dr. von Habsburg, teilgenommen. Das brachte damals eine sehr gute Resonanz.»

Als Tagungsträger wird in eurem Rechenschaftsbericht aber das Brüsewitz-Zentrum genannt. Das ist ja immerhin eine der Paneuropa-Jugend und Walburga von Habsburg sehr nahestehende Institution.

«Das ist richtig, dort wird aber auch das Grüne Bildungswerk mit vielen anderen genannt. *(Das Grüne Bildungswerk distanziert sich mittlerweile vom DdJ; Anm. kf/lm.* Wir veranstalten Seminare mit dem Brüsewitz-Zentrum. Im Förderkreis des Brüsewitz-Zentrums wirken viele mit, die aus dieser Organisation kommen. Wenn du dir die Seminarprogramme ansiehst, wirst du feststellen, daß es dabei nicht um Europa-Politik geht, auch nicht um PEU-Politik. Der Schwerpunkt der Tagungen mit dem Brüsewitz-Zentrum ist die Aufarbeitung von deutschlandpolitischen Themen. Beispielsweise ‹Die DDR im Film› oder ‹Jugendpresse in Mitteldeutschland und in der Bundesrepublik›. Dabei haben wir uns mit der DDR-Zeitschrift *Junge Welt* beschäftigt und festgestellt, daß die *Junge Welt* auf einem freien Markt in der Bundesrepublik mangels Käuferinteressen kaum eine Überlebenschance hätte.»

Was macht ihr mit dem VDA?

«Mit dem VDA und einigen anderen Organisationen haben wir vor knapp drei Jahren in Nordrhein-Westfalen eine ‹Hilfsaktion Rußland-Deutsche› durchgeführt. Dies war nur eine von mehreren Aktivitäten im Menschenrechtsbereich.»

Und das Bonner Friedensforum?

«Das Bonner Friedensforum (BOFF) ist ein Partner für uns. Das sind nette Leute. Viele aus dem Bonner Friedensforum, die sich sehr in der Friedensbewegung engagieren, sind auch Mitglied bei uns oder sie sind es früher gewesen.»

Erklärst du bitte, in welcher Friedensbewegung sie sich engagieren, damit es keine Mißverständnisse gibt?

«In der Friedensbewegung, die aktiv für den Erhalt des Friedens in Europa eintritt . . .»

. . . mit Raketen?

«Nein, durch die Verhinderung der Anwendung von Raketen.»

Und dafür druckt ihr dann auch schon mal Anzeigen des Bonner Friedensforums für deren Schreibwettbewerb ‹Der beste Text zur NATO›?

«Dafür machen wir sogar ganze Rundsendungen. Wir haben 3000 Jugendzeitungsmachern in der Bundesrepublik einen Aufruf geschickt, sich daran zu beteiligen. Wir haben viele kreative Leute im DdJ, die gerne zu dem Thema schreiben.»

Sind auch schon Texte eingesendet worden?

«Es sind schon eine ganze Menge Texte gekommen. Immerhin setzt die Teilnahme am Schreibwettbewerb keine Pro-NATO-Einstellung voraus. Frieden und Menschenrechte – das sind Themen, bei denen wir, ohne jemanden aus unserer breiten Mitgliedschaft vor den Kopf zu stoßen, tätig sein können.»

Das macht man dann mit Vorfeldorganisationen . . .

«Was ist denn eine Vorfeldorganisation? Ist zum Beispiel der Bundesverband der Bürgerinitiativen Umweltschutz (BBU) eine Vorfeldorganisation? Für den BBU haben wir eine Rundsendung an 2000 Nachwuchsjournalisten verschickt.»

Wahrscheinlich wußten die nicht so recht, mit wem sie es zu tun hatten.

«Das wußten die sehr wohl; neben den BBU-Materialien wurde auch ein BBU-Rundbrief beigelegt.» *(Die BBU-Geschäftsstelle distanziert sich mittlerweile, Anm. kf/lm.)*

Ihr macht auch einen Wettbewerb mit der AMWAY GmbH, einer Firma, die in den letzten Monaten in der Bundesrepublik in den Medien ein wenig ins Gerede gekommen ist.

«Das ist eine Firma, die ständig in den Medien steht – mal mehr zur eigenen Freude, mal weniger. AMWAY ist ein Sponsor eines Jugendpresse-Wettbewerbs. Für die Jugendzeitungsmacher, die sich daran beteiligen, ist der Wettbewerb ein prima Angebot. Die Preise sind okay, die Kriterien sind nach Vorstellungen des DdJ ausgearbeitet worden, ein DdJ-Kollege sitzt gemeinsam mit anerkannten Journalisten in der Jury. Dazu gehören Jens Feddersen (*NRZ*), Barbara Dickmann (*Stern*) und Fides Krause-Brewer (ZDF). Wir sind froh, daß wir den Wettbewerb haben. Wir freuen uns auch über die große öffentliche Resonanz, die unser Verband dadurch erfahren hat.

Gerade die Kollegen bei der Profipresse haben darüber sehr breit berichtet, zum allergrößten Teil positiv.»

Habt ihr keine Probleme damit, wenn ihr Schülerzeitungsredakteure vor den Karren einer Imagekampagne dieses Konzerns spannt?

«Das tun wir ja nicht.»

Aber es heißt doch offiziell ‹Schülerzeitungswettbewerb der AMWAY GmbH›, dann erst in kleinen Lettern: ‹in Zusammenarbeit mit dem Dachverband der Jugendpresse›. Zumindest in der Graphik der Ausschreibung seid ihr im Hintergrund.

«Mich hätte es natürlich auch gefreut, wenn darin der DdJ mit größeren Lettern abgedruckt worden wäre, aber ich mache das nicht zum Kriterium. Für mich ist das ein vorteilhaftes Angebot.»

Die Anzeige der Konservativen Aktion (KA) erscheint auch auffallend häufig im Jugendpresse-Forum, *dem Organ des DdJ. Welche Beziehungen habt ihr zur Konservativen Aktion?*

«Bisher konnte man nur in drei *Forum*-Ausgaben von der Konservativen Aktion lesen – in Form von Anzeigen. Bei uns kann vom Prinzip her jeder inserieren, mit Ausnahme der DKP, ihr nahestehender Gruppen und der Neonazis oder sogenannten Nationaldemokraten. Unsere Anzeigenpreisliste ist öffentlich. Mehrfach wurden auch ‹linke› Anzeigen im *Forum* abgedruckt. Da das *Forum* in einem Verlag erscheint, dem ich auch angehöre, kann aus einem Anzeigenabdruck keine politische Zusammenarbeit konstruiert werden.»

Na ja, aber so formal geht doch sicherlich der DdJ-Bundesvorstand mit einer solchen Anzeige nicht um. Das ist ja bestimmt diskutiert worden. Wir haben auch gehört, daß es Differenzen darüber gab.

«Darüber hat ein Kollege im Bundesvorstand diskutiert, die anderen haben die eben von mir geäußerte Meinung vertreten. Der genannte Kollege hat sich überzeugen lassen, daß es sinnvoller ist, die Anzeige zu nehmen, statt weniger Seiten zu drucken. Das ist eine wirtschaftliche Frage.»

Das ist doch aber eine politische Entscheidung, wenn ich als Christdemokrat diese Anzeige im Verbandsorgan veröffentliche und gleichzeitig weiß, daß die Konservative Aktion die CDU schon weit rechts überholt hat. Ist das kein Problem?

«Wenn die Konservative Aktion die CDU rechts überholen würde, dann würde das bedeuten, daß die CDU rechts steht. Das ist nicht so. Die CDU ist die klassische Partei der Mitte. Wenn jemand da mit ihr konkurriert, kann das höchstens die FDP sein, die ich in einigen

Fragen für rechter als die CDU halte. Der Abdruck einer Anzeige von einer Gruppe, die nicht zum rechtsextremen oder linksextremen Lager gehört, schadet unserem Verband nicht, es würde ihm aber schaden, wenn unsere Verbandszeitschrift dünner würde.»

Was hältst du denn persönlich von der Friedensbewegung in der Bundesrepublik, von der Diskussion der Friedensfrage?

«Das hat für mich sehr viele positive Aspekte. Ich finde die Diskussion darüber, ob eine DDR außerhalb des Warschauer Paktes und eine Bundesrepublik außerhalb der NATO nicht sinnvoller ist als ein geteiltes Land in zwei Blöcken, sehr interessant. Es gibt viele Punkte, die ich da unterstützen kann, trotz der Mitgliedschaft in einer Partei, die in dieser Frage mit großer Mehrheit anders denkt.»

Jetzt sind wir über die Friedensfrage schon gleich zur deutschen Frage gestoßen. Was sind denn in dieser Frage deine grundlegenden Thesen?

«Ich sagte ‹Mitteldeutschland›. Das macht nicht jeder, aber viele gute Demokraten sagen dies. Es gibt auch gute Demokraten, die das nicht machen, aber denen würde ich es empfehlen.

Meine Eltern kommen aus Pommern . . .»

Gehörst du auch der Pommerschen Landsmannschaft an?

«Nein, ich bin nicht Mitglied der Landsmannschaft. Aber ich habe Kontakte zum landsmannschaftlichen und Vertriebenen-Bereich, auch zum Flüchtlingsbereich. Ich engagiere mich hier, wo ich kann, privat für Leute, die jetzt aus der DDR, Ostdeutschland, Rumänien oder der UdSSR herausgekommen sind. Wir haben unter diesen Leuten Freunde und treffen uns mit ihnen, wir essen zusammen usw. Wir versuchen, ihnen hier den Einstieg zu erleichtern. Dieses private Engagement wäre bestimmt nicht zustande gekommen, wenn ich nicht in Menschenrechtsfragen und deutschlandpolitisch interessiert wäre. Meine Frau und ich wären sonst nicht auf die Idee gekommen, danach Ausschau zu halten, ob es solche Menschen nicht auch in meinem Wohnort gibt. Und es gibt sie. Ganz grundsätzlich zu dem Thema: Ich wünsche mir, daß jeder, der hier lebt, frei entscheiden kann, ob er eine Jugendzeitschrift in Dortmund, Stettin oder in Danzig macht.»

Wie stellst du dir die zukünftigen Grenzen von Polen vor?

«Über die Grenzen kann ich als Nichtpolitiker nicht entscheiden. Ich sehe das viel grundsätzlicher. Ich wünsche mir, daß es nicht ewig bei dieser Art von Staaten bleibt, in Europa und in Osteuropa. Wenn dort Freiheit wäre und ich in einen Gottesdienst mit deutscher Sprache gehen könnte, dann würde ich sehr gerne da leben.

Ich möchte aber nichts zu tun haben mit den Leuten, die dort am liebsten mit Feuer und Schwert wieder hinwollen und meinen, sie müßten die Polen rausschmeißen, weil sie selbst herausgeworfen worden sind. Ich wünsche mir nicht nur, mit den Polen dort zu leben, sondern auch, daß die Polen die Gelegenheit wieder haben, in ihre ursprünglichen Gebiete zurückzukehren, wenn sie dies wünschen. Allen polnischen Menschen wünsche ich, daß sie bald wieder freie Gewerkschaften und auch freie Parteien haben.»

Ein anderes Thema: Wie stellst du dir die Medienzukunft in der Bundesrepublik vor?

«Wir sind noch nicht so alt, daß wir nicht die Zeit erleben werden, wenn auf den Dächern Parabolantennen stehen. Der eine wird es dann genießen, wenn er seinen ‹Gewerkschaftsfunk› oder seinen ‹sozialistischen Funk› empfangen kann, der andere wird es genießen, ‹Hausfrauen-Opern› zu konsumieren, und der dritte wird es genießen, wenn er vier Stunden lang ZDF-Magazin sieht.»

Du bist selbst Prokurist der Werbeagentur Koloss, die sich als ‹Spezialist im Medium Jugendpresse› bezeichnet. Wie laufen denn die Geschäfte von Koloss?

«Die Geschäfte von Koloss laufen zufriedenstellend. Es gibt dort keine Entwicklung, die Pessimismus rechtfertigen würde. Koloss hat es geschafft, in einer Region Jugendzeitungsmacher relativ regelmäßig zu unterstützen. Ich hoffe auch persönlich als angehender Journalist, daß ich dort die Chance habe, in der Zukunft eigenständig und ohne Chefs über mir tätig zu sein.

Als wir das gestartet haben, war es noch nicht üblich, daß junge Leute mit Mut zum Risiko so etwas auf die Beine gestellt haben, heute sieht das schon besser aus.»

Verbandsintern wird dir in diesem Zusammenhang die Verquickung von Geschäft und Verbandspolitik vorgeworfen.

«Das wird mir verbandsintern nicht vorgeworfen, sachlich ist es auch ungerechtfertigt. Das ist mir bis zur Abspaltung des SHIP-Vorsitzenden Martell vorgeworfen worden. Grund dafür sind persönliche Animositäten. In der Zwischenzeit ist Martell vom Grundtenor seiner Aussagen abgerückt, er bedauert jetzt lediglich, daß ‹Eindrücke› entstanden sein könnten. Aber auch das ist noch nicht befriedigend, und ich strebe noch eine Klärung an.»

Du mußt aber zugeben, daß die Koloss-Agentur eine sehr geschickte Geschäftsidee ist: als Funktionär eines Jugendpresseverbandes die Adressenkartei des Verbandes nutzen, um sie dann an Anzeigenkunden zu verkaufen.

«Koloss hat keine Adressen des Verbandes genutzt, geschweige denn verkauft. Wenn die Koloss-Werbeagentur das machen würde, wäre ich für sie nicht mehr tätig, dann würde ich mit meinen Mitteln selbst etwas Vernünftiges aufbauen.»

Die Adressen sind doch an Anzeigenkunden weitergegeben worden.

«Nein, die Verbandsadressen sind nicht weitergegeben worden. Koloss hat eine eigene, sehr umfangreiche Datei.»

Diese Kartei ist aber weitergegeben worden ...

«Die Koloss-eigenen Adressen werden von Koloss entsprechend genutzt. Die Anschriften des DdJ sind auch nicht automatisch Teile der Anschriften des Koloss-Verteilers.»

Andreas Rediger sitzt hier mit seinem Tonbandgerät dabei. Er ist Mitbegründer einer Agentur namens Titan, im Namen wie auch in der Machart ein wenig an Koloss orientiert. Was ist denn nun Titan, Andreas?

Rediger: «Titan vermittelt Anzeigen für Schüler- und Jugendzeitungen in einem räulich eng begrenzten Raum, in Gelsenkirchen, Bochum, Lünen und Dortmund, dort wo die Akteure des Titan-Verlages ihren Wohnsitz haben. Wir haben auf Grund unserer Ortsnähe sicher bessere Möglichkeiten, den Kontakt zu lokalen Inserenten zu halten und Anzeigen zu vermitteln, als das für andere Agenturen wie z. B. Koloss und Arnold möglich ist.»

Was hat Titan mit Koloss zu tun?

Rediger: «Überhaupt nichts.»

Lessentin: «Genausowenig wie zum Beispiel die ‹Mediapress-Communication›, die auch mit dem DdJ eine Rundsendung machte, oder wie die Firma ‹Arnold›, die schon mal eine Anzeige im *Jugendpresse-Forum* schaltet. Das sind alles eigenständige Unternehmen. Wir sind auch nicht die einzigen. Titan macht das nur im Ruhrgebiet. Wer möchte, soll das doch tun, ist doch schön, besser als jeden Abend in der Disko herumhängen!»

Mitarbeiter von Titan und Koloss und auch vom DdJ sind selbst Herausgeber und Redakteure von Schülerzeitschriften, die sich dann noch als Zeitungen «von Schülern für Schüler» bezeichnen. Aber sie sind schon längst Studenten. Ist das nicht ein bißchen merkwürdig?

Lessenthin: «Solche Leute arbeiten zum Teil daran mit, oder sie stellen Infrastruktur bereit. Das soll aber nicht davon ablenken, daß die Mehrheit Jugendzeitungsmacher sind.»

Und an den Zeitungen, die Titan herausgibt, wird auch ganz kräftig mit Anzeigen verdient ...

Rediger: «Titan gibt keine Zeitungen heraus.»

Aber dein Kompagnon und du geben doch Zeitungen heraus ...

Rediger: «Ich betreue heute noch die Schülerzeitung verlegerisch, bei der ich vor fünf Jahren mit der Jugendpressearbeit angefangen habe. In Bochum gebe ich ein Magazin für Schüler und Studenten heraus, da ich selbst an der Ruhr-Uni studiere.

Überschneidungen zur Verbandsarbeit sehe ich in meinem Fall genausowenig, wie eine Tätigkeit im Koloss-Verlag sich mit der Verbandsarbeit überschneidet oder ihr schaden kann.

Diese Zeitschriften, die jetzt in der Nähe vom Koloss- und Titan-Verlag in Gelsenkirchen, Bochum und Herne erscheinen, sind ja doch mit sehr großen Auflagen erschienen. Dafür kann man sehr viel Anzeigenhonorar kassieren ...»

Wieviel gibt es denn für eine Zeitschrift mit 8000 Exemplaren Auflage?

Rediger: «Es kommt darauf an, wer der Kunde ist, ob er zum Beispiel in einer oder in mehreren Zeitungen Anzeigen schaltet.»

Kannst du auch Zahlen nennen?

Rediger: «Nein, Zahlen will ich nicht nennen.»

Warum nicht? Ist das ein Geschäftsgeheimnis?

Rediger: «Nein, überhaupt nicht, aber ich sehe dafür in diesem Rahmen keine Notwendigkeit.»

Frank-Dieter Freiling

Frank-Dieter Freiling (21) ist Mitbegründer und Vorsitzender der «Initiative Jugendpresse (IJP)». Der Jura- und Geschichte-Student aus Königstein veranstaltet «Bonner Runden» für Schüler- und Jugendzeitungsredakteure.

Wie bist du zum professionellen Journalismus, zur Arbeit mit Jugendpresseverbänden gestoßen?

«Ich weiß nicht, ob man Jugendpresseverbände unter professionellen Journalismus subsumieren kann. Dies ist vielmehr ehrenamtliche Verbandsarbeit. Aber wie auch immer: Als ich bereits ein, zwei Jahre die Schülerzeitungsarbeit realisierte, kam ich durch Anschreiben zum

1. Bonner Pressegespräch, Oktober 1983: Frank-Dieter Freiling vor der Bundespressekonferenz mit Heiner Geißler und ZDF-Redakteur Klaus Bresser

erstenmal in Kontakt mit Jugendpresseverbänden, mit der Jungen Presse und der Freien Jugendpresse in Hessen. Ich wurde in beiden Verbänden Mitglied. Unsere Zeitung konsumierte zuerst nur, was die Verbände anboten. Aber nach einiger Zeit waren wir unbefriedigt über das, was angeboten wurde für uns Jugendpresseredakteure. Im Grunde genommen sind beide Verbände nichts weiter als Vereinigungen, die von Parteien gehalten wurden, um ihre Meinung im Jugendpressebereich propagieren zu können.

Langsam wuchs dann die Idee, selbst etwas in diesem Bereich zu machen; aber am Anfang stand nicht die Idee eines Verbandes. Auch das war ein Entwicklungsprozeß. Wir veranstalteten also noch als Schülerzeitung für befreundete Redaktionen Seminare, besser gesagt Treffen mit Referenten.

Nach einigen Monaten entstand dann die Vorstellung, daraus einen Verband zu formen. So entwickelte sich in ganz kleinen Zügen die ‹Initiative Jugendpresse› bis hin zum heutigen bundesweit tätigen Verband, der mittlerweile auf über 200 Jugendpresseseminare, -diskussionen und Journalistenreisen zurückblicken kann.

Sehr geholfen hat uns dabei, daß ich einen kleinen Eigenverlag, den ‹School-time›-Verlag gründete, in dem ich zunächst auf eigene Kosten ein Buch herausgab, das einiges Aufsehen erregte und uns den Grundstock an politischen Kontakten verschaffte. Das Buch beschäftigte sich mit der Definition des Begriffes ‹Heimat›. Es war eine Umfrage unter Politikern und Schriftstellern aller Couleur, über die Parteien hinweg. Autoren waren Erich Honecker, Bruno Kreisky und Herbert Wehner, aber auch Helmut Kohl, Karl Carstens und Franz Josef Strauß. Mit dabei waren Minister, Fraktionsvorsitzende und Ministerpräsidenten. Diese einmaligen und speziell für dieses Buch geschriebenen Beiträge machten das Buch interessant. Hieraus entwickelte sich eine langanhaltende Korrespondenz mit vielen Politikern, aber auch mit einer ganzen Reihe von Schriftstellern wie Siegfried Lenz und Uwe Johnson. Das war unser Sprung von der kommunalen Ebene auf die bundespolitische Ebene.»

Wie ist es denn nun zur Gründung des Vereins gekommen?

«Wir veranstalteten wie gesagt als ‹School-time›-Redaktion einige Seminare. Die ‹Junge Presse›, später auch die ‹Freie Jugendpresse›, wollten uns daraufhin in ihre Arbeit integrieren. Das gefiel uns nicht, weil wir uns nicht wieder durch andere plakatieren lassen wollten. Wir entschlossen uns deshalb, einen ‹eingetragenen Verein› zu gründen. Für die erforderlichen sieben Gründungsmitglieder nahmen wir damals Redakteure unserer Zeitung. Heute sind fast 1700 junge Redakteure aus dem ganzen Bundesgebiet mit unserem Verband assoziiert.» (Der Verein hat allerdings nur 30 Mitglieder; i. Anm. kf/lm)

Aus welchem politischen Spektrum kamen diese sieben Redakteure?

«Das kann man nicht definieren.»

Kann man das nicht oder willst du das nicht definieren?

«Ich muß ehrlich sagen, ich weiß es bei den meisten gar nicht. Bei Schülerredakteuren im Alter von 16 oder 17 Jahren ist die Parteipolitik noch nicht so ausgeprägt. Und wir haben uns auch überhaupt nicht dafür interessiert. Sie waren eben Schülerzeitungsredakteure, das war das Entscheidende für uns.»

Die Konzeption der «Initiative Jugendpresse e. V.» scheint im wesentlichen der «Dialog mit der Jugend» zu sein. Was ist euer jugendpolitisches Selbstverständnis: seid ihr Agenten der Politiker?

«Nein, das kann man wirklich nicht sagen. Am Anfang wußten wir ja überhaupt nicht, wie sich der Verein entwickeln wird. Aber die Prämissen waren für uns klar: Wir wollten durchaus politisch, aber nicht parteipolitisch agieren. Wir wollten uns nicht an einen der Jugendverbände oder an eine Partei anhängen. Wir wollten finanziell unabhängig sein, ohne jedoch in zu enge Verbindung zum kommerziellen Bereich zu geraten. Wir wollten keine Werbeagentur werden, wie das manch anderer Jugendpresseverband zum Teil ist. Also politisch und finanziell unabhängig. Dazu kommt die Gemeinnützigkeit. Wir wollten ausschließlich journalistische Nachwuchsförderung und Bildungsarbeit machen, weil hier eine breite und überhaupt nicht befriedigte Nachfrage bestand, d. h. Schüler- und Jugendzeitungsredakteure mit hochrangigen Gesprächspartnern zu einer Vielzahl politischer Themen ins Gespräch bringen – und dabei sind wir bis heute geblieben.»

Ihr habt geschrieben, daß ihr ein «Perspektivendefizit» bei Jugendlichen aufarbeiten wollt.

«Wir wollten Gespräche veranstalten, die jene, die Politik machen und Meinungen prägen, mit jungen Leuten zusammenbringen, die Multiplikatoren im Jugendbereich sind. Diese Meinungsmacher sollten dann in einer fairen Diskussion ihre Meinung vertreten, ihre Position durchstehen oder sie scheitern lassen. Bundespräsident Carstens war einer der ersten, der hierauf einging und sich diesem Gespräch stellte. Bis heute hat sich eine lange, lange Reihe von Politikern, Industriellen, Gewerkschaftlern, Kirchenvertretern, Militärs und Journalisten für diese Gespräche zur Verfügung gestellt.»

Da sind die prominenten Politiker doch sicherlich sehr dankbar?

«Ich weiß nicht, ob sie dankbar sind. Ich kann mir nicht vorstellen, daß diejenigen Politiker, die in der Diskussion ein schlechtes Bild abgaben, hinterher sehr dankbar waren.»

Hast du nicht erlebt, daß Politiker, wenn sie eine solche Diskussion – wie du sagst – «durchgestanden» haben, sich selbst ein wenig auf die Schulter klopfen und sich dann sagen: Heute habe ich mit Jugendlichen diskutiert, ich habe sie richtig ernstgenommen. – Im Terminkalender abgehakt, aber die Politik bleibt dieselbe?

«Vielleicht kommt das vor. Das wäre ein Armutszeugnis für den jeweiligen Politiker. Aber der Großteil der Politiker hat meines Erachtens das Gespräch wirklich ernsthaft geführt und ernstgenommen.»

Gespräche mit Politikern aller Parteien – das ist diese traditionelle Pluralismuskonzeption. Kannst du dein Konzept von Pluralismus einmal erklären?

«Die jetzige Gesellschaftsform in der Bundesrepublik ist für mich das beste Beispiel für Pluralismus. Ziel unserer Veranstaltungen ist ein natürliches Miteinanderumgehen über politische Differenzen hinweg. Das muß doch heute noch möglich sein . . .»

Besteht dabei nicht die Gefahr, daß für ein demokratisches Verständnis wichtige Positionen verwaschen und verkleistert, historische Linien verschoben werden?

«Jede Partei und jede Gruppierung muß für ihre Ansichten werben. Entweder besteht sie im Urteil der Bürger, oder sie geht unter.»

Von einem Konkurrenten deines Jugendpresseverbandes, dem «Dachverband der Jugendpresse», wird euch der Vorwurf gemacht, ihr würdet einer rechtsextremistischen Vereinigung, der Gruppe «Jugendarbeit '80», nahestehen. Dies sei schädlich für die Union. Stimmt dieses Urteil?

«Ich weiß nicht, was schädlich für die Union ist. Darüber haben wir uns in der ‹Initiative Jugendpresse› nie Gedanken gemacht. Der ‹Dachverband der Jugendpresse› müßte es eigentlich besser wissen, denn es waren viele DdJ-Mitglieder auf unseren Seminaren gewesen. Sie wissen ganz genau, daß wir als Verband überhaupt nicht versuchen, parteipolitisch aktiv zu werden, sondern nur als Moderatoren der Diskussionsrunden tätig sind. ‹Jugendarbeit '80› und ihre Nachfolgevereinigung, die ‹Stiftung für politische und christliche Jugendbildung›, ist ein Problem der Jungen Union und ihrer Landesverbände, aber nicht unseres. Im übrigen sollte der DdJ ein wenig in den eigenen Reihen in dieser Richtung recherchieren.»

Kannst du genauer erläutern, was die «Jugendarbeit '80» ist?

«Die Stiftung ist eine Gruppierung innerhalb der Jungen Union, die sich sehr intensiv mit einigen Denkschulen der Philosophie beschäftigt und damit wohl manchmal auf Differenzen mit anderen Richtungsflügeln der JU stößt.»

Der jetzige JU-Bundesvorstand betrachtet sie als rechtsextremistische Unterwanderungsbewegung. Vielleicht ist das die deutlichere Charakterisierung ...?

«Gut, das kann die Ansicht des Bundesverbandes der Jungen Union sein. Aber wie gesagt, die ‹Initiative Jugendpresse› hat nichts mit der ‹Stiftung› zu tun. Man sollte die Jugendpresse-Schiene nicht immer identisch mit der politischen Schiene sehen, erst recht nicht die Jugendpolitik zu sehr mit der Jugendpresse vermischen. Wenn wir extreme politische Ansichten vertreten würden, wären wohl kaum Persönlichkeiten wie Manfred Wörner, Helmut Haussmann, Annemarie Renger, Peter Boenisch oder Peter Scholl-Latour als Kuratoriumsmitglieder aktiv unsere Arbeit unterstützend tätig.»

Du legst viel Wert darauf, politische Jugendverbände und Jugendpresse zu trennen. Wollen wir uns deshalb mit dir privat und politisch beschäftigen? Wo ist deine politische Heimat, wo liegt deine politische Karriere, deine Zukunft?

«Ich bin Mitglied der Jungen Union in Königstein. Ein politisches Karriereziel habe ich deshalb aber nicht.

Ich habe mich parteipolitisch in der Jungen Union engagiert, weil ich es für wichtig finde, daß junge Menschen sich zu den vielen, wichtigen Fragen unserer Zeit eine Meinung bilden, statt ihrem Alltagstrott ohne Nachdenken nachzugehen. Wo sie sich engagieren, ist eigentlich gleich. Hauptsache, sie bleiben nicht passiv. Sie sollten in die Gruppierungen gehen, die die größten Übereinstimmungen mit ihren politischen Vorstellungen bieten. Bei mir war dies die Junge Union.

Ich engagiere mich momentan in einem Bereich, der mich sehr interessiert, den ich für sehr faszinierend und vielschichtig halte: eben in der Jugendpresse. Zudem studiere ich Jura und Geschichte in Frankfurt, jetzt im dritten Semester. Es wäre vermessen, irgendwelche langfristigen Berufspläne zu machen.»

Gibt es ein bestimmtes Spektrum, eine bestimmte Fraktion innerhalb der JU, der du dich zurechnest?

«Nein. Ich war zwar zwei Jahre lang landespolitisch tätig, aber zur Zeit bin ich einfaches Mitglied ohne jedes Mandat. Ich halte auch nicht sehr viel von Fraktionsbildung und dieser ganzen überflüssigen Klüngelei, die alle politischen Jugendverbände auszeichnet.»

Du würdest dich aber sicherlich eher zu einem liberalen Flügel bekennen?

«Wahrscheinlich, ja.»

Wahrscheinlich oder sicherlich?

«Ich halte ebenfalls nicht viel von diesen Etikettierungen, ob man nun ein linker Rechter oder ein rechter Linker ist.»

Na ja, wenn es dann aber um konkrete Politik geht, kann das sehr schnell sehr wichtig sein. Es wäre ja naiv zu behaupten, man sei alles auf einmal. So pluralistisch ist die Union nun auch nicht.

«Ein Politiker hätte dies wohl zu beachten. Als junger Journalist braucht man diese öffentliche Festlegung zum Glück noch nicht.»

Es fällt auf, daß gerade diejenigen, die der politischen Karriere am nächsten sind, am allerwenigsten darüber reden wollen. Ist das ein geschicktes «understatement»?

«Leute, die ein festes, starres Karriereziel haben, sollten diese Karriere erst gar nicht antreten. Das heißt nicht, daß man nicht eine gewisse Zukunftsplanung haben sollte. Ich halte nichts von denen, die ziellos durch die Welt gehen und nicht wissen, was sie morgen tun sollen. Ich halte eine gewisse Vorplanung sogar für sehr hilfreich.»

Wie sieht denn deine Zukunftsplanung aus?

«Ich werde die nächsten fünf bis sechs Jahre mit Studieren verbringen. Jura ist ein extrem langer Studiengang. Ich will versuchen, ein Jahr dieses Studiums im Ausland zu verbringen, in den Vereinigten Staaten oder in Großbritannien. Darüber hinaus geht meine Planung nicht.»

An Politik denkst du bei dieser Planung nicht?

«Nein, zumindest nicht in Form einer hauptberuflichen Tätigkeit. Das sagte ich ja bereits.»

Journalismus?

«Ja. Ich werde noch zwei oder drei Jahre in der ‹Initiative Jugendpresse› arbeiten. Als freier Mitarbeiter für Profiredaktionen könnte ich auch darüber hinaus journalistisch aktiv bleiben ...»

«Demokratische Statisten in einem faschistoiden Theater»

Berliner Mauerkämpfe: Zwischen Beton und Reform

«BSU Wilmersdorf Berlin, den 19. Dezember 1983

Die Berliner Schüler Union (BSU) ist ein Verband, in dem Andersdenkende verleumdet und bedroht werden, der Landesverband die Kreisverbände per Überweisungen und Aufnahmeblockaden gleichschaltet und die politische Generallinie nach rechtsaußen verschoben wird. Die BSU ist faktisch kein CDU-naher Verband, sondern die Quasi-Nachwuchsorganisation der ‹Bürgerinitiative Demokratie und Identität›, der ‹Konservativen Aktion› und der ‹Stiftung politische und christliche Jugendbildung e. V. in Gründung›. In der BSU wird nur Machtpolitik betrieben und keine vernünftige Sacharbeit geleistet. Die meisten Kreisverbände existieren nur auf dem Papier ... Wir sind nicht bereit, uns zu demokratischen Statisten in einem faschistoiden Theater zu machen, und sind ausgetreten! ... Die CDU, die JU und die Bundesebene der Schüler Union müssen dem demokratiefremden Treiben in der BSU ein Ende machen! Die CDU muß sich in ihrem eigenen Interesse von der BSU trennen, da sich die BSU als Jungwählerschreck entpuppt hat! Ein neuer CDU-naher Berliner Schülerverband muß gegründet werden! Wir fordern alle BSU-Mitglieder auf, aus der BSU auszutreten!»

Jacques-Manuel Jakubeck, Kreisvorsitzender der BSU Wilmersdorf, sowie 36 weitere Funktionsträger und einfache Mitglieder der Berliner Schüler Union setzten mit diesem offenen Brief fünf Tage vor Weihnachten ein deutliches Zeichen: In Berlins nach eigener Einschätzung «einziger demokratischer Schülerorganisation» geht es heiß her.

Am 12. Januar 1982 riefen aufgeregte SUler bei der Polizei an: Andreas Domeyer, der wenige Tage später zum Landesvorsitzenden der Schülervereinigung gewählt werden sollte, war im Anschluß an die Jahreshauptversammlung der Wilmersdorfer Schüler Union gleich am Eingang des Tagungshauses mit Opponenten in Streit geraten. Als der Sohn des Hausmeisters schlichtend eingreifen wollte, zog der Jungpolitiker seine Gaspistole ...

Dies sollte nicht der letzte Zwischenfall bleiben in den bis heute andauernden Machtkämpfen zwischen dem rechtskonservativen BSU-Landesvorstand unter Andreas Domeyer und den eher liberalen Kreisverbänden Wilmersdorf, Schöneberg, Steglitz und Zehlendorf. Recht geschickt bedienen sich die 16- bis 20jährigen Jungpolitiker dabei jener Methoden, die sie von ihren erfahrenen älteren Kollegen gewohnt sind. Als besonders beliebtes Mittel gelten Überweisungen einer größeren Anzahl von BSU-Mitgliedern in einen bestimmten Kreisverband, um dort Mehrheiten zu sichern. Dieses Verfahren, in der Satzung als Ausnahmeregelung zugelassen, wird jedoch in der BSU so exzessiv angewandt, daß Kritiker der Jungen Union bereits von «fliegenden Kreisverbänden» sprechen. Christian Krause, Kreisvorsitzender der BSU Schöneberg, beschreibt diese Vorgänge in einem internen Papier so: «Intention ist hier grundsätzlich, Kreisverbände, die nicht auf der Linie des Landesverbandes liegen, zu kippen bzw. ‹befreundete› Kreisverbände gegen Widerstand aus dem eigenen Verband zu stützen. So wurde im Dezember 1981 eine Gruppe von Mitgliedern von Tiergarten nach Charlottenburg überwiesen, die dort innerhalb kürzester Zeit den Verband übernahm und inzwischen den Vorstand stellt. Seit der Überweisung zählt Charlottenburg zu den treuesten Mitgliedern ... Als die Charlottenburger Freunde dann plötzlich im eigenen Verband in Mehrheitsnöte kamen, zögerte der Landesverband nicht lange und überwies erneut eine Anzahl Mitglieder. In einem weiteren Fall wurde Peter Plath, der im Reinickendorfer Kreisvorstand gewesen war, samt Begleitung nach Kreuzberg überwiesen, wo er bald danach zum Vorsitzenden avancierte.»

Wenig später überwies der Landesvorstand zwölf Mitglieder nach Schöneberg.

Auch die parlamentarische Gepflogenheit des Ordnungsrufs zog mit Andreas Domeyer in die Schüler Union ein. Seit zwei Jahren vergeht kaum eine Sitzung des Landeskoordinationsausschusses (LKA, monatlich tagendes Gremium der 12 BSU-Kreisvorsitzenden plus Landesvorsitzender), bei der nicht entsprechende Rügen verteilt wurden. «Ordnungsruf Christian Krause wegen dummem Grinsen» heißt es im Protokoll vom 29. September 1982.

Seite 3 des Protokolls des BSU-LKA vom 28.1.83

Vom KV Tempelhof werden in den KV Charlottenburg überwiesen: Constantin Stolle, Alexander Stolle, Ben Niederstadt.

Philipp Eickhoff wird bei 2 Enthaltungen mehrheitlich vom KV Tiergarten in den KV Charlottenburg überwiesen.

Aus dem KV Reinickendorf werden mehrheitlich in den KV Charlottenburg überwiesen : Kai Weigert, Daniela Mc Carthy, Wolfgang Thorau, Joachim D. Boroschewski, Scholtz, Th. Drüen,

Aus dem KV Spandau werden mit Mehrheit in den KV Charlottenburg überwiesen : Christian Jung, Catrin Broschke, Michael Görlich , Christian Kuschel, Marion Wirser, Nicola Kegel. 16.

TOP 13

Verschiedenes.

TOP 14

Der Landesvorsitzende hält ein Schlußwort.

Ende der Versammlung : 21:25 Uhr.

Die Versammlung fand im Ernst-Lemmer-Institut statt.

Ordnungsrufe : Je 2 erhielten : Schweitzer, Jakubeck, H. Witt, Domeyer, Senft, Krause. Je 1 erhielten : Wedekind, Dormann, Th. Witt, Schmidt, Hein, Weigert.

F.d.R. :

Carsten Pagel

Carsten Pagel
Versammlungsleiter und
Protokollführer

Besonders turbulent geht es am 16. Mai 1983 zu. 15 Ordnungsrufe läßt Andreas Domeyer ordentlich protokollieren. Der brisante Tagesordnungspunkt: Mißtrauensanträge gegen drei Landesvorstandsmitglieder. Während Jacques-Manuel Jakubeck, damals als Vertreter der Opposition im Landesvorstand, von der Mehrheit der Kreisvorsitzenden das Vertrauen ausgesprochen wird, muß Torsten Witt seinen Posten als stellvertretender Landesvorsitzender und Landesgeschäftsführer räumen; sein Bruder Heiko bleibt bei Stimmengleichheit gerade noch im Amt.

Einen Tag darauf, am 17. Mai 1983, erhält Jacques-Manuel Jakubeck einen Anruf von seinem Vorsitzenden. «Domeyer wollte sich mit mir am nächsten Tag in der Landesgeschäftsstelle treffen», berichtet er später. Doch in der Geschäftsstelle erwartet ihn zum vereinbarten Zeitpunkt nicht der Vorsitzende, sondern Torsten Witt. Zwei

Stunden später liegt Jakubeck im Klinikum Westend, um sich seine Verletzungen behandeln zu lassen. «Aus Rache schlug mich Torsten Witt, der mit einem nicht erlaubten Stilett bewaffnet war, in der BSU-Landesgeschäftsstelle zusammen», schildert er den Vorgang in einem Brief an den Landesvorsitzenden der CDU, Richard von Weizsäcker. «Vom BSU-Landesvorsitzenden Andreas Domeyer kamen nicht einmal Erklärungen des Bedauerns. Jetzt ist ein Punkt erreicht, wo die innerverbandliche Demokratie nicht nur durch militantes Denken einiger gefährdet wird, sondern nun auch durch gewalttätige Aktionen. Torsten Witt und Andreas Domeyer tragen stets Gaspistolen bei sich ... Jetzt ist die CDU gefordert, auf den BSU-Landesverband Einfluß zu nehmen, um diese äußerst bedrohliche Entwicklung in der BSU aufzuhalten ...»

Schon zu dem Zeitpunkt gab es Austritte aus der Schüler Union und Rücktritte von Vorstandsposten vor allem aus dem Kreisverband Wilmersdorf, wo Domeyer mit Hilfe seiner Freundin Diana Pusch alles versuchte, die Mehrheitsverhältnisse zu ändern. «Domeyer blockiert die Aufnahme von sieben Personen, weil sie Pusch-Gegner sind», beklagt sich der Kreisvorsitzende Jakubeck im November 1983. «Am 10.11.1983 gab Pusch auf unserer Kreisvorstandssitzung Beitrittserklärungen ab, auf denen eine von ihr beeinflußte Person die Unterschriften gefälscht hatte.» Mit ungewöhnlichen Methoden hatte Diana Pusch, deren Vater Polizeibeamter und CDU-Ortsvorsitzender ist, vier Wochen vor der Jahreshauptversammlung Mitschüler für die Schüler Union geworben, wie einige der Betroffenen später in Austrittsschreiben erklärten, nachdem sie erste Informationen von der Schüler Union erhalten hatten: «Hiermit erkläre ich, daß ich die Beitrittserklärung vom 25.10.1983 zurückziehe. Ich tue dies, weil mir vorgegaukelt wurde, es würde sich bei der BSU um einen Video-Verein handeln, der nichts mit Politik zu tun hat. Ich interessiere mich auch gar nicht für Politik», schreibt ein 13jähriger. «Ferner finde ich es auch sehr seltsam, daß mir eine gewisse Diana Pusch anbot, wenn ich sieben weitere Mitglieder werbe, würde ich z. B. ein Freigetränk oder eine Tafel Schokolade bekommen, ohne mich über die BSU aufzuklären.»

Seit dem Massenaustritt von über 40 Wilmersdorfer SU-Mitgliedern zur Jahreswende 1983/1984 fanden dort zwei Hauptversammlungen statt. Zur ersten erschienen dreizehn Mitglieder und zur zweiten acht. Es herrscht Ruhe im Verband. Die BSU-Rechten haben sich durchgesetzt. Diana Pusch ist Kreisvorsitzende geworden. Zu ihren Stellvertretern machte sie Patrick Schmidt, Martin Rieger und Michael Frohnert, die schon einmal wegen «Untätigkeit» oder «rechtsra-

Betrifft: Beitrittserklärung

Hiermit erkläre ich, Olaf Ziedtke, daß ich die Beitrittserklärung für die BSU-Wilmersdorf, vom 27.10.83, zurückziehe. Ich tue dies, weil mir vorgelogen wurde, bei der BSU handelte es sich um einen Video-Verein, von Politik war dabei nicht die Rede. Außerdem wurde meine Unterschrift auf der Beitrittserklärung gefälscht.

Mit freundlichen Grüßen

Olaf Ziedtke

dikaler Geschichten» aus diesem Vorstand «entfernt» wurden. So stellte Michael Frohnert am 11. Januar 1983 den Antrag, die Koreanerin Sung-Suk Yang aus der Schüler Union auszuschließen, weil sie eben Ausländerin ist. «Ausländer können deutsche Organisationen nicht repräsentieren», argumentierte er.

Daß die Kritiker dieser auch «Betonfraktion» genannten CDU-Rechten mittlerweile aus der Berliner Schüler Union ausgetreten sind oder resigniert haben, zeigt sehr deutlich, wie die Mehrheitsverhältnisse in diesem Verband zementiert wurden und von welchem Selbstverständnis aus die führenden Jung-Rechten Politik betreiben. Nicht zufällig wollen sie demonstrativ das «konservative Element christlich-demokratischer Politik» stärken.

Die theoretische Grundlage für diese Politik legten sie verbindlich auf einer Landeskonferenz am 15. Mai 1982 fest. «Die Berliner Schüler Union bekennt sich zu einer konservativen Politik», heißt es einleitend im dort verabschiedeten «Konservatismus-Papier». «Konservatismus hat im steten, evolutionär begriffenen historischen Wandlungsprozeß die Verwirklichung von Freiheit und Menschenwürde und darüber hinaus die Erreichung eines optimalen Istb s u w i l m e r s d o r f

---

an alle die es angeht   berlin, den 19. dezember 1983

die berliner schülerunion (bsu) ist dank der "freunde" pagel, rieger, motschmann, witt, domeyer, pusch, pandera und frohnert u. e. ein verband, in dem andersdenkende verleumdet und bedroht werden, der landesverband die kreisverbände per überweisungen und aufnahmeblockaden gleichschaltet und die politische generallinie nach rechtsaußen verschoben wird. die bsu ist faktisch kein cdu-naher verband, sondern die quasi-nachwuchsorganisation der "bürgerinitiative demokratie und identität (bi)", der "konservativen aktion (ka)" und der "stiftung politische und christliche jugendbildung e. v. in gründung".
in der bsu wird nur machtpolitik betrieben und keine vernünftige sacharbeit geleistet (rudel-porträts werden zum politikersatz!). die meisten kreisverbände existieren nur auf dem papier, so waren bspw. auf der hauptversammlung in kreuzberg 6, in wedding 8, in tempelhof 9, in tiergarten 14, in spandau 21 und in neukölln 22 mitglieder.
was wilmersdorf betrifft, so haben wir die domeyer-gruppe stets kritisiert sowie die unvereinbarkeit zu bi und ka beschlossen, worauf domeyer & co. uns bekämpften, so annulierte andreas domeyer unsere aufnahme von ju-mitgliedern, so stellte michael frohnert ausschlußanträge gegen ausländer, so gab diana pusch uns gefälschte beitrittserklärungen ab und carsten pagel sowie die fdp-mitglieder rainer bleckmann und ulrich hahn mischten sich bei uns ein.
unter diesen umständen können wir keine demokratischen wahlen mehr abhalten. wir sind nicht bereit uns zu demokratischen statisten in einem u. e. faschistoiden theater zu machen und sind ausgetreten!
jetzt gilt es, den beschluß der hauptversammlung der ju wilmersdorf zu verwirklichen, wonach die bsu nicht mehr als cdu-naher verband anerkannt werden soll. die cdu, die ju und die bundesebene der schülerunion müssen dem demokratiefremden treiben der bsu ein ende machen! die cdu muß sich in ihrem eigenen interesse von der bsu trennen, da sich die bsu für die cdu als jungwählerschreck entpuppt hat! ein neuer cdu-naher berliner schülerverband muß gegründet werden!
wir fordern alle bsu-mitglieder auf, aus der bsu auszutreten!

es sind aus der bsu ausgetreten:
jacques-manuel jakubeck (kreisvorsitzender der bsu wilmersdorf), thomas wallborn (stellv. kreisvorsitzender), rolf hein (stellv. kreisvorsitzender), sebastian neumann (stellv. kreisvorsitzender), andreas hartstack (schulgruppenvorsitzender), sven menzel (schulgruppenvorsitzender), jürgen schneider (schulgruppenvorsitzender), jens kellerhoff (kreisvorstandsmitglied), sven kellerhoff (kreisvorstandsmitglied), sascha kerl (kreisvorstandsmitglied), henner janzen (kassenprüfer), holger kleinschmidt (stellv. schulgruppenvorsitzender), hartmut kampe (stellv. schulgruppenvorsitzender), olaf wilms (stellv. schulgruppenvorsitzender), michael rickmann (stellv. schulgruppenvorsitzender), kim jahnke (stellv. schulgruppenvorsitzender), martin zastrow, uwe paschelka, sönke staben, markus zielasko, lars wohlgemuth, carsten herbst, torsten pabst, susen pabst, thorsten gerth, anja bode, susanne goldmann, stefan stift, lutz thinius, konstantin renner, frank neumann. zuvor sind bereits ausgetreten: nadja el-khadra, ute hoppe. ihre beitrittserklärungen für die bsu haben zurückgezogen: olaf liedtke, johan roth, jürgen schröder, michael frank.

kontaktadressen: r. hein, kissinger str. 2o, 1 - 33, tel. 823 68 59,
j.-m. jakubeck, wittelsbacherstr. 1oa, 1 - 31, tel. 881 67 oo,
j. kellerhoff, am hirschsprung 6o, 1 - 33, tel. 832 89 45,
s. kerl, turmstr. 83, 1 - 21, tel. 393 89 45.

Zustandes des Seins durch die Politik zum Ziel. Ausgangspunkt ist dabei die Institution oder das System in ihrem Ist-Zustand. Sie sind grundsätzlich als ‹gut› anzusehen, wenn sie Freiheit und Menschenwürde gewährleisten, gelten aber auf Grund der Unvollkommenheit menschlichen Handelns als verbesserungsfähig und insbesondere als dem sich im Zuge des historischen Prozesses wandelnden Seinszustand anzupassen. Nicht die Existenz, sondern die Abschaffung einer Institution oder eines Systems muß damit rational begründet werden», philosophieren die konservativen Oberschüler. In Übereinstimmung mit den «theoretischen Grundlagen» der «Jugendarbeit '80» geht es weiter: «Der Konservatismus beinhaltet somit auch das Gedankengut des kritischen Realismus, welcher besagt, daß sich sämtliche menschliche Erkenntnis auf das Sein bezieht und sich mit ihm prüfen lassen muß. Dabei geht der kritische Realismus davon aus, daß es unumstößliche Wahrheiten und die Existenz eines transzendenten Geistes gibt ...» «Zu diesem Konservatismus», heißt es abschließend, «bekennt sich die Berliner Schüler Union als demokratischer Jugendverband der Mitte.»

Nicht weniger eindeutig formuliert der rechte CDU-Nachwuchs seine Abgrenzung zu dem, was sie nicht mögen: Kollektivismus und Individualismus. «Der Kollektivismus strebt die Organisation der Gesellschaft in Form eines autoritären oder totalitären Staatswesens an. ... Auf Grund falscher Dogmen der Gleichheit aller Menschen findet der einzelne in der Politik keine Berücksichtigung, egal ob der Kollektivismus hier in der Form des Nationalsozialismus oder in der des international-sozialistischen Kommunismus auftritt. Beide unterscheiden sich nur formal, nicht aber qualitativ, da sie beide zur Vermassung, damit zur Despotie einiger weniger und so zum Verlust von Freiheit und Menschenwürde führen ... Der Individualismus zeichnet sich durch die Begrenzung staatlicher Macht über das notwendige und erträgliche Maß hinaus und die bis zur Selbstzerstörung entartete Toleranz aus. In seiner schlimmsten Form, dem Anarchismus, der als Endpunkt liberaler laissez-faire-Politik gesehen werden muß, tritt ein Zustand der Rechtlosigkeit ein ... Der Individualismus gewährt Recht nur den Starken, ohne diesen soziale Verpflichtungen aufzuerlegen. Seine Politik führt daher in ihrer letzten Konsequenz zum Verlust von Freiheit und Menschenwürde durch die Despotie einiger weniger ...»

Als Gastredner sprachen auf dieser Landeskonferenz der stellvertretende Vorsitzende der Konservativen Aktion, Prof. Konrad Löw von der Universität Bayreuth, sowie der Vorsitzende des Kuratoriums der Konservativen Aktion, «der uns allen bekannte Fernseh-

Aus grauer Vorzeit – Folge 2

Der enge Freundeskreis um Echternach traf sich privat zweimal die Woche. In diesem Kreis wurde der weitere Machtzuwachs und die Probleme des Machterhalts diskutiert und geplant. Echternach ist dabei stets die Zentralfigur, ihm zollt man Respekt, und um seine Karriere geht es. Je mehr es gelang, ihn auf der Erfolgsleiter zu fördern, desto sicherer war der eigene Karriereaufstieg: «Das Prinzip der gegenseitigen Loyalität bestand machtpolitisch darin, zu unterstützen, um unterstützt zu werden». Unter Echternach war «der persönliche und sachliche Spielraum ... relativ klein, die Möglichkeit des Aufstiegs mit ihm aber relativ groß ...»

Aus eigener Erfahrung und eigener Praxis wußte Echternach, daß Koalitionspartner nur dann als Vertrauensmänner eingestuft werden können, wenn man sie ständig kontrolliert, wenn man Demutsbezeugungen nicht nur anerkennend hinnimmt, sondern auch Demütigungen regelmäßig verabreicht. Die Mitglieder des engeren Freundeskreises übernahmen die Aufgabe, z. B. als «Bezirksreferenten», die Verläßlichkeit der Koalitionspartner zu beobachten, bei Änderung von Machtverhältnissen, die nicht mit Echternach abgesprochen waren, wurde alsbald interveniert, und von Zeit zu Zeit war der eine oder andere Bezirksvorsitzende sowieso «dran» – weil dem Führungsklan einfach seine Nase nicht mehr paßte. So entwickelte sich in der JU eine latente Atmosphäre des Terrors und der Existenzangst bei den Unterführern.

Die Heimsuchungen erfolgten durch ein sehr simples Sanktionsinstrument, das im internen Sprachgebrauch «Echternachs fliegender Bezirk» genannt wurde: Mit dieser Bereitschaftstruppe konnten jederzeit loyale Mitglieder von einem Bezirk in den anderen umgruppiert werden. Die «Übertritte» billigte der Landesvorstand. Der Landesvorsitzende persönlich war mit dem satzungsmäßigen Recht ausgestattet, eine Bezirksversammlung einzuberufen und etwa eine Abwahl des zuvor gewählten Bezirksvorsitzenden durchzuführen, indem er die Sitzung selbst leitete.

Wenn nun von seinen Gegnern Masseneintritte organisiert wurden, um die Mehrheit einer Region des Landesverbandes zu ihren Gunsten umzustimmen, so wußte Echternach auch da noch Rat: In Hamburg-Wilhelmsburg war ein starkes Subsystem entstanden, das sich vornehmlich aus Katholiken zusammensetzte, die eng zusammenhielten und in deren Bereich Echternach nicht einbrechen konnte. Da dieser Tatbestand allein schon genügte, um in der ständigen Angst leben zu müssen, daß der große Vorsitzende irgend etwas Unheimliches plant, entschloß sich dieser katholische Sprengel zur Flucht nach vorn: Zu einem Stichtag wurden auf der Geschäftsstelle über 200 Eintrittsgesuche hinterlegt, mit Hilfe derer man die weitere Ausdehnung des Echternach-Einflusses einzudämmen hoffte.

Als Echternach von diesem Ereignis erfuhr, schoß ihm sogleich der rettende Einfall in den Kopf: Er überlegte, ob die Junge Union überhaupt eine Organisation ist, in die Jugendliche ohne die ausdrückliche Genehmigung von erziehungsberechtigten Personen eintreten dürfen. Diese «jugendgefährdende» Aktion mußte abgeblasen werden: Echternach schrieb an die Eltern der Betroffenen und verlangte von ihnen eine schriftliche Einverständniserklärung für den so wichtigen Schritt im politischen Leben ihrer Zöglinge. Die von Echternach gesetzte Frist betrug 14 Tage. Seine Rechnung ging auf: Nur 30 Eltern kamen termingerecht mit ihren Erklärungen über. Obwohl die Satzung der Jungen Union eine derartige Sicherheitsmaßnahme nicht vorsieht und auch sonst kein ergänzender Beschluß in diesem Sinne gefaßt wurde, stellte Echternach sich auf den Standpunkt, daß es in seinem Ermessen liege, die Satzung so auszulegen, wie er sie als objektiv interpretierbar verstehe.

(Aus: Becker/Wiesendahl, Ohne Programm nach Bonn oder Die Union als Kanzlerwahl-Verein. Reinbek 1972)

moderator Gerhard Löwenthal (ZDF-Magazin), der mit stehendem Beifall begrüßt wurde». KA-Geschäftsführer Joachim Siegerist, gern gesehener Gast auch bei internen BSU-Sitzungen, hatte beiden Referenten «kostenlos angeboten» und darüber hinaus auch zugesichert, «uns in Zukunft bei eventuellen ‹Engpässen› finanziell unter die Arme zu greifen», wie Andreas Domeyer, inzwischen selbst Mitglied der Konservativen Aktion geworden, zufrieden dem CDU-Generalsekretär berichten konnte.

Diese Landeskonferenz und die folgende «Konservative Woche» hatten einen besonderen Anlaß: der Besuch des «größten konservativen Staatsmannes unserer Zeit, Ronald Reagan» stand bevor.

Zur Begrüßung ihres Idols hatten sich die Konservative Aktion und die Berliner Schüler Union zusammengetan. Gemeinsam überreichten sie den in Berlin stationierten US-Soldaten «für die Verteidigung unserer Freiheit» weiße Rosen und Dankesbriefe; Flugblätter und eine ebenfalls gemeinsam getragene Großveranstaltung im Internationalen Congress Centum machten deutlich: «Die Berliner Jugend steht zu Amerika!»

Zweck dieser ganzen Aktion war es, «die Inhalte des konservativen Elementes christlich-demokratischer Politik, welches wir für das Wichtigste halten, (zu) vertiefen», erläutert der Landesvorstand im Rechenschaftsbericht 1982. «Diesem Konservatismus soll alles staatliche Handeln unterworfen sein», heißt es auch abschließend im «Konservatismus-Papier», das in Kreisen der Jungen Union als «faschistoid abklassifiziert» wurde, wie sich Andreas Domeyer in seinem Bericht beklagte, ohne jedoch nur ansatzweise Distanz zu entsprechenden Vorfällen innerhalb seiner Gruppe anklingen zu lassen. So protestierte auch nur ein einziges BSU-Mitglied, als nach der Reagan-Kundgebung während der Fahrt zur nächsten Aktionsstätte ein BSU-Aktivist die «Nationalzeitung» verteilte.

Zu seinem Bedauern mußte Andreas Domeyer auch darüber klagen, daß die obligatorische Aktion zum 13. August unter dem Motto «Die Mauer muß fallen» und die deutschlandpolitischen Aussagen der BSU «von vielen Seiten absichtlich entstellt» wurden. Der Landesvorstand sah sich veranlaßt, noch einmal unmißverständlich zu bekräftigen: «Die Berliner Schüler Union bekennt sich zu unserem Vaterland in den Grenzen von 1937 und hält den Gedanken an eine Wiedervereinigung von ganzem Herzen aufrecht ... Es gibt für uns keine ‹ehemaligen› deutschen Ostgebiete, sondern nur deutsche Ostprovinzen unter polnischer und sowjetischer Verwaltung.»

Probleme gab es auch mit der SU-Bundesebene. Zwar bestanden «gute Kontakte zum Chefredakteur des bundesweiten Organs der Schüler Union, Stefan Hesse», jedoch das wichtigste Ziel wurde «knapp verfehlt»: «den durch sachliche Kompetenz ausgezeichneten Vorsitzenden der Schüler Union Hessen, Frank-Dieter Freiling, zum Bundessprecher zu wählen».

Die Kontakte zur CDU waren «trotz erheblicher Störmanöver von uns nicht wohlgesonnenen Personen im großen und ganzen positiv». Nur mit dem «liberalistischen» JU-Landesvorstand hatten die rechten Schüler ihre Schwierigkeiten. Dessen Schülerbeauftragter, «der keine Gelegenheit ausließ, die BSU in den Dreck zu ziehen», wurde von den Sitzungen kurzerhand ausgeschlossen. In einem Brief an den Generalsekretär der Berliner CDU beklagte Domeyer sich über die «erheblichen politischen Unterschiede zwischen JU und BSU – die Schüler Union wird das in der JU umgreifende Liberalitätsdenken sowie den durch die sogenannte Reformgruppe praktizierten Linksrutsch nie unterstützen ...»

Die Machtkämpfe zwischen «Betonfraktion» und «Reformgruppe» innerhalb des Berliner CDU-Spektrums eskalierten mediengerecht inszeniert im Januar 1983 mit dem Erscheinen einer neuen Ausgabe der Tiergartener Schülerzeitung *Klartext*. Herausgeber dieser Zeitung war Carsten Pagel, Kreisvorsitzender der Jungen Union Tiergarten und Schatzmeister der «Stiftung». Seit 1976 Mitglied der Schüler Union, etablierte er sich sehr schnell auf den verschiedenen Vorstandsebenen der Unionsjugend. 1977 wurde er bereits SU-Kreisvorsitzender und im Juni 1980 sogar Landesvorsitzender. Damals gehörte er noch zur Reformgruppe und wurde mit Hilfe des liberalen JU-Landesvorsitzenden Joachim Krüger Kreisvorsitzender der Jungen Union Tiergarten. Als er merkte, daß die Reformer ihm nun auf seinem Weg nach oben nicht weiterhelfen konnten, wechselte er seine politischen Freunde und suchte sich eine andere Basis. Ohne selbst rechtsradikale Ansichten zu vertreten, ist der 21jährige Jura-Student heute einer der Exponenten der «Betonfraktion». Bei den Wahlen im März 1985 kandidiert er auf einem sicheren Listenplatz zur Bezirksverordnetenversammlung.

Ginge es nach dem Willen seiner politischen Gegner, wäre Carsten Pagel längst kein CDU-Mitglied mehr, geschweige denn Funktionsträger. Der RCDS versucht bereits zum zweitenmal, ihn wegen seiner Mitarbeit bei der «Stiftung» aus seinen Reihen auszuschließen; ein von den Sozialausschüssen der CDU beantragtes Parteiordnungsverfahren wurde jedoch ebenso niedergeschlagen wie ein entsprechender Antrag des letzten JU-Landesvorstandes.

Anlaß für diese Verfahren waren niemals persönliche rechtsradikale Äußerungen oder Aktivitäten von Carsten Pagel. Selbst politische Gegner bescheinigen ihm zuweilen einen «eher liberalen» Umgang mit seiner Gefolgschaft. Carsten Pagel verlange niemals «politische Glaubensbekenntnisse» oder Kritiklosigkeit gegenüber seiner Person. Ihn interessiere nur «absolute Zuverlässigkeit» bei Wahlen. Carsten Pagel gehört zu jener Art von Politiker, der seine Augen vor allen Fehltritten seiner «Basis» verschließt, solange er ihre Stimmen zur Durchsetzung seiner Karrierewünsche benötigt. So stellte er sich auch im Januar 1983 vor seine Leute.

Während überall in der Stadt anläßlich des 50. Jahrestages der nationalsozialistischen Machtergreifung Gedenkveranstaltungen vorbereitet wurden, gedachte die *Klartext*-Redaktion in der ihr eigenen Art ebenfalls eines soeben verstorbenen Helden, dem «Adler der Ostfront», dem «härtesten und erfolgreichsten Kampfpiloten aller Zeiten: Stuka-Oberst Rudel». Da in der Öffentlichkeit «sein Leben und seine Erfolge» weitgehend unbekannt seien, lieferte *Klartext*-Redakteur Markus Motschmann (18) sogleich Wissenswertes nach:

«Uns lag nicht daran, Rudels bekannte rechtsextremistische Ansichten und Aktivitäten nach dem Zweiten Weltkrieg zu würdigen ..., sondern an seine weithin unbekannten soldatischen Leistungen während des Krieges zu erinnern ...»

Zu ihrer Entlastung verwiesen die munteren Redakteure forsch auf frühere Ausgaben, die sich auch mit dem Rechtsextremismus auseinandergesetzt hätten. Ein entsprechender Beitrag vom Autor des Rudel-Porträts lag gleich bei. «Sind die Rechtsradikalen eine Gefahr?» fragt sich Markus Motschmann darin – und winkt sogleich ab: «Obwohl die augenblickliche Krisensituation (Arbeitslosigkeit, Wirtschaftsflaute, Ausländer) ein guter Nährboden für einen aufkeimenden Rechtsradikalismus sein könnte, haben die Rechtsextremisten in der Bundesrepublik nicht die Spur einer Chance.» Hinter Ausschreitungen und Bombenanschlägen wie beim Münchner Oktoberfest stecken nicht neonazistische Gruppen, sondern die «gehen auf das Konto psychopathischer Einzelgänger. Häufig hat dabei auch der sowjetische Geheimdienst KGB seine Hände mit ihm Spiel. Seit geraumer Zeit werden neonazistische Gruppen in der Bundesrepublik nämlich aus dem Osten unterstützt ... Denn durch die Förderung rechtsradikaler Aktivitäten können die Sowjets geschickt die Öffentlichkeit in der Bundesrepublik von der viel akuteren Gefahr des Linksradikalismus ablenken. Außerdem sind die Ziele von Links- und Rechtsradikalisten ja in vielen Punkten identisch. Antiamerikanismus, Antisemitismus, Kampf gegen Freiheit und Demokratie, gegen die christliche Konfession, gegen die soziale Marktwirtschaft, gegen das westliche Verteidigungsbündnis und gegen den Bestand der Bundesrepublik sind Kennzeichen der extremen Rechten und Linken.»

Die jungen Militaristen fühlen sich vor allem von Kriegs(dienst)gegnern, Kommunisten und Ausländern bedroht. Schon ein Jahr zuvor – im Bonner Hofgarten hatten gerade «250000 selbsternannte Friedensapostel» demonstriert – durfte Markus Motschmann in der «größten Schülerzeitung in Tiergarten» diesen «verkappten antiamerikanischen Parteitag mit Volksfrontcharakter» kommentieren. Nicht nur für den KA-Vorsitzenden Ludek Pachman sind Friedensdemonstranten «Rechtsbrecher, Chaoten und Kommunisten» oder schlicht «Geisteskranke», seine jungen Freunde eifern ihm kräftig nach. «Mitglieder dieser Volksfront sind größtenteils Hippies, (Alter)naive und Sozialisten, die wahrscheinlich ernstlich um den Frieden besorgt sind, sich aber der Bedeutung ihres Handelns und ihrer Methoden, den Frieden zu erhalten – mangels Fähigkeit zum logischen Denken –, gar nicht bewußt sind», klärt Motschmann in *Klartext 13* die Tiergartener Schülerschaft auf. Wer behauptet, «die These von der Überlegenheit der Sowjetunion sei ein Märchen», der

STUKA-OBERST RUDEL

Vor wenigen Wochen starb Hans-Ulrich Rudel,der erfolgreichste Kampfflieger aller Zeiten,im Alter von 66 Jahren.Da in der Öffentlichkeit sein Leben und seine Erfolge weitgehend unbekannt sind,hier eine kurze B-iographie über den "Adler der Ostfront",wie er von den Landsern genannt wurde.

1916 kam Rudel in Schlesien in einem ev. Pastorenhaus zur Welt und wurde streng christlich erzogen. 1936 bewarb er sich mit Erfolg bei der Luftwaffe zum Offizierslehrgang.Bei Kriegsbeginn 1939 wurde er zunächst als Aufklärungspilot in Polen eingesetzt.Im April 1941 erfolgte dann jedoch die Versetzung zu einem Kampfgeschwader in Griechenland.Mit Beginn des Rußlandfeldzuges flog er dann seine ersten Einsätze als Sturzkampfpilot im legendären "Stuka Ju-87".Hier avancierte er auch zum härtesten und erfolgreichsten Kampfpiloten aller Zeiten. In vier Jahren flog er 2.530 (!) Einsätze. Dabei vernichtete er 519 sowjetische Panzer, versenkte auf eigene Faust mit einer 500-kg-Bombe ein Schlachtschiff,ferner einen Kreuzer, einen Zerstörer und 70 Landungsboote.

Er vernichtete über 800 Kriegsfahrzeuge,mehr als 150 Artillerie-,Pak- und Flak-Stellungen, vier Panzerzüge und 10 Flugzeuge und rettete sechs notgelandete Besatzungen vor der Gefangenschaft.Er wurde über dreißigmal von sowjetischer Flak abgeschossen,wobei er zwar fünfmal schwer verwundet wurde,doch alle Abstürze überlebte.

Am 21.3.1944 landete er wieder einmal absichtlich auf Feindgebiet,um eine abgeschossene Besatzung seines Geschwaders vor der Gefangenschaft zu bewahren.Dabei geriet er selbst in die Hände der Sowjets. Doch trotz eines Schulterschusses gelang ihm die Flucht ca. 50 km zurück zu den deutschen Linien.Am 1.1.1945 erhielt er als erster und einziger deutscher Soldat die höchste Tapferkeitsauszeichnung: das Goldene Eichenlaub mit Schwertern und Brillanten zum Ritterkreuz des Eisernen Kreuzes. - Wenig später mußte ihm nach einem Treffer der sowjet. Flak der rechte Unterschenkel amputiert werden.Trotz Flugverbotes flog er schon kurz darauf wieder glorreiche Einsätze,zu denen er nun wegen seiner Amputation von seinen Kameraden ins Flugzeug getragen werden mußte.

In den letzten Kriegsmonaten verausgabte er sich oft bis zur totalen Erschöpfung (z.T. über 10 Einsätze pro Tag!),um mit seinem Kampfgeschwader die anstürmenden Sowjethorden wenigstens solange aufzuhalten,bis die Zivilbevölkerung aus den bedrohten Ostgebieten geflohen war.Auf diese Weise rettete er Tausende von Deutschen vor Massakrierung,Vergewaltigung und Ermordung.

Nach dem Krieg floh er nach Argentinien,da Stalin auf ihn ein persönliches Kopfgeld von 100.000 Rubeln ausgesetzt hatte.1955 kehrte er in die Bundesrepublik zurück und arbeitete fortan als Berater in einem Industriebetrieb.

Markus Motschmann

"Verloren ist nur,wer sich selbst aufgibt."

Hans-Ulrich Rudel

beweise damit nur, «daß er entweder nicht lesen kann oder aber von der marxistisch-kommunistischen Ideologie schon so sehr geistig umnebelt ist, daß er die Realität nicht mehr wahrnehmen kann». Dafür sorgen schon «in dieser Volksfront von Moskau eingeschleuste Volksverhetzer, Anarchisten und Kommunisten, die die Friedensbewegung zum Vorwand nehmen, um weite Bevölkerungsteile gegen unseren Staat aufzuhetzen, die Verteidigungsbereitschaft der Bundesrepublik Deutschland zu schwächen und unsere freiheitlich-demokratische Grundordnung zu untergraben».

Das Rudel-Porträt war kein einmaliger Ausrutscher dieser in ihrer Selbsteinschätzung «betont konservativen Schülerzeitung», die monatlich in einer Auflage von 1500 Exemplaren von den jungen Rechten an fünf Tiergartener Gymnasien verteilt wurde, sondern eher ein repräsentativer Einblick in die Gedanken- und Lebenswelt dieser radikalisierten Jungunionisten. Ein extremer Militarismus, verbunden mit einer Vorliebe für Brutalität jeglicher Art, Haß auf «alles Linke» und eine menschenverachtende Ausländerfeindlichkeit tauchen immer wieder in *Klartext* und den anderen Schülerzeitungen dieser Gruppe auf. Selbst die Ausländerbeauftragte des Berliner Senats, Barbara John, sah sich mehrfach genötigt, auf Artikel Stefan Riegers zu reagieren. «Damit werden die Horrorparolen bestimmter Kreise bestätigt, die glauben, mit dem Ausländerproblem einen Aufhänger für ihr politisches Comeback gefunden zu haben», schrieb die Christdemokratin dem rechtsradikalen JU-Autor.

Gemeint war ein Beitrag des 17jährigen im offiziellen BSU-Verbandsorgan *BSU intern*, in dem er unter Berufung auf den Astrologie-Professor Theodor Schmidt-Kaler, CDU-Funktionär in Bochum und Unterzeichner des berüchtigten «Heidelberger Manifestes», «bürgerkriegsähnliche Zustände und Rassenkrawalle» vorhersagte, falls der «Ausländerzustrom» nicht gestoppt würde.

Unter gleichem Titel hatte Rieger bereits zuvor in *Klartext* 14 die «ständig zunehmende Überfremdung» beklagt. Nach seiner Einleitung folgte der in Neonazi-Kreisen beliebte «Brief eines Gastarbeiters» an «Suleika, meine liebe Frau», eines der übelsten Dokumente rassistischer Hetze. Drei Ausgaben zuvor meinte Rieger schon die wachsende Ausländerfeindlichkeit als natürliche Folge einer «vernunftwidrigen, volksfeindlichen Ausländerpolitik» der SPD/FDP-Regierung erklären zu müssen. «Der Ruf nach einem ‹starken Mann› wird laut, wenn sich Deutsche über mangelnden Anpassungswillen, steigende Ausländerkriminalität und eventuelle Einführung des Wahlrechts für Ausländer beklagen», drohte er. «Jeder zweite Berliner will mit Türken nichts zu tun haben, jeder siebte wünscht sie ins

separate Wohngebiet», zitiert er eine Infas-Umfrage. Solche Erscheinungen hätten nichts mit Ausländerhaß zu tun, die Ursachen dafür «sind ganz einfach Ängste:
– Angst vor Überfremdung, was bei jedem Volk eine ganz normale Reaktion ist;
– Angst vor dem Wahlrecht für Ausländer. Denn wer will schon einen Ayatollah als Bürgermeister ...?»

«Damit Deutschland ein mitteleuropäisches Land bleibt und nicht zum halborientalischen Vielvölkerstaat wird», verbreitet Rieger folgende Vorschläge:
«– Einreise- und Zuzugsbeschränkungen für Menschen aus bestimmten Gebieten
– Beendigung des Familiennachzugs zu den in Deutschland lebenden Ausländern
– Ausweisung von kriminellen, politisch aktiven, arbeitslosen und wohnungslosen Ausländern
– Straffung und Verlegung der Asylverfahren an die Landesgrenze, sowie Abbau wirtschaftlicher Anreize
– Finanzielle Förderung der Rückkehrbereitschaft, z. B. durch Entwicklungshilfe im Heimatland.

Anmerkung: Mit ‹Ausländern› sind hier in erster Linie aus außerhalb Mitteleuropas stammende Menschen gemeint.»

In den Forderungen trifft er sich wieder mit der offiziellen CDU der Herren Lummer und Zimmermann.

Die Menschenverachtung der Freunde Motschmann/Rieger findet sich nicht nur in ihren «politischen» Artikeln. Selbst in Sportberichten, Musik- oder Filmkritiken wird stets ihr Menschenbild deutlich. Da wird anläßlich der Fußball-Weltmeisterschaft «der kompromißlose Einsatz, die sportliche Härte, die spielerische Überlegenheit und der unbändige Siegeswillen unserer Jungs» gelobt, und Journalisten, die kritisch berichteten, sind «Schmierfinken». In den regelmäßigen Musikkolumnen werden ausschließlich wegen ihrer Aggressivität auffallende Heavy Metal-Gruppen porträtiert, und Filme müssen schon besonders brutale Szenen beinhalten, um die Chance zu bekommen, von Markus Motschmann oder Stefan Rieger gewürdigt zu werden. «Der Profi» war so ein Film: «Die Klasse dieses Films liegt darin, daß eine ausgezeichnete, realistische Handlung noch durch spannende Dramatik und superbrutale Action-Szenen untermalt wird», jubelt Markus Motschmann in *Klartext* 15. «So wird auch in allen Einzelheiten gezeigt, wie ein Mithäftling bei dessen Flucht einem Lageraufseher mit voller Wucht eine Spitzhacke von hinten durch den Brustkorb stößt ...»

«Da es leider kein kommerzielles Privatfernsehen gibt (wie in den USA)», klagt Stefan Rieger in *Klartext* 21, «wird man sich wohl mit den Softies- und Tunten-Sendern in Deutschland abfinden» – oder ins Kino gehen. Stefan Rieger hat sich dort «Mad Max II – Der Vollstrekker» angesehen. «Ein besonderer Leckerbissen, ein Genuß für das Auge und die Phantasie, ein Inferno an Brutalität ... Besonders tut sich dabei ein höchstens sechsjähriger Junge hervor, der mit seinem scharfen Stahlbumerang perfekt umzugehen weiß und z. B. einem Bösen präzise die Schädeldecke abtrennt und sich dann kindlich über seinen gelungenen Wurf freut ...»

Keiner dieser Beiträge hatte Konsequenzen für die Eiferer. Sogar der liberale JU-Landesvorstand finanzierte weiter regelmäßig durch Anzeigen die Herausgabe des Blattes. Erst der öffentliche Protest eines Schulleiters gegen die Verbreitung jenes Rudel-Porträts, das «sich der sprachlichen Klischees der Hitlerzeit» bediene und «einen Offizierstyp verherrlicht, ohne den die deutschen Angriffskriege nicht möglich gewesen wären», führte dazu, daß auch Teile der «Betonfraktion» auf Distanz gingen. Carsten Pagel und Markus Motschmann sahen sich gezwungen, als JU-Kreisvorsitzender bzw. Stellvertreter zurückzutreten, *Klartext* wurde in *Pluspunkt* umbenannt und Stefan Rieger vom Chef- zum einfachen Redakteur degradiert. Parteiordnungsverfahren wurden eingeleitet.

Daß diese Maßnahmen für die «Betonfraktion» allerdings nur kosmetischen Charakter hatten, zeigte bereits im Juni 1983 die Kreisversammlung der Jungen Union Tiergarten, die einen Nachfolger für Carsten Pagel wählen sollte. «Wie in einem Tollhaus» ging es da zu, berichtete die *Süddeutsche Zeitung*: «Als zum Beispiel ein Teilnehmer meinte, statt des schlimmen Rudel-Nachrufs wäre besser ein Porträt über den Widerstandskämpfer Graf Stauffenberg erschienen, machte *Klartext*-Chefredakteur Stefan Rieger zur Belustigung seiner Kameraden eine obszöne Geste zum Redner hin. Kittelmann und Pagel eilten nervös hin und her, um Mitglieder auf die bevorstehende Abstimmung einzuschwören. Kittelmann atmete auf, als es knapp reichte und der 34jährige Parlamentsabgeordnete Volker Liepelt mit 47 gegen 45 Stimmen zum neuen Kreisvorsitzenden gewählt wurde. Als dieser dann freilich Pagel und einige von dessen Gefolgsleuten zur Verblüffung vieler Anwesender zu Stellvertretern wählen lassen wollte und damit seine Marionettenfunktion offenbarte, kam es zum Tumult. Da mochten einige denn doch nicht mehr mitmachen, sie schwenkten zu den Reformern um, ließen die Kandidaten durchfallen. Die Versammlung platzte, mußte wiederholt werden: Da erst bekam Liepelt seinen ihm und Kittelmann immer noch genehmen Vorstand zusammen.»

Im April 1984 konnte Carsten Pagel konsequenterweise den Posten als Kreisvorsitzender wieder selbst übernehmen. Markus Motschmann wurde wieder sein Stellvertreter, und der brave Abgeordnete wurde für die ordentliche Erledigung dieses peinlichen Auftrags mit einem sicheren Listenplatz bei den nächsten Wahlen belohnt.

Am 6. November 1983 gelang es der «Betonfraktion», den JU-Landesvorstand zu «kippen». Der 33jährige Zahntechniker Dieter Dombrowski setzte sich mit 130:106 Stimmen gegen seinen liberalen Gegenkandidaten Michael Braun (27) durch. Dieter Dombrowski, 1975 aus der DDR freigekauft, ist gleichzeitig Sprecher der Arbeitsgruppe Berlin der Internationalen Gesellschaft für Menschenrechte e. V. (IGFM). Stellvertretender Vorsitzender wurde der 22jährige Informatikstudent Thomas Braun, ebenfalls seit 1981 Mitarbeiter – und zeitweise Regionalleiter – der «Jugendarbeit '80» bzw. der «Stiftung». Für die Amtszeit im JU-Vorstand ließ er sich von seinen Pflichten in der «Stiftung» beurlauben.

Ebenfalls in den Vorstand gewählt wurde der stellvertretende Kreisvorsitzende der Jungen Union Wedding, Bernd Pistor (33), für den Mitglieder der Friedensbewegung «Geisteskranke» sind, «die mit Gewalt und Drohungen ihre Opfer einschüchtern wollen». «Es gab schon andere ‹Bewegungen›, die haargenau die gleichen Ziele verfolgten», analysiert er die Friedensbewegung im Augustheft der Weddinger JU-Zeitschrift. «Man denke nur an Mussolinis Faschisten und Hitlers Nationalsozialisten. Die einen marschierten nach Rom, die anderen zur Feldherrenhalle. Unsere heutige ‹Bewegung› marschiert nach Bonn, Bremen und Krefeld.»

An den «linken Bazillen» der Reformgruppe flossen an diesem trüben Sonntag die Mandate vorbei wie «das Meer an einer Insel».

«Mit unverhüllter Genugtuung» – weiß der *Tagesspiegel* am 12. November zu berichten – hat dies vor allem ein Gast beobachtet, der zwar nicht Mitglied der Jungen Union ist, aber dennoch maßgeblichen Anteil an der «Wende» hatte: Peter Kittelmann, stellvertretender Landesvorsitzender der Berliner CDU, Bundestagsabgeordneter und derjenige, bei dem «alle Fäden zusammenlaufen». Kittelmann leitet eine nach ihm genannte Runde, zu der alle CDU-Kreisvorsitzenden mit Ausnahme der «Liberalen» aus Wilmersdorf und Charlottenburg eingeladen werden, um in der Union anstehende Personalentscheidungen zu erörtern. Wer in der Berliner CDU was werden will – und sei es nur Bezirksverordneter – braucht die Unterstützung dieser «K-Gruppe», braucht also Peter Kittelmann.

«Massive Einwirkungen auf die innerverbandlichen Wahlen mit Versprechungen und Drohungen», dementierte Kittelmann zwar laut

Tagesspiegel, «gewisse Hilfestellungen» leugnete er jedoch nicht. Über andere Erfahrungen berichtet Michael Braun: «Im Zweifelsfall kümmert sich Herr Kittelmann massiv persönlich um Angelegenheiten der Jungen Union, wenn es um die Mehrheitsbeschaffung geht. Beispielsweise wurde den Spandauern von Buschbom (CDU-Vorsitzender von Spandau, Anm. kf/lm) im Beisein von Kittelmann gedroht, für den Fall, daß sie für mich stimmen, würde man dafür sorgen, daß ihnen jegliche politische Tätigkeit auf Jahre abgeschnitten wird.»

Praktischer ist es natürlich, wenn die Mehrheiten «stehen», ohne daß erst umfangreich «Überzeugungsarbeit» geleistet werden muß. Doch mit den Mehrheiten sah es für die «Betonfraktion» in der Berliner Jungen Union seit 1979 schlecht aus, als mit Joachim Krüger erstmals ein Vertreter der Reformgruppe Landesvorsitzender wurde. In dieser Not sprang die schon seit 1972 rechtskonservativ ausgerichtete Schüler Union hilfreich zur Seite. SU-Mitglieder sind in der Regel auch in der Jungen Union und in der Partei; wenn sie ein höheres Amt (etwa Kreisvorsitzender) einnehmen wollen, müssen sie sogar JU-Mitglied sein. Zwar verfügt die Berliner Schüler Union nach internen Schätzungen nur über etwa 600 Mitglieder – die Junge Union hat 6200 –, jedoch in einigen Kreisverbänden stellte sie bei entscheidenden Wahlversammlungen schon ⅔ der Stimmberechtigten. Sie bedeutet machtpolitisch einen nicht zu ignorierenden Faktor in der Jungen Union – und somit auch in der Partei. Wenn die Mehrheitsverhältnisse äußerst knapp sind und sich neue Machtkämpfe anbahnen, überlegt man sich schon zweimal, ob man gegen seinen JU-Vorsitzenden Maßnahmen ergreift, «nur» weil er sich nicht gegen rechtsextreme Tendenzen abgrenzt. Warum soll man einen Unvereinbarkeitsbeschluß zu einer «Stiftung» mittragen, deren Mitarbeiter einem die Wähler heranschaffen?

«Die Verantwortlichen sind nicht nur diese, direkt in den Fall verwickelten Jugendlichen. Wir wissen, daß es für diese Wirrköpfe ein begrenztes, aber sehr ernst zu nehmendes Umfeld der Duldung gibt», kritisierte der JU-Landesvorsitzende Dieter Flämig auf der Landeskonferenz im Februar 1983 die zurückhaltende Reaktion der Partei-Mehrheit gegenüber «einer zunehmenden Strömung in Teilen der JU Berlin und gerade in der BSU, deren Vertreter sich ... als Hüter von Law and Order, als Anwälte des ‹gesunden› Standpunktes präsentieren». Es werde «mehr an Fehlentwicklungen hingenommen, als es politisch zu verantworten ist:
– durch die Absicht, möglichst schnell Mehrheiten zu zimmern,
– durch Mangel an Kritik,

– durch Mangel an politischer Sensibilität
– und durch Mangel an den hier notwendigen eigenen klaren Standpunkten».

Carsten Pagel

Sie sind heute ein Exponent der sogenannten «Betonfraktion» in der Berliner Union, sollten ursprünglich 1983 als Vertreter des konservativen Flügels JU-Landesvorsitzender werden. Wie sind Sie zur Unionsjugend gekommen?

«Es gab an unserer Schule sehr starke linksorientierte Gruppen, die auch in der Schülervertretung dominierten, was zur Folge hatte, daß die sich mehr mit internationalen und allgemeinpolitischen Problemen beschäftigten als mit den konkreten Problemen an unserer Schule. Das hat damals meinen Widerspruch herausgefordert, und die einzige Gruppe an unserer Schule, die andere Positionen vertreten hat, das war damals die Schüler Union. Also habe ich mich an sie gewandt und dort auch schnell die Möglichkeit erhalten, aktiv zu werden. Ich habe in unserer Schulgruppe mitgearbeitet, Artikel für unsere Schülerzeitung geschrieben – *Der Realist* hieß die damals – und als Kreisvorstandsmitglied später auch andere Schulgruppen betreut.»

Der Realist – *läßt das Rückschlüsse zu auf Ihr politisches Selbstverständnis?*

«Ich habe den Titel zwar nicht mit ausgewählt, hielt ihn aber damals schon für sinnvoll. Denn ich bin allgemein der Auffassung, daß sich die Aktivitäten der Schüler Union, auch der Union allgemein, dadurch auszeichnen sollten, daß nicht bestimmte ideologische Vorstellungen im Mittelpunkt stehen, sondern versucht wird, den Menschen und seine Bedürfnisse zu betrachten und daraus politische Maßnahmen abzuleiten. Wir orientieren unsere Politik nicht an abstrakten Ideologien, sondern an Erkenntnissen, die sich aus der Beobachtung des Menschen selbst ergeben.»

Welche Erkenntnisse sind das, die Ihr persönliches und politisches Handeln bestimmen?

«Im Mittelpunkt der Politik muß der Mensch stehen. Da kann man auf christliche Vorstellungen zurückgreifen. Zentrale Werte sind dabei die Menschenwürde und das Recht auf Leben. Daraus lassen sich schon erhebliche Folgerungen ziehen. Im grundsätzlichen Bereich zum Beispiel, daß unsere Verfassungsordnung, die ja auch auf diesen wesentlichen Werten beruht, vor Angriffen geschützt werden sollte.»

In diesem Punkt sind Sie sicherlich einer Meinung mit dem sogenannten Reformflügel in der Berliner Union. Wo sind die grundlegenden Differenzen zu sehen?

«Ich glaube, daß es in der CDU keine Differenzen grundsätzlicher Art gibt. Unterschiede kann man eigentlich nur in ganz konkreten Fragen feststellen.»

Zum Beispiel?

«1979 hatten wir beispielsweise eine große Diskussion über die Rolle von Rudi Dutschke in der Bundesrepublik. Führende Vertreter der Reformgruppe vertraten damals die Auffassung, sein Tod bedeute einen Verlust für das politische Leben und seine Aktivitäten hätten auch positive Auswirkungen für unser Land gehabt. Wir haben darauf hingewiesen, daß in der APO-Bewegung unter Führung von Dutschke damit begonnen wurde, die Gewalt als Mittel politischer Auseinandersetzungen einzuführen. Diese Tatsache läßt eine positive Würdigung von Rudi Dutschke nicht zu.

Dann gab es eine Diskussion im Hochschulbereich anläßlich der geplanten Berufung Dr. Lefèvres als Professor auf Zeit an die Freie Universität, der selbst Marxist ist und ausgerechnet Marxismus lehren sollte. Der Landesausschuß der Jungen Union hat sich zwar mehrheitlich unserer Meinung angeschlossen und die Berufung abgelehnt, aber ein bestimmter Kern der Reformgruppe aus den Kreisverbänden Wilmersdorf und Zehlendorf war trotzdem der Auffassung, daß ein Kommunist zum Professor berufen werden sollte. Bemerkenswert dabei ist, daß die SPD einige Jahre zuvor die Anstellung Lefèvres als wissenschaftlicher Assistent abgelehnt hatte.

Es hat auch in der Frage der Kennzeichnung von Polizisten Differenzen gegeben. Wilmersdorf und Zehlendorf befürworteten die Kennzeichnung, und wir – gerade in der angespannten Lage mit den Hausbesetzungen damals – hielten sie für nicht sinnvoll, weil sie zu einer Verfolgung der Polizisten führen kann.»

Waren nicht auch unterschiedliche deutschlandpolitische Konzepte ein Schwerpunkt der Konfrontation?

«In der Deutschlandpolitik ging es eigentlich nur um die Frage, ob die deutschen Ostgebiete – Schlesien, Pommern, Ostpreußen – in die deutsche Wiedervereinigung einzubeziehen sind. Beide Gruppen haben gesagt, daß sie das Urteil des Bundesverfassungsgerichts von 1977 akzeptieren, nach dem das Deutsche Reich formalrechtlich in den Grenzen von 1937 fortbesteht. Ich glaube aber, daß mit Ausnahme von ganz wenigen – die gibt es sicherlich auch, vor allem in der Konservativen Aktion – alle ganz genau wissen, daß bei einer friedensvertraglichen Regelung nicht zu erwarten ist, daß diese Gebiete wieder deutsch werden. Der Meinung bin ich auch. Allerdings bin ich dafür – und da unterscheide ich mich von der Reformgruppe –, daß man bestimmte grundsätzliche Positionen in der Deutschlandpolitik nicht aus der Hand gibt. Die endgültige Grenzfestlegung muß einem Friedensvertrag vorbehalten bleiben.»

Fehlende Abgrenzung oder sogar bewußte Propagierung ausländerfeindlicher Tendenzen warfen die Reformer Teilen des konservativen Flügels vor.

«In der Ausländerpolitik sind einige Dinge stark hochgespielt worden. Es gibt eine übereinstimmende Meinung, die zumindest von allen Funktionsträgern, aber ich glaube auch von der Basis vertreten wird, daß Integration und Rückführung der Ausländer gleichgewichtig betrieben werden müssen. Rückführung natürlich nicht mit Zwang, sondern auf freiwilliger Basis. Selbstverständlich ist das Zusammenleben mit Ausländern nicht immer konfliktfrei. Jugendliche sind davon immer besonders betroffen, weil sie ständig in konfliktgefährdeten Bereichen wie Schule, Diskotheken usw. mit Ausländern zu tun haben. Deshalb ist gerade unter jüngeren Mitgliedern – egal von welchem Flügel – die Begeisterung über die große Zahl der Ausländer in Berlin nicht besonders groß.»

In Gesprächen mit SU- und JU-Mitgliedern gewinnt man oft den Eindruck, daß Integration eher ein Reizwort darstellt. Die um eine liberalere Ausländerpolitik bemühte Beauftragte des Senats für Ausländerfragen, Barbara John, wird gelegentlich als «Beauftragte der Türken für Berlin» diffamiert. Wie sehen Ihre Vorstellungen in diesem Bereich aus?

«Zuerst einmal darf man das Thema Asylanten da nicht hineinvermengen, wie es leider häufig geschieht. Das Problem mit den Asylanten ist ja, daß viele aus wirtschaftlichen Gründen hierherkommen, die dann auf Kosten des Steuerzahlers versorgt werden. Die Kritik daran ist sicherlich berechtigt. Deshalb müssen die dagegen eingeleiteten Maßnahmen – wie Verkürzung des Asylverfahrens und Einkaufsmöglichkeiten nur mit Berechtigungsausweisen – auch konsequent weitergeführt werden. Ziel muß es sein, das Leben hier für Menschen, die aus wirtschaftlichen Gründen kommen, so unattraktiv wie möglich zu machen, gleichzeitig aber auch die Bereitschaft der Bevölkerung zu stärken, die Anwesenheit von Ausländern etwas sachlicher zu sehen.

Meine persönliche Vorstellung zur Lösung des allgemeinen Problems geht dahin, daß man die Zahl der Ausländer in den Ballungsgebieten so weit vermindert, daß eine Integration der Verbleibenden, die sich also auch integrieren wollen, real möglich ist. Unter den jetzigen Verhältnissen ist es eine Illusion zu glauben, daß die Türken, die in bestimmten Vierteln wie Kreuzberg ihre eigene Infrastruktur vom Reisebüro über die Bank bis zum Gemüsehändler aufgebaut haben, sich in die deutsche Gesellschaft einfügen werden, zumal in diesen Gebieten eine intakte deutsche Gesellschaft kaum noch vorhanden ist. Ich halte nichts davon, daß die Ausländer, die man hier verbleiben läßt, ihr Gettoleben fortsetzen.»

Was verstehen Sie konkret unter Integration?

«Integration heißt für mich, daß die Ausländer zunächst bei Beibehaltung ihrer kulturellen Identität die deutsche Sprache lernen und langsam – über zwei, drei Generationen hinweg – eine Einfügung in deutsches Leben und deutsche Kultur erfolgt. Grundvoraussetzung dafür ist es natürlich, daß die Türken nicht nur in ihren Gettos leben.

Weiterhin muß verhindert werden, daß Koranschulen bestimmte Verhaltensweisen, die in der Türkei noch angemessen sein mögen, hierzulande lehren. Ich glaube, daß wir in unserer ganzen gesellschaftlichen Entwicklung wesentlich weiter sind als die Türkei. Dort werden noch Ansichten und Verhaltensweisen vertreten, die bei uns um 1900 aktuell waren. Das ist bei uns über Generationen hinweg nicht tragbar. Wer wirklich mit dem Koran auf diese Weise leben will, soll das in der Türkei machen. Bei Leuten, die mit ihren Familien hier bleiben wollen, muß die Bereitschaft vorhanden sein, Schritt für Schritt deutsche Kultur anzunehmen.»

Um auf die Flügelkämpfe in der Union zurückzukommen: Sind es wirklich nur Einzelbeispiele, bestimmte tagesaktuelle Themen, die zu Konflikten führen, oder läßt sich daraus nicht eine allgemeine Tendenz ableiten?

«Als eine allgemeine Tendenz kann man sicherlich feststellen, daß wir als Konservative immer mehr versuchen, unsere Positionen und Grundsätze auch in der Praxis durchzusetzen, während die Reformgruppe eher die Auffassung vertritt, Freiheitsräume weit auszudehnen und Eingriffsmöglichkeiten des Staates stark zu beschneiden. Aber ich würde nicht sagen, daß das Unterschiede in den grundsätzlichen Positionen sind. Daß zeitweilig von beiden Seiten die Unterschiede und nicht Gemeinsamkeiten herausgestellt wurden, hatte sicherlich seine Ursache insbesondere darin, daß die Mitglieder motiviert werden mußten, unbedingt die jeweilige Gruppe zu wählen.»

Es handelt sich also eher um Machtkämpfe als um inhaltliche Kampfliste?

«Aus meiner Erfahrung in der JU- und Parteiarbeit würde ich das so sehen. Sicherlich spielen inhaltliche Konflikte eine gewisse Rolle, aber entscheidend sind Interessen, die auf das Gewinnen bestimmter Positionen in der Partei ausgerichtet sind. In der Jungen Union Berlin haben sich eigentlich schon Anfang der 70er Jahre bestimmte Gruppen gebildet. Diese Blockbildung hat sich bis heute in der JU fortgesetzt und wurde mit den Jahren auch in die Partei hineingetragen.»

Wie kam es dazu?

«Zum einen sind die Leute, die damals in der JU aktiv waren und Positionen besetzt hatten, heute fast ohne Ausnahme immer noch dabei – nur eben zwei, drei Stufen höher. Es ist eigentlich die Regel, daß Leute, die in der JU tätig sind, auch später in der Partei höhere Positionen bekleiden wollen. Daraus ergibt sich der Zwang, sich im Rahmen der Jungen Union durchzusetzen und seine Position zu halten. Und das führt eben zu diesen politischen Kämpfen, bei denen es oftmals nur vordergründig um die unterschiedlichen politischen Auffassungen geht. Natürlich wird im Laufe solcher Auseinandersetzungen auch sehr viel an persönlicher Abneigung herangebildet. Wir hatten in der JU schon ziemlich unangenehme Auftritte. Im letzten Jahr beispielsweise wurde laufend mit Parteiordnungs- und Ausschlußverfahren gearbeitet, in Charlottenburg setzte ein stellvertretender Landesvorsitzender seine Vorstellungen auf einer Jahreshauptversammlung mit Hilfe einiger Boxer durch. So dramatische Auftritte schaffen natürlich innerhalb des Verbandes ein Klima, das eine Zusammenarbeit auch in grundsätzlichen Fragen und bei Konsens-Themen nicht mehr möglich macht.»

Bezüglich der Parteiordnungsverfahren haben Sie ja Ihre eigenen Erfahrungen …

«Ja, ich bin einer der Hauptbetroffenen. Gegen mich wurde 1983 ein Ausschluß- und Ordnungsverfahren aus der JU eingeleitet. Dabei ging es in erster Linie um diese *Klartext*-Geschichte. Der Landesvorstand unter Dieter Flämig verfügte damals eine Ordnungsstrafe von drei Jahren gegen mich, das heißt, ich hätte drei Jahre lang keine politischen Ämter in der JU ausüben können. Ich habe natürlich gemeinsam mit zwei weiteren Betroffenen aus Tiergarten Widerspruch eingelegt. Das Verfahren wurde inzwischen auch eingestellt.

Beim RCDS läuft zur Zeit ein weiteres Ausschlußverfahren gegen mich, nachdem der erste Versuch vor dem Bundesschiedsgericht gescheitert ist. Das zweite Verfahren läuft nun schon seit 1½ Jahren und wird wohl noch einige Zeit andauern.»

Was ist in diesem Fall der Anlaß?

«Dabei geht es um meine Mitarbeit in der ‹Stiftung politische und christliche Jugendbildung e. V.›.»

Zu dieser Stiftung bestehen Unvereinbarkeitsbeschlüsse seitens des RCDS, des Deutschlandrates der Jungen Union und ebenfalls des Berliner JU-Landesverbandes.

«Der Unvereinbarkeitsbeschluß wird offiziell damit begründet, daß die Stiftung antipluralistische und teilweise rechtsextreme Thesen vertreten würde, die nicht mehr ins Spektrum der JU hineingehören würden. Beweise konnten bisher allerdings nicht erbracht werden.

Der politische Hintergrund ist meiner Meinung nach der, daß Mitarbeiter der Stiftung, die eher konservative Auffassungen vertreten, auf verschiedenen Ebenen Vorstandspositionen besetzen. In der JU Berlin spitzte sich 1983 die Situation zu, als der Reformflügel um Dieter Flämig seine Mehrheit unter den Kreisverbänden durch eine Neuwahl im Kreisverband Neukölln verlor. Die Reformgruppe mußte nun natürlich irgendwie versuchen, einen anderen Kreisverband zu bekommen. Durch die Rudel-Affäre ergab sich die Möglichkeit, in Tiergarten anzusetzen. Da kam ihnen dieser Unvereinbarkeitsbeschluß zur Stiftung gerade recht, um dem Ganzen noch eine gewisse Untermauerung zu geben. Daß die Vorwürfe juristisch und sachlich kaum haltbar waren, wußten sie – so glaube ich – selbst. Aber politisch haben die Vorwürfe ihre Wirkung in der aktuellen Situation nicht verfehlt.»

Welche Funktion hat denn die Stiftung Ihrer Meinung nach?

«Es gibt einen gewissen Bereich der Bildungsarbeit, der von der Partei nur sehr ungenügend abgedeckt wird. CDU und JU haben als vorrangige Aufgabe eben Öffentlichkeitsarbeit – Wahl-, Politik- und

Mitgliederwerbung – zu leisten und sind von daher in erster Linie mit organisatorischen und öffentlichkeitswirksamen Dingen beschäftigt. Da bleibt für die grundsätzliche Arbeit zu wenig Zeit. Dazu kommt auch, daß alle Aktivitäten innerhalb der Union der Opportunität des Tagesgeschäfts ausgeliefert sind. Wenn es opportun ist, Seminare zu bestimmten Themen anzubieten, dann macht man es – ansonsten nicht. Bildungsarbeit ist ja auch von organisatorischen und finanziellen Förderungen abhängig, und so wird das im Rahmen der CDU je nach Lage gesteuert.

Die ‹Stiftung politische und christliche Jugendbildung e. V.› hat da andere Möglichkeiten. Sie ist unabhängig von der Partei und ihren Finanzmitteln und beruht auf privaten Spenden, teilweise auch öffentlicher Förderung.»

Wie gestaltet sich die Arbeit der Stiftung?

«Die Stiftung führt auf der Basis der christlichen Soziallehre Seminare durch, zu denen über einen breiten Verteilerkreis eingeladen wird. Sie unterbreitet also Bildungsangebote. Was die Interessierten nachher damit machen, ist ihre Sache. Der Vorwurf, auf diesen Seminaren würden den Teilnehmern bestimmte Dogmen eingetrichtert, stimmt nicht. Vermittelt werden lediglich ein bestimmtes Wissen und Einsichten zu verschiedenen philosophischen Fragen und Richtungen. Für mich persönlich hatte die Stiftung die Bedeutung, daß ich auf bestimmte philosophische Themen aufmerksam gemacht wurde. Ich finde, es kann keinem politisch Aktivem schaden, sich nicht nur mit tagespolitischen Dingen zu beschäftigen. Die Darstellung politischer Gegner, daß über die Stiftung versucht würde, organisiert Einfluß zu nehmen auf die politische Willensbildung in JU und SU, ist falsch. Stiftungs- und Parteiarbeit sind unabhängig voneinander.»

Was sind denn die philosophischen Grundlagen der Stiftungsarbeit? Sie nannten bereits die christliche Soziallehre.

«Eine wesentliche Aussage ist die, daß der Mensch nicht aus sich selbst heraus hier auf die Erde gekommen ist, sondern von Gott geschaffen wurde. Daraus lassen sich bestimmte Grundrechte ableiten, die dem Menschen zustehen, insbesondere eben die Menschenwürde. Man muß davon ausgehen, daß der Mensch in der Lage ist, seine Umwelt zu erkennen und rational auf sie zu reagieren. Daraus lassen sich auch für die Politik bestimmte Forderungen ableiten. Man kann darüber wirklich stundenlang reden, das würde wohl diesen Rahmen hier sprengen. Grundsätzlich meine ich, daß das, was wir vertreten, nicht unbedingt sensationell ist – und erst recht nicht rechtsradikal, wie es unsere politischen Gegner darstellen. Im Grunde genommen sind das die christlich-abendländischen Grundwerte, die auch der Verfassungsordnung der Bundesrepublik zugrunde liegen. Es ist nur so, daß wir uns mit diesen Dingen etwas intensiver beschäftigen.»

Welche politische Bedeutung hat die Stiftung für SU und JU?

«Es gibt eine ganze Reihe von Aktiven und Funktionsträgern, die Seminare der Stiftung besuchen. Diese entwickeln dann natürlich fundiertere Kenntnisse über grundsätzliche Zusammenhänge. So können Niveauunterschiede entstehen, die sich auch politisch auswirken. Jemand, der einen größeren Durchblick oder ein größeres Wissen hat, erhält natürlich eher Möglichkeiten der Betätigung, also auch politische Positionen.»

Welche Bedeutung kommt der Schüler Union eigentlich als innerparteilicher Faktor zu?

«Generell hat die SU für die Union eine recht große Bedeutung. Denn durch die SU ist es zum erstenmal gelungen, der CDU eine große Zahl von jungen Leuten zuzuführen. Bis Anfang der 70er Jahre war es so, daß sich jüngere Leute immer bei den JUSOS oder noch weiter links stehenden Gruppierungen organisiert haben und die Union kaum junge Leute für sich gewinnen konnte. Seit der Gründung der Schüler Union 1972 läßt sich eine völlige Umschichtung der Mitgliederstruktur von JU und CDU zugunsten einer jüngeren Partei erkennen.

Innerparteilich würde ich es so sehen, daß Leute, die in der SU ihre Erfahrungen gesammelt haben, heute in der JU und der Partei wesentliche Mandate in der Hand haben. Bei denen, die dabeibleiben, setzt sich eben die Wanderung durch die Organisation fort.»

Während die Junge Union zumeist den liberalen Flügel der Union repräsentiert, stärkte die Schüler Union seit ihrer Gründung in der Regel den konservativen Flügel. Welche wirkliche Bedeutung hat die SU unter diesem Gesichtspunkt für Mehrheitsentscheidungen in JU und Partei?

«Zuerst einmal: Das ist von Landesverband zu Landesverband sehr unterschiedlich. In Berlin hatten wir die Situation, daß von 1971 bis 1979 JU und SU dieselben Ziele vertreten haben und auch personell eng verflochten waren. Dann hat sich durch Joachim Krüger in der JU eine Umschichtung ergeben. Seit Herbst 1983 wurde wieder ein gewisser Gleichklang erzielt.

In der Partei ist es so, daß die Schüler Union in einigen Kreisverbänden auf Grund der hohen Zahl von SU-Mitgliedern, die auch der Partei beigetreten sind, eine relativ große Bedeutung hat. Bei der Reformgruppe beispielsweise ist das so in Steglitz und Zehlendorf, beim konservativen Flügel in Reinickendorf. Es ist klar, daß jemand, der die SU nutzt, um möglichst viele Leute zu werben, gute Chancen hat, auch in der JU Positionen zu erhalten. Man sollte das aber nicht überschätzen. Es gibt da keine Automatik. Das hängt immer von den einzelnen Persönlichkeiten und ihren Aktivitäten ab. Es ist eine Illusion zu glauben, man organisiert in der SU irgendwelche Feten, wirbt auf die Art hundert Leute, die dann auch in die JU eintreten, und kann dann in der Union alles von unten umkrempeln. Man kann keine Partei ‹kippen›, indem man 16- oder 17jährige wirbt. Dazu ist das Spektrum der Union zu groß. Klar ist, daß aktiven SU-Mitgliedern später in der Partei eine politische Bedeutung zukommt.»

In der Presse wird in diesen Zusammenhängen oft der Bundestagsabgeordnete Peter Kittelmann genannt.

«Ja, man versucht da Zusammenhänge zu konstruieren. Kittelmann ist nun einmal Chef der Berliner Bundestagsabgeordneten, hat von daher eine sehr herausgehobene Stellung. Er leitet außerdem einen Kreis, in dem alle Kreisvorsitzenden mit Ausnahme der aus Charlottenburg und Wilmersdorf vertreten sind. Dieser Kreis versucht, sachliche Entscheidungen und personelle Fragen innerhalb der Berliner CDU zu koordinieren. Er hat zweifelsohne einen großen Einfluß und ist nicht irgendeine kleine Clique. Das ist sicherlich richtig. So haben die Konservativen innerhalb der Jungen Union sich immer bemüht, von diesem Kreis Unterstützung zu bekommen. Allerdings haben sich diese Leute sehr vorsichtig verhalten, weil sie natürlich schon auf einer ganz anderen Ebene sind.

Der Einfluß der CDU-Kreisvorsitzenden auf die JU ist auch stark begrenzt. Es kann natürlich sein, daß da im Einzelfall mal organisatorische Unterstützung geleistet wird. Das ist von Kreisverband zu Kreisverband unterschiedlich. Aber es ist völlig unmöglich, daß aus diesem Kreis heraus versucht wird, in bestimmten Kreisverbänden der JU Mehrheiten zu erzielen. Das müssen schon die Aktiven in der JU selbst übernehmen. Peter Kittelmann wird sich nie selbst ans Telefon setzen und irgendwelche Leute anrufen.»

Andreas Domeyer

«Politik machen ist gut – wissen, warum, ist besser!» lautete der Slogan der Berliner Schüler Union, als du deren Landesvorsitzender warst. Warum machst du Politik?

«Mann kann dort seine Ideen einbringen und sie durch Überzeugung anderer auch durchsetzen. Außerdem lernt man interessante Menschen kennen und kommt ziemlich viel herum. Es macht einfach Spaß.»

Du bist also in die Schüler Union eingetreten, um Spaß zu haben?

«Den Anstoß damals gab mir mein Vater, der Mitglied der CDU ist und des öfteren mit mir politische Gespräche geführt hat. Erstaunlicherweise waren wir oft einer Meinung. Eines Tages sagte er, ich kenne da jemanden, der will dir helfen, eine Schülerzeitung zu machen. Und davon hatte ich immer geträumt. Aber mit 14 Jahren, völlig ohne Kenntnisse, ist das sehr schwierig. So bin ich zur Schüler Union gekommen, denn derjenige, der mir geholfen hat, meine erste eigene Schülerzeitung zu gründen, war der SU-Kreisvorsitzende.»

Ein Jahr später warst du selbst Kreisvorsitzender.

«Ja. Aber zuerst war die Schüler Union für mich nur eine Form der Freizeitbeschäftigung. Ich ging vielleicht einmal wöchentlich zu irgendwelchen Treffen oder Stammtischen, konnte dort mit anderen Schülern über SV-Probleme sprechen, über Dinge, die einen an der Schule direkt betroffen haben. Ich fand das Ganze so interessant, daß ich nach und nach mehr gemacht habe. Zuerst habe ich mich bereiterklärt, des öfteren Material zu verteilen und an meiner Schule eine Schulgruppe aufzubauen, weil die SU dort sehr schwach war. Ich wurde Schulgruppenleiter, später Kreisvorsitzender in Reinickendorf. So hat sich die Freizeitgestaltung immer mehr zur Politik verdichtet. Der SU-Kreisvorsitzende ist in den meisten Kreisverbänden auch kooptiertes Mitglied im jeweiligen Kreisvorstand der Jungen Union. Mit 17 bat man mich, auch im CDU-Ortsvorstand die Jugendarbeit zu übernehmen. So war ich dann gleich in drei Verbänden aktiv.»

1982 kam noch ein vierter hinzu: die Konservative Aktion.

«Ja. Ich wurde Mitglied in diesem Verband, weil ich mich selbst immer als Konservativer verstanden habe und ein großes Interesse hatte, mich mit konservativen Ideen und politischen Grundsatzfragen auseinanderzusetzen. Die KA wollte eine konsequente konservative Politik machen – konsequenter, als es die CDU als Volkspartei konnte, die mit Hinblick auf die absolute Mehrheit mehr Kompromisse gemacht hatte, als mir lieb war. Deshalb habe ich es sehr begrüßt, daß mit der Konservativen Aktion eine Bewegung geschaffen wurde, die der CDU nahestand, aber ihr auch gleichzeitig Denkanstöße gab.»

Den Gründungskongreß der Konservativen Jugend nahmst du zum Anlaß, deinen Austritt zu erklären. Was war geschehen?

«Ich war über das Auftreten einiger Vertreter der Konservativen Aktion, insbesondere Herrn Pachmans, entsetzt, die die CDU in übler Weise beschimpften. Zudem empfand ich es als einen groben Fehler, daß der 17. Juni für Veranstaltungen mißbraucht wurde, die einfach nicht zu diesem Tag gehören. Grundsätzlich finde ich eine Demonstration vor einem besetzten Haus richtig, aber nicht am Tag der deutschen Einheit.

Nach Gesprächen mit verschiedenen Leuten der KA habe ich meinen Austritt noch einmal zurückgezogen in der Hoffnung, man könne innerhalb der KA etwas ändern. Doch dann mußte ich erleben, wie sie immer mehr abdriftete. Die KA entwickelte sich immer mehr zu einem Agitationsinstrument gegen die CDU. Insbesondere von Herrn Pachman kamen immer wieder Vorschläge, die ganz offen auf eine Konfrontation mit der Union abzielten. So wollte er Flugblätter gegen die Junge Union drucken usw. Als dann immer mehr Gemäßigtere frustriert austraten, gewann der radikale Flügel vollkommen die Oberhand. Zu dem Zeitpunkt, als ich ausgetreten bin, liefen bereits verschiedene Diskussionen, eine neue Partei zu gründen. Ich kann zwar als Mitglied der Union durchaus noch in einem Verband tätig sein, der das Ziel hat, von außerhalb der Partei auf sie einzuwirken, um Denkanstöße zu geben, aber ich kann nicht in einem Verband sein, der die Union grundsätzlich in Frage stellt. So konnte ich meine Mitgliedschaft in der Konservativen Aktion nicht mehr mit der in der CDU vereinbaren.»

Wie schätzt du die gegenwärtige Situation der KA ein? Gibst du ihr eine Chance, sich als konservative Bewegung – oder sogar Partei – zu etablieren?

«Meines Erachtens befindet sich dieser Verband bereits in der völligen Auflösung. Auf ihrem Höhepunkt 1982/1983 waren noch haufenweise CDU-Mitglieder dabei, die begeistert mitmachten. Auf Grund der Diskussion um eine eigene Parteigründung, aber auch auf

Grund der Tatsache, daß einfach organisatorisch alles völlig im argen liegt, hört man ständig von neuen Austritten. Die intelligentesten Leute der KA, die früher die Grundpositionen bestimmten (vor allem die Professoren Motschmann und Löw), haben den Verband verlassen. Bekannt ist auch, daß es zwischen Herrn Löwenthal und Herrn Pachman harte Auseinandersetzungen gegeben hat, weil Pachman, der auf Grund seiner Erfahrungen in der Tschechoslowakei einen Haß in sich aufgebaut hat, oftmals zu weit geht. Inhaltliche Arbeit scheint kaum noch zu laufen. Großangekündigte Kampagnen bleiben aus oder starten Monate später wie die Anzeigenaktion gegen die Abtreibung. Da sich auch wichtige Spender zurückgezogen haben, gehe ich davon aus, daß sich der Verband noch gelegentlich in einzelnen Veranstaltungen und Aktionen aufbäumt, dann jedoch endgültig einschläft.»

Die Konservative Aktion hat vor allem drei Schwerpunkte in ihrer Arbeit: ihre «Pro-USA-Kampagne», Deutschlandpolitik und das «Ausländerproblem». Sind das auch deine persönlichen Schwerpunkte?

«Daß die Deutschlandpolitik für mich persönlich – ich bin in Berlin geboren und aufgewachsen und habe auch vor, die nächsten Jahre hier zu bleiben – eine sehr große Bedeutung hat, das ist wohl verständlich. Man wird hier schließlich ständig daran erinnert, daß Deutschland ein geteiltes Land ist. Man kann aber nicht sagen, daß dies der Schwerpunkt meiner Arbeit ist. Allerdings war es immer ein wichtiger Bestandteil, besonders unter Jugendlichen den Willen zur Wiedervereinigung zu fördern. Ich finde es erschreckend, wie wenig die meisten Jugendlichen zu diesem Thema wissen.»

Was bedeutet für dich Deutschland?

«Deutschland ist mein Vaterland, und jeder hat natürlich schon von Geburt an einen Bezug zu seinem Vaterland – auch wenn manche das leugnen.»

Nationalbewußtsein?

«Ja, sicher. Ich würde das aber besser als posiviten Bezug zur eigenen Geschichte bezeichnen. Nationalbewußtsein ist eine sehr wichtige Sache. Natürlich sollte das nicht so übertrieben werden, daß man nur noch das eigene Volk sieht, auch wenn ich durchaus die erste Strophe der Nationalhymne zu singen bereit bin. Man kann aus der Geschichte sehr viel lernen und sollte sie als Teil des eigenen Volkes verstehen.»

Der letzte Landesvorstand der Jungen Union Berlin war da etwas anderer Meinung als du in dieser Frage und erarbeitete deutschlandpoli-

tische Thesen, in denen es u. a. hieß: «Deutschland umfaßt für uns die Bundesrepublik und die DDR. Die ehemaligen deutschen Ostgebiete gehören de facto nicht mehr zu Deutschland. Niemand, der das deutsche Problem lösen will, kann ihre Rückkehr zu Deutschland fordern.»

«Na ja, sie haben dafür ja auch ihre Quittung bekommen und wurden nicht wiedergewählt. Natürlich widersprechen diese Thesen den Grundsätzen der CDU. Die Wahl eines anderen Vorstandes hat gezeigt, daß sie ebenfalls den Ansichten der großen Mehrheit der Berliner JU-Mitglieder widersprechen. Für mich sind die Gebiete östlich von Oder und Neiße weiterhin Bestandteile eines gesamtdeutschen Reiches. Ich sehe keinen Grund, auf diese Gebiete zu verzichten. Es ist zwar Fakt, daß in diesen Gebieten nur noch eine Million Deutsche leben, im Gegensatz zu vielen Millionen Polen. Das muß man zur Kenntnis nehmen. Dennoch können wir diese Gebiete nicht einfach Polen zugestehen, denn damit würden wir eine Million Deutschstämmige in diesen Gebieten verraten. Das Wichtigste jedoch ist zunächst die Wiedervereinigung der beiden Staaten, die auf deutschem Boden existieren. Wenn dieses erfolgt ist, wird man sich intensiver mit dem Problem der von Deutschland abgetrennten Gebiete befassen.»

«Deutschland darf nicht türkisch werden!» heißt die neueste Parole der Konservativen Aktion. Welche Position vertrittst du in dieser Frage?

«Ich bin der Meinung, daß man im Hinblick auf diejenigen, die noch einwandern wollen, das Asylrecht ganz rigoros handhaben muß, um dieser Einwanderung von Wirtschaftsasylanten einen Schlußstrich zu ziehen. Zukünftig dürfen nur wirklich politisch Verfolgte hier aufgenommen werden. Mehr kann unser Land nicht verkraften.

Diejenigen, die zurückkehren wollen, müssen mit entsprechenden finanziellen Mitteln wie Rentenauszahlung, Existenzgründungsgelder usw. unterstützt werden. Und bei denjenigen, die letztendlich hierbleiben wollen (nach meiner Schätzung sind das höchstens zwei Millionen), muß man darauf achten, daß die schon fortgeschrittene Gettobildung zurückentwickelt wird. Von denjenigen, die hierbleiben wollen, muß man fordern können, daß sie bereit zur Integration sind. Denn es gibt immer Spannungen, wenn sie sich nicht an das Leben hier anpassen können, was zweifellos auch mit der Aufgabe eines Teils ihrer eigenen Sitten verbunden ist. Natürlich ist das für sie nicht leicht, weil damit ein gewisser Kulturverlust einhergeht, aber anders geht es nun mal nicht.»

Welche Sitten müssen sie konkret aufgeben, um bleiben zu können?

«Beispielsweise, daß die Mädchen gezwungen werden, Kopftücher zu tragen, und geschlagen werden, wenn sie die in der Schule abnehmen, ist nicht tragbar. Denn die Mitschüler erwarten gerade, daß sie sie abnehmen, um sie als eine der Ihren betrachten zu können. Die Mädchen werden bei vielen von ihnen noch unterdrückt, dürfen nie alleine weggehen und müssen sogar noch dem jüngeren Bruder gehorchen.

Dann kapseln sich viele Ausländer völlig ab. Ich habe nichts dagegen, wenn sie weiterhin in ihren Großfamilien gemeinsame Abende veranstalten usw., aber etwas mehr Anpassung und Öffnung zu ihren deutschen Nachbarn ist schon notwendig, um Integration zu verwirklichen. Natürlich muß auch die deutsche Bevölkerung umdenken und diese Mitbürger als gleichberechtigt akzeptieren. Aber das wird bei der jetzigen Anzahl von Ausländern sehr schwierig und für manch einen kaum möglich sein.»

Du hast bereits die Bildungspolitik als weiteren Schwerpunkt deines Engagements genannt. Ich nehme an, du bist mit der heutigen Schule nicht sehr zufrieden?

«Das ist teilweise richtig. Das Motto sozialdemokratischer Bildungspolitik, die ja verantwortlich ist für die heutige Misere, war ‹für jeden das gleiche›. Grundsatz zukunftsweisender Bildungspolitik muß Chancengerechtigkeit sein und nicht Chancengleichheit. Jedem das, was ihm gerecht wird. Also die Leute, die nicht die Intelligenz und die Fähigkeiten eines Abiturienten mitbringen, dafür aber praktische Begabung, müssen in der Hauptschule eine entsprechende Ausbildung bekommen, die sie später im Berufsleben auch weiterbringt. Aber auch die besonders Begabten müssen in der Schule eine optimale Förderung erhalten – auch wenn das oft als Elitebildung abgelehnt wird. Aber Eliten erhalten einen Staat nun einmal.»

Ist das nicht auch eine Frage der Herkunft, der finanziellen Möglichkeiten der Eltern, wer auf welcher Schule landet?

«Ich glaube nicht, daß es sehr viele Schüler gibt, die aus finanziellen Gründen die Schule nicht bis zum Abitur durchführen können. Wer nach dem 10. Schuljahr abgeht, um eine dreijährige Berufsausbildung zu machen, verdient in der Zeit nicht mehr als das, was er als Gymnasiast nicht auch nebenbei durch Zeitungsaustragen o. ä. herausholen könnte.»

Und später an der Universität?

«Da ist die Situation sicherlich schon schwieriger. Ich bin aber auch nicht der Meinung, daß wir nur noch Privatuniversitäten mit hohen Studiengebühren haben sollten. Für einige Leute ist eine private Eliteausbildung zwar genau das Geeignete, aber eben nicht für die breite Masse. Deshalb halte ich es für vordringlicher, die bestehenden Universitäten zu verbessern.»

Was studierst du?

«Im 5. Semester Betriebswirtschaft. Deshalb habe ich mich von allen arbeitsintensiven überregionalen Aktivitäten zurückgezogen.»

Das betrifft auch den «Dachverband der Jugendpresse», in dessen Bundesvorstand du drei Jahre warst. Man hört allerdings, daß es für deinen Rückzug als Vertreter des Berliner Landesverbandes noch andere Gründe gab?

«Das ist richtig. Es gab sowohl persönliche als auch aus der Arbeit herrührende Differenzen zwischen Berlin und Schleswig-Holstein auf der einen und dem Bundesvorstand auf der anderen Seite. Einerseits waren die finanziellen Ansprüche, die der Bundesvorstand stellte, nicht mehr realisierbar. Rund die Hälfte unserer Einnahmen waren an den Bundesverband zu entrichten. Für einen Landesverband, der sich nur aus Mitgliedsbeiträgen finanzieren muß, war das einfach zu viel, um noch eigenständig arbeiten zu können. Dabei ist gerade die Arbeit vor Ort die wichtigere.

Für den Betrag, den wir dem Bundesverband abtreten mußten, erhielten wir viermal im Jahr das *Jugendpresse-Forum*, die Zeitung des DdJ, und ab und zu einen Rundbrief, in dem Fahrten angekündigt waren, für die wir Berliner im Gegensatz zu anderen Landesverbänden auf Grund unserer besonderen Lage keine Fahrtkosten erstattet bekommen konnten. Auf die Dauer mußte ich mich als stellvertretender Bundesvorsitzender hier auf die Seite meines Landesverbandes stellen. Eine Fahrt nach Bonn, bei der dieser Punkt wieder einmal ein Kriseln im DdJ hervorrief, sowie die Tatsache, daß Martin Lessenthin, der DdJ-Bundesvorsitzende, diverse Vorstandsmitglieder zum Rücktritt überredete, um vorzeitige Neuwahlen durchführen zu können, waren dann der Auslöser der Auseinandersetzungen zwischen uns und dem Bundesverband. Eine von mir an die Mitglieder der Bundesdelegiertenkonferenz versandte Kritik an Martin Lessenthin hatte dann meine Abwahl aus dem Bundesvorstand zur Folge. Für den Landesverband Berlin hat das zur Folge, daß wir jetzt laut über einen Austritt aus dem DdJ nachdenken. Schleswig-Holstein hat ihn schon vollzogen.»

Glaubst du, es war richtig, damals einen konservativen Gegenverband zur «Deutschen Jugendpresse e. V.» zu gründen, anstatt wie im ver-

gleichbaren Bereich der Schülervertretung zu versuchen, durch konstruktive Mitarbeit Mehrheiten zu verändern?

«Eine konstruktive Mitarbeit, um Mehrheiten zu verändern, wäre für uns in der Deutschen Jugendpresse sehr schwer gewesen. Wie sollten wir unseren Mitgliedern klarmachen, in einen Verband einzutreten, in dem sie ungeliebt wären und in dem es womöglich Jahre gedauert hätte, bis wir etwas erreicht hätten. Zudem hätte konstruktive Mitarbeit für uns auch Zusammenarbeit mit Kommunisten und anderen Gegnern der Demokratie bedeutet. Das konnten wir von vielen unserer Freunde nicht verlangen.

Ich glaube, daß der DdJ als Alternative zur Deutschen Jugendpresse schon seinen Sinn und seine Berechtigung hat.»

Der erste Anlauf der «Freien Jugendpresse» scheiterte 1979 auf Grund dubioser Finanzpraktiken des Vorsitzenden mit 100000 Mark Schulden. Nun tauchen wieder ähnliche Kritiken am Bundesverband auf. Nur eine zufällige Parallele?

«Eine Parallelität zum Konkurs der Freien Jugendpresse Deutschlands 1979 sehe ich hier nicht. Es ist richtig, daß den finanziellen Forderungen des Bundesverbandes nicht nachgekommen werden kann. Wenn ¾ der Arbeit in den Landesverbänden geleistet wird, kann nicht über die Hälfte der Beiträge an den Bundesverband entrichtet werden. Das heißt aber noch lange nicht, daß dem Bundesverband ein Konkurs droht. Er hat offensichtlich einen hohen Geldbedarf, aber, soweit ich weiß, auch ein ausreichendes Polster.»

Du hast dich jedenfalls persönlich aus der Schüler- und Jugendpressearbeit zurückgezogen?

«So direkt würde ich das nicht sagen. Ich habe lediglich andere Schwerpunkte gesetzt. Man bleibt ja nicht ewig Schüler. Mein Schwerpunkt liegt jetzt bei meiner Arbeit in der Jungen Union und der CDU. In der JU arbeite ich als Schülerbeauftragter, wo ich allerdings, da unsere Schüler Union ganz gut funktioniert, nicht allzu viel zu tun habe, und im Kreisvorstand von Reinickendorf mit. Als Chefredakteur unserer Kreisverbandszeitung mache ich auch noch etwas Jugendpressearbeit.

Ansonsten sehe ich mein neues Arbeitsgebiet vor allem in der Kommunalpolitik. Da sieht man im Gegensatz zu vielen Tätigkeiten auf Landes- oder gar Bundesebene direkt den Erfolg seiner Bemühungen, wenn beispielsweise auf Grund einer Initiative beschädigte Straßen ausgebessert oder notwendige Ampeln installiert werden. Das macht einem dann ganz besondere Freude.»

Michael Braun

Du bist seit zehn Jahren in der Jungen Union engagiert und heute ein Exponent des Reformflügels. Wie ist es eigentlich zu dieser Frontstellung innerhalb der Berliner Union gekommen?

«Ausgangspunkt des Konfliktes zwischen der Reformgruppe und der Betonfraktion – damals nannte sie sich noch Konformgruppe – war die Situation der Berliner CDU Anfang der 70er Jahre. Die CDU befand sich damals in einer Rolle wie heute die SPD in Bayern: eine 30-Prozent-Partei ohne Chancen, die Regierungsmehrheit zu bekommen, und auch geistig dazu gar nicht in der Lage, weil sie völlig verstaubt und unsensibel für Entwicklungen innerhalb der Stadt war. Als damals Themen diskutiert wurden wie Bildungsnotstand, fragte der damalige CDU-Vorsitzende nur: Hat jemand das Gefühl, wir haben zu wenig Bildung? Damit war das ganze Thema lächerlich vom Tisch gewischt. Auf die wirklichen Probleme, die insbesondere Jugendliche interessierten, wurde nicht eingegangen.

So entwickelte sich eine Bewegung innerhalb der Partei und insbesondere in der Jungen Union, die diese Partei reformieren und zum Nachdenken bringen wollte, die auch nach außen zeigen wollte, daß die Partei Diskussionsforen bietet für die gesellschaftlich relevanten Probleme, die auch in der Politik experimentieren, neue Wege gehen wollten. Das führte jedoch schnell dazu, daß sich die Partei dagegen abschottete und massive Maßnahmen gegen die Kritiker in den eigenen Reihen ergriff. So wurden sogar Ausschlußverfahren eingeleitet wegen so lächerlicher Sachen wie eine andere Auffassung zu kommunalpolitischen Themen.

Die Reformgruppe war jedoch nicht so sehr ein Zusammenschluß einer bestimmten politischen Ausrichtung. Das Gemeinsame war eher die Idee einer Erneuerung, wie man Probleme anging.

Als wir damals über neue Wege nachdachten, meinten wir auch, die Junge Union brauche ein neues Grundsatzprogramm. Das heutige Grundsatzprogramm ‹Für eine humane Gesellschaft› stammt im wesentlichen aus der Feder von Dr. Lehmann-Brauns und der Berliner Reformgruppe.

Wir merkten jedoch bald, daß wir mit der alleinigen Beschränkung auf JU-Arbeit nicht weiterkamen. Die Partei sperrte sich massiv gegen jegliche Neuerungen. So versuchten wir dann verstärkt, auch in der CDU Fuß zu fassen, dort für unsere Ideen zu werben und neue Leute in die Partei hineinzubringen. Das verschärfte natürlich den

Konflikt zwischen unserer Gruppe auf der einen Seite und Partei und JU-Mehrheitsflügel auf der anderen.»

Worin unterscheiden sich Reformgruppe und Betonfraktion inhaltlich?

«Vorausschicken möchte ich, daß die Betonfraktion sehr heterogen ist. Da gehören Mitarbeiter der ‹Jugendarbeit '80› dazu, dann Teile der Konservativen Aktion, aber auch Konservative, die mit diesen Kräften eigentlich nichts zu tun haben und zum Teil einfach historisch in diese Auseinandersetzung hineingewachsen sind.

Grundsätzlich verschieden ist unser Menschenbild, von dem wir ausgehen. Das hat natürlich Auswirkungen in vielen Einzelheiten. Um ein Beispiel zu nennen: In der Sache Lefèvre ging es darum, daß an die FU ein Professor zum Thema marxistische Philosophie berufen werden sollte. Für solch eine Aufgabe kann man unserer Meinung nach natürlich nur einen Marxisten nehmen. Schließlich kann man auch nicht für katholische Theologie einen Moslem nehmen. Solche Argumente sind aber den Leuten von der Betonfraktion nicht beizubringen, weil sie mit Kommunisten grundsätzlich nichts zu tun haben wollen. Kommunisten gehören für die zu einer Kategorie Mensch, die nicht achtenswert ist und grundsätzlich keinen Anspruch darauf hat, in den öffentlichen Dienst zu kommen.»

Und du bist dafür, Kommunisten in den öffentlichen Dient zu lassen? Nicht nur als Lokführer und Postboten, sondern auch als Lehrer, Richter oder Sozialarbeiter?

«Grundsätzlich bin ich der Meinung, daß Radikale nicht in den öffentlichen Dienst gehören. Andererseits stellt sich immer stärker die Frage, warum so viele Bereiche des gesellschaftlichen Lebens verbeamtet werden müssen. Ich denke hierbei insbesondere an den Bereich der Daseinsvorsorge und den Hochschulbereich.»

Ein Vorwurf eurerseits gegenüber der Betonfraktion lautete, daß sie ausländerfeindliche Einstellungen zumindest fördere.

«Viele Mitglieder aus dem Bereich Stiftung und Konservative Aktion waren auch in der rechtsextremen ‹Bürgerinitiative Demokratie und Identität›. Die Junge Union Tiergarten verschickte sogar offiziell Flugblätter dieser Initiative und lud zu einer gemeinsamen Veranstaltung ein. Als Carsten Pagel zum Kreisvorsitzenden in Tiergarten gewählt wurde, tauchten auf der Versammlung Leute auf mit Aufklebern: ‹Deutsch muß deutsch bleiben!› Solche Personen werden natürlich durch Leute wie Motschmann, Rieger und Pagel, die sich gegen so rechtsextreme Positionen zumindest nicht abgrenzen, angezogen.»

Welche Position vertretet ihr denn in dieser Frage?

«Unsere Position ist im wesentlichen identisch mit der von Barbara John, der Ausländerbeauftragten, die auch der Reformgruppe zuzurechnen ist. Ich habe keine Identitätsprobleme oder Überfremdungsängste. Ich habe sehr enge türkische Freunde und eine französisch-spanische Freundin. Viele von uns sind auch Mitglieder in einem deutsch-türkischen Freundschaftsverein. Ich finde das im Gegenteil sehr belebend für eine Stadt, unterschiedliche Kulturen zu haben. Das gibt der Stadt viele Impulse.

Andererseits bin ich aber auch der Meinung, daß Kreuzberg inzwischen nicht mehr Ausländer aufnehmen kann – nicht wegen einer möglichen Überfremdung, sondern weil es sonst zu einer Gettobildung kommt. Eine Zusammenballung von bestimmten Bevölkerungsgruppen führt im Regelfall zur Abkapselung. Unser Ziel muß es sein, daß die verschiedenen Nationalitäten zusammenleben.»

Die Konservativen und wahrscheinlich die Mehrheit in der Union sehen das anders: Sie fühlen sich vor allem bedroht, bangen um ihre nationale Identität und berechnen durch Rückführung der Türken freiwerdende Arbeitsplätze . . .

«Ich glaube, daß die Türken augenblicklich einen idealen Buhmann für eigene Schwierigkeiten und Probleme darstellen. Ich sehe da ähnliche Entwicklungen wie Ende der 20er Jahre gegen die Juden. Diese Arbeitsplatzberechnungen sind ja nun schon mehrfach widerlegt worden. Wenn alle Gastarbeiter zurückgehen würden, gäbe es bei uns kaum weniger Arbeitslose. Daß diesem Haß gegen Türken nicht etwa reale Erfahrungen zugrunde liegen, merkt man auch schnell, wenn man sich ansieht, wo diese Leute wie Pagel, Domeyer, Braun oder Witt eigentlich wohnen. Da gibt es überhaupt keine Türken. Wenn man sich statt dessen die Kreuzberger JU anhört, die vertritt geschlossen die gleichen Auffassungen wie wir. Die organisieren deutsch-türkische Freundschaftsfeste, Fußballturniere usw. und fühlen sich eben nicht bedroht. So führt ein unterschiedliches Menschenbild zu einer völlig konträren Politik in vielen kleinen Bereichen.»

Spielten nicht auch rein machtpolitische Interessen eine Rolle, als besonders im letzten Jahr die Gegensätze zwischen den Flügeln herausgestellt wurden? Schließlich standen wichtige Wahlen innerhalb der Jungen Union an.

«Das läßt sich natürlich nicht voneinander lösen. Aber es ging nicht nur um Macht. Den Skandal um das Rudel-Porträt, der ja zum kurzzeitigen Rücktritt Carsten Pagels führte, haben Leute aus seinem Vorstand ausgelöst, die gesagt haben, sie möchten nichts mehr mit diesem Mann zu tun haben – ohne daß sie gleich auf die Seite der Reformer wechseln wollten.»

Ungelegen kam dir das sicherlich nicht. Denn immerhin hatten Teile der Betonfraktion ihn bereits intern als Kandidaten zum JU-Landesvorsitz – und somit als deinen Gegenkandidaten – ins Gespräch gebracht.

«Carsten Pagel wollte gerne Landesvorsitzender werden und hatte sich auch von Mitarbeitern der ‹Jugendarbeit '80› ins Gespräch bringen lassen, bekam aber bereits intern nicht eine Mehrheit hinter sich. Er war dann als stellvertretender Landesvorsitzender und Landesgeschäftsführer vorgesehen. Man hört, daß bei der Position des Landesgeschäftsführers sogar die CDU gegengesteuert hat, weil der das nun doch zu weit ging. Bei der Wahl des stellvertretenden Landesvorsitzenden war auf der Wahlkonferenz so eine Stimmung, daß Dombrowski keine Mehrheit für Pagel bekommen hätte. Selbst Teile der Betonfraktion hätten ihn nicht gewählt.»

Du hast schon mehrfach die ‹Jugendarbeit '80› erwähnt, bei der Carsten Pagel und andere Vertreter der Betonfraktion mitarbeiten. Anscheinend stellt diese Gruppe für euch in Berlin ein großes Problem dar. Wie kam es dazu?

«In Berlin trat diese Gruppe zum erstenmal Mitte der 70er Jahre auf. Repräsentant der damaligen Gruppe war Christian Luther, der später zur ‹Jugendarbeit '80› und heute zur Stiftung politische und christliche Jugendbildung e. V. gehört. Damals war das eine relativ kleine Gruppe, die ausschließlich auf die Schüler Union konzentriert war und noch keine Verankerung in der Jungen Union hatte. Es gab jedoch starke Kontakte zwischen der Berliner und der hessischen Schüler Union, die sich auch darin äußerten, daß Christian Luther, der immer in Berlin gelebt hat, auch immer in Berlin CDU- und JU-Mitglied gewesen ist, auf einmal Vorsitzender der hessischen Schüler Union wurde. Keiner weiß, wie diese merkwürdige Konstruktion zustande kam.

Innerhalb der Jungen Union bestand damals große Einigkeit, gegen diese Gruppierung vorzugehen. Wir schafften es auch, sie auf etwa zehn Leute im harten Kern einzugrenzen.

Erneut forciert wurden deren Aktivitäten Anfang der 80er Jahre vor allem durch Carsten Pagel. Diese Gruppe wurde immer stärker, so daß wir uns, als wir noch den Landesvorstand stellten, große Mühe gaben, dem Einhalt zu gebieten. Das war allerdings kaum möglich, da die Gruppe starke Unterstützung aus der CDU erhielt – wie mir schien, eher aus mehrheitspolitischen denn ideologischen Gründen. Die Leute halfen mit, in einzelnen Ortsverbänden Mehrheiten zu schaffen oder zu stützen. Die Gegenleistung der CDU war eben, diese Leute gegen Angriffe zu schützen und sie in der Partei zu halten.»

Was macht die Stiftung eurer Meinung nach eigentlich so brisant, daß ihr sogar zur Notbremse Unvereinbarkeitsbeschluß gegriffen habt?

«Wie ich schon sagte, vertreten sie ein Menschenbild, das Anlaß zur Besorgnis gibt. Sie machen eine Schulungsarbeit, die vom Thema her neutral klingt und auch in den ersten Phasen nicht besonders erregend wirkt. Sobald man aber in eine höhere Führungsschicht aufsteigt, kommt es doch knüppeldick. Ein wesentliches Element ist dabei ihre Menschenverachtung. Wir finden immer wieder Einteilungen in Kategorien von Menschen 1. und 2. Klasse, was zum Beispiel in ausländerfeindlichen Positionen zum Ausdruck kommt. Dann der Spaß an brutalen Szenen, die sich in Filmbeschreibungen niederschlagen. Darin kommt nicht nur eine ungeheuerliche Menschenverachtung zum Ausdruck, sondern auch falsch verstandene Männlichkeit. Diese Verherrlichung des Soldatentums, wie sie ansonsten nur typisch ist für Söldnerzeitungen: Oberst Rudel, der härteste und erfolgreichste Kampfpilot aller Zeiten ...

Das führt auch dazu, daß in der politischen Auseinandersetzung alle Andersdenkenden als Feinde betrachtet werden. Es kommt nicht darauf an, sich mit denen auseinanderzusetzen, sondern es wird ein Vernichtungsfeldzug geführt. Sie nehmen für sich in Anspruch, im Besitz der absoluten Wahrheit zu sein, was nicht nur philosophisch Unfug ist, sondern auch in eine bestimmte Denkrichtung führt, wenn man fragt, was mit den Leuten passiert, die nicht im Besitz dieser absoluten Wahrheit sind. Die werden eben auf massive Art und Weise bekämpft oder als minderwertig abgetan. Fragen der Ethik und der Moral spielen da keine Rolle. Das ist gefährlich vor allem im Hinblick auf Jugendliche.»

Sind das nur Vermutungen, oder gibt es Fakten, Dokumente, die deine Aussagen untermauern?

«Ich beziehe mich auf Protokolle von Mitgliedern, die an Schulungen der ‹Jugendarbeit '80› teilgenommen haben, und beschreiben, daß sie dort beispielsweise extremen Ängsten ausgesetzt waren. Mitgliedern der Schöneberger Schüler Union, die durch Zufall mal da hineingeraten sind, widerfuhren ganz massive Sachen. Bei einer Tagung waren auch Pärchen dabei, die zusammen ein Zimmer nehmen wollten. Das wurde denen verboten, was natürlich auch in Jugendherbergen passiert. Aber es kam soweit, daß einige Leute sogar verprügelt wurden, weil andere der Meinung waren, sexuelle Kontakte haben nur innerhalb der Ehe stattzufinden.»

Lassen sich solche einzelnen Vorfälle wirklich zu grundsätzlichen Positionen der ‹Jugendarbeit '80› bzw. der Stiftung politische und christliche Jugendbildung e. V. verallgemeinern?

«Ich befürchte, ja. Auch ihren privaten Umgangston auf ihren internen Treffen entnehmen sie der Soldatensprache. Die Führungscrew um Pagel bezeichnete sich beispielsweise als ‹Oberste Heeresleitung›, die ‹einfachen› JU-Mitglieder hätten als Soldaten zu folgen, um den Feind, die Reformgruppe ‹zu schlagen›.»

Einige sagen, die Reformgruppe hätte deshalb auf das Problem massiv aufmerksam gemacht, um ihre Startchancen bei den innerparteilichen Wahlen zu verbessern.

«Abgesehen davon, daß wir unsere Vorstandsmehrheit hätten besser halten können, wenn wir eine entsprechende Machtpolitik oder Schiebereien, wie sie jetzt an der Tagesordnung sind, betrieben hätten, ging es wirklich darum, daß diese Gruppe Positionen vertritt, die nicht mit dem christlichen Menschenbild in der Jungen Union zu vereinbaren sind. Trotzdem mußten wir sehen, wie diese Gruppe immer stärker wurde. Wir hatten bereits in einzelnen Kreisverbänden Austritte größeren Umfangs von Mitgliedern, die sich als konservativ-liberal verstehen, aber mit solchen Geschichten nichts zu tun haben wollen. Doch die Partei hat diese Leute immer wieder gestärkt. Da war es einfach eine Frage der Glaubwürdigkeit der Jungen Union, den Weg in die Öffentlichkeit zu gehen.»

Sind rechtsextreme Tendenzen für die Berliner Schüler Union generell ein Problem?

«Zur Zeit ja. Wenn man aber bedenkt, daß dies 14- bis 15jährige sind, die im Regelfall zwei Jahre später nicht mehr dabei sind oder ganz anders denken, sehe ich nicht so eine große Gefahr. Der harte Kern dieser anti- liberalen Gruppe besteht vielleicht aus 40 bis 50 Leuten. Man kann also nicht sagen, die Berliner Schüler Union sei generell rechtsextrem angehaucht. Schlimm ist nur, daß dieser harte Kern immer dann massiv vertreten ist, wenn es um Posten innerhalb der Schüler Union geht.»

Wie kann man diese Situation ändern?

«Die Schüler Union muß aufgelöst werden. Nicht weil die andere Positionen vertreten, sondern weil meiner Meinung nach 16- bis 18jährige damit überfordert sind, einen eigenen Verband in dieser Größe – mit eigener Geschäftsstelle und Finanzverwaltung – selbst vernünftig zu verwalten. Die fangen dann an, sich zu überschätzen, laufen herum wie junge Staatsmänner – mit dunklen Anzügen, Krawatten und Aktenkoffern – und nicht wie Schüler, die an ihren Schulen etwas verändern wollen. Man sieht das auch daran, daß die Berliner Schüler Union an den Schulen nahezu einflußlos ist. Wenn man sich anguckt, von welchen Gruppen hier in Berlin die einzelnen Schülersprecher gestellt werden, da ist jeder desolate Schülerhaufen besser vertreten als die SU, die immerhin 1600 Schüler organisiert. Da fragt man sich natürlich warum.

Hinzu kommt, daß bei Jüngeren die große Gefahr der Fanatisierung besteht, daß sie leicht aufzupeitschen sind und ständig mißbraucht werden, wie wir es bei der Berliner Schüler Union seit Jahren verfolgen müssen. Das begann schon mit dem ‹Arbeitskreis für freiheitliche Gesellschaftspolitik›, der es sich, da er von dem Likörfabrikanten Eckes finanziert wurde, leisten konnte, Jugendliche auf Tagungen in Superhotels nach Düsseldorf, auf Cocktailempfänge der Wirtschaft usw. zu schicken. Das sind natürlich attraktive Verlockungen für Jugendliche, die dann auch bereitwillig die Ideologie der Leute übernehmen.»

Welche Alternativen zur Schüler Union schlägst du vor?

«Ich stelle mir eine Konstruktion vor, wie sie ähnlich bei den Jusos besteht. Man gründet also Schülerarbeitskreise, die der Jungen Union im jeweiligen Kreisverband angegliedert sind. Dort sollen sie dann auch in größtmöglicher Unabhängigkeit ihre Arbeit machen. Es muß jedoch Eingriffsmöglichkeiten geben, wenn sie völlig verrückt spielen.»

Dafür findest du sicherlich keine Mehrheit in der Jungen Union.

«Nein, sicherlich nicht. Man muß auch berücksichtigen, daß Berlin in dieser Hinsicht einer der schlimmsten Landesverbände ist. Viele Landesverbände – und natürlich auch einige Kreisverbände in Berlin – haben Schülerorganisationen, die sehr gut arbeiten. Denen sind solche Überlegungen natürlich nicht verständlich. Aber die Berliner Schüler Union hat bis heute nicht unter Beweis gestellt, daß sie vernünftig arbeiten kann. Wir hatten nur Schwierigkeiten mit ihr.

Man muß sich auch mal deren Zeitungen angucken. Im Verbandsorgan *BSU-intern* wurde ein oppositionelles Vorstandsmitglied in einer Karikatur exekutiert. Da stößt man wieder auf dieses Menschenbild. Das wird zwar alles lustig dargeboten und als witzig empfunden, aber man merkt immer wieder, daß es denen nicht darum geht, ihre andere politische Auffassung deutlich zu machen, sondern es geht um die totale Vernichtung dieses Menschen.»

Wie würdest du demgegenüber dein Menschenbild abgrenzen?

«Das beginnt mit dem Respekt dem anderen gegenüber, mit einer Politik der sozialen Verantwortung, die wir sehr ernst nehmen, wo man eben im besonderen Maße Minderheiten gegenüber sozial verantwortlich handelt. Fragen der Rechtsstaatlichkeit, der Freiheit sind für uns wichtige Kriterien. Die sehen wir dort nicht mehr eingehalten.

Man kann natürlich in vielen Bereichen unterschiedliche Standpunkte vertreten. Ich war beispielsweise auch für eine Kennzeichnung von Polizisten. Hier kann man – auch aus guten Gründen – anderer Auffassung sein. Die Grenze muß jedoch da gezogen werden, wo bestimmte Prinzipien wie die Achtung des Andersdenkenden nicht mehr gewährleistet sind.»

Wir haben bisher nur über einen Teil der Betonfraktion geredet. Hat die Konservative Aktion keine Bedeutung mehr?

«Sie scheint eine immer geringere zu spielen. Ich glaube, daß deren Hochzeit vorbei ist. Offensichtlich finden sie keine Repräsentanten, wie sie sich das gewünscht haben. Sie hatten sicherlich mit Leuten wie Lummer gerechnet, der schon immer im Gespräch war, als Strauß mit dem Gedanken an eine 4. Partei spielte. Da diese Leute zum gegenwärtigen Zeitpunkt aber nicht bereit sind, sich auf so eine Sache einzulassen, bleibt der Konservativen Aktion nicht mehr übrig, als einen verbalen konservativen Radikalismus zu pflegen. Die in der KA verblieben sind, schmücken sich zwar mit unglaublichen Positionen wie ‹Bundesvorsitzender der Konservativen Jugend Deutschlands›, aber wenn man untersucht, wie groß dieser Verein eigentlich ist, dann merkt man, das spielt sich doch eher in Zehnergrößen ab. Innerhalb der Jungen Union ist der Einfluß der Konservativen Aktion jedenfalls deutlich geringer geworden, zumal die CDU in diesem Fall – im Gegensatz zur Stiftung – massiven Einfluß ausgeübt hat. Die KA hat den Fehler gemacht zu verkünden, sie würde im Zweifelsfall auch gegen die CDU kandidieren. Da ist die Partei aufgewacht. Sie wird ja immer nur dann wach, wenn sie das Gefühl bekommt, eine Sache könne ihr bei der Wahl schaden.»

Wie stark greift die Partei überhaupt in Angelegenheiten der Schüler und Jungen Union ein? Der Abgeordnete Peter Kittelmann wird gelegentlich als heimlicher JU-Chef bezeichnet.

«Kittelmann ist derjenige, der in der Partei die Fäden zusammenhält, der die Ämtervergabe organisiert. Das beginnt bei der Liste der Bundestagsabgeordneten, die er nahezu allein aufstellt. Da gibt es einen bestimmten Kreis, die sogenannte K-Runde. Zu der werden alle Kreisvorsitzenden mit Ausnahme der von Wilmersdorf und Charlottenburg eingeladen. Dort werden dann die Ämter verteilt. Dieses Spiel funktioniert ganz gut bis hin zu den unteren Gliederungen. Als beispielsweise der dem Reformflügel zuneigende JU-Kreisvorstand Spandau gekippt werden sollte, wurde dem dortigen CDU-Vorsitzenden Buschbom gesagt: ‹Sie haben doch Interesse, wieder Bundestagsabgeordneter zu werden; dann versuchen Sie mal, ihre JU wieder aufs Gleis zu bringen ...›

So funktioniert das eben. Im Zweifelsfall kümmert sich Herr Kittelmann auch ganz massiv persönlich um Angelegenheiten der Jungen Union, wenn es um die Mehrheitsbeschaffung geht. Beispielsweise wurde damals den Spandauern von Buschbom im Beisein von Kittelmann gedroht, für den Fall, daß sie auf der Landeskonferenz für mich stimmen, würden die Ämter an ihnen vorbeirauschen wie das Meer an den Inseln. Man würde dafür sorgen, daß ihnen jegliche politische Tätigkeit auf Jahre abgeschnitten wird.

Andererseits geht das auch dahin, daß interessante Jobs verschafft und Eitelkeiten befriedigt werden können (für manchen ist es wichtig, Bezirksverordneter zu sein). Dombrowski ist inzwischen persönlicher Referent von Herrn Kittelmann geworden, kann sich also jetzt voll der Politik widmen. Vorher war er Zahntechniker. Andere werden für ihre Arbeit belohnt, indem sie Abgeordnete werden.

Da passieren manchmal auch so lächerliche Sachen, daß der arme Abgeordnete Liepelt plötzlich für drei Monate als Platzhalter und Kreisvorsitzender der Jungen Union Tiergarten einspringen muß. Ein peinlicher Auftrag, der dann auch mit der Nominierung in einem sicheren Wahlkreis belohnt wurde.»

Welche Bedeutung haben denn SU und JU umgekehrt für die Partei?

«Eine sehr wesentliche. Bei den innerparteilichen Wahlen stellen sie die Leute, die man am besten dazu bringen kann, eine vorgegebene Liste durchzuwählen. Jüngeren – erst recht mit diesem antiliberalen Weltbild – kann man leicht klarmachen, wer die Guten und wer die Bösen sind. Jüngere haben auch zumeist größere Ambitionen als ältere Parteimitglieder, persönlich voranzukommen. Dazu ist es ganz praktisch, einen eigenen Schülerverband mit vielen Kreisvorständen und anderen Funktionen zu haben, der entsprechende Wünsche abdecken kann. Die dürfen sich dann alle stellvertretende Kreisvorsitzende nennen.

Zum anderen sind Jüngere auch leichter zu motivieren, für die Partei auf der Straße präsent zu sein, im Wahlkampf Flugblätter zu verteilen usw. Das ist besonders wichtig für die CDU, die ja immer noch ein angestaubtes Image hat.

Dieser Punkt zeigt auch deutlich den Unterschied zu unserer Position. Wir wollten immer die Eigenständigkeit bewahren, uns nicht dem Diktat eines Herrn Kittelmann unterordnen. Natürlich machen wir auch Wahlkampf für die Union, aber wir wollen auch über die Positionen mitbestimmen. Wir wollen, daß unsere Positionen auch parlamentarisch auf den Weg gebracht werden. Die Betonfraktion begnügt sich damit, Funktionen zu besetzen und Positionen der CDU mitzuvertreten, anstatt eigene Gedanken zu formulieren.»

Man kann Leuten wie Pagel, Domeyer oder Witt doch sicherlich nicht vorwerfen, daß sie keine eigenen Positionen formuliert hätten – ganz im Gegenteil.

«Die waren damit auch nicht gemeint. Was ich eben sagte, gilt für das Gros der Leute. Das gilt für Leute wie Dombrowski, der einfach einfallslos ist. Das ist ja kein Geheimnis, daß die zum Senator laufen und fragen, ob er nicht mal eine Idee hat. Es ist auch kein Geheimnis, daß deren erste Presseerklärung von Mitarbeitern der CDU-Fraktion geschrieben wurde, weil die selbst ein bißchen Schwierigkeiten beim Formulieren haben. So wäscht eben eine Hand die andere. Die JU-Mehrheit heute, das sind Leute, die sich wie damals, als Diepgen intern zum Bürgermeister gewählt wurde, mit Plakaten ‹Wir sind für Diepgen› aufstellen. Das sind die Claqueure, die Zettelverteiler der CDU, während wir deutlich machen wollen, daß es auch einen interessanteren Teil der Jungen Union gibt, der eigenständige Positionen entwickelt, dies auch nach außen deutlich vertritt und eben auch soziales Engagement zeigt.»

Eine Zusammenarbeit zwischen den beiden Flügeln gibt es zur Zeit nicht – auch nicht im Wahlkampf?

«Im Wahlkampf wird es eine Zusammenarbeit der liberalen Kreisverbände geben. Eine Koordination mit dem Landesvorstand wird es unter den gegebenen Voraussetzungen nicht geben. Wir können nicht auf der einen Seite mit denen zusammenarbeiten, während auf der anderen Seite versucht wird, durch Mitgliederschiebereien die Mehrheiten in den Reformkreisen zu verändern.»

Wie geschieht das?

«Indem vom Landesvorstand Leute transferiert werden. Laut Satzung hat er das Recht, Mitglieder auch gegen den Willen eines Kreisverbandes in diesen zu überweisen. Natürlich wird das nicht so gemacht, daß einem auf einmal 80 Leute untergeschoben werden. Das geschieht immer so tröpfchenweise. In Schöneberg wurden gerade wieder fünf Leute überwiesen, in Zehlendorf habe ich gerade Einspruch gegen eine Überweisung eingelegt. Das war dann auf einmal ein bedauerliches Versehen.

Eigentlich ist jemand in dem Kreis Mitglied der Jungen Union, in dem er wohnt. Das wird üblicherweise sehr liberal gehandhabt, so daß jemand auch dort Mitglied werden kann, wo er zur Schule oder zur Arbeit geht. Die Regelung ist sinnvoll. Verhindert werden muß nur, daß es fliegende Kreisverbände gibt, daß Leute von einem Kreisverband zum nächsten wandern, um dort Mehrheiten zu schaffen. Bei Überweisungen des jetzigen Landesvorstandes haben wir jedoch öfter festgestellt, daß Deckadressen benutzt wurden, das heißt, es wurden Adressen der Neumitglieder angegeben, bei denen sie gar nicht wohnten. Oder es wurde als Begründung für die Überweisung angegeben, der geht auf eine bestimmte Schule in unserem Bezirk, und das stellt sich dann als unwahr heraus. Uns bleibt also zur Zeit nichts anderes übrig, als bei Überweisungen sehr genau aufzupassen und Leute, die wir nicht kennen, genau zu überprüfen.»

Weiterführende Literatur:

Dierk-Eckhard Becker, Elmar Wiesendahl: Ohne Programm nach Bonn oder Die Union als Kanzlerwahl-Verein, Reinbek 1972

Bundesvorstand der Deutschen Jugendpresse e. V. u. a. (Hg.): Jugendpresseverbände in der Bundesrepublik – Gegen die Spaltung der Jugendpresse, Bonn 1982

Die verunsicherte Generation: Jugend und Wertewandel, Ein Bericht des SINUS-Instituts im Auftrag des Bundesministers für Jugend, Familie und Gesundheit, Opladen 1983

Bernd Gäbler, Helmut Haller: Das Anti-RCDS-Buch, Dortmund 1981

Alois Glück: Anpacken statt Aussteigen, München (Hanns-Seidel-Stiftung, Akademie für Politik und Zeitgeschehen) 1982

Uwe Göbel, Udo Kollenberg, Ansgar Pieper, Winfried Schlaffke: Das Jugendsyndrom – Versuch einer Diagnose, Köln (Institut der deutschen Wirtschaft) 1983

Claus-Peter Grotz: Die Junge Union, Struktur – Funktion – Entwicklung der Jugendorganisation von CDU und CSU seit 1969; Kehl am Rhein/Straßburg 1983

Wolfgang Hackel: Die Auswahl des politischen Nachwuchses in der Bundesrepublik Deutschland, Die Junge Union als Sprungbrett für politische Karrieren in der CDU, Stuttgart 1978

Jugendwerk der Deutschen Shell: Jugend '81. Lebensentwürfe, Alltagskulturen, Zukunftsbilder, Band 2, Hamburg 1981

Gerd Langguth: Jugend ist anders – Portrait einer jungen Generation, Freiburg 1983

Alwin Meyer, Karl-Klaus Rabe: Phantomdemokraten oder Die alltägliche Gegenwart der Vergangenheit, 34 bundesdeutsche Reaktionen, Reinbek 1979

Alwin Meyer, Karl-Klaus Rabe (Hg.): Einschlägige Beziehungen von Unionspolitikern, Bornheim-Merten 1980

Karl Markus Michel, Tilman Spengler (Hg.): Konservatismus im Angebot, Kursbuch Nr. 73, Berlin 1983

Mobilmachung, Die Habsburger Front, Ein Schwarzbuch der Jungen Europäischen Föderalisten (im Auftrag des JEF-Bundesvorstandes), Bonn und Berlin 1979

Wer mit wem? Braunzonen zwischen CDU/CSU und Neonazis, Ein Nachschlagewerk für Antifaschisten, Hamburg 1981

Matthias Wissmann (Hg.): Einsteigen statt aussteigen, Geschichten, Erfahrungen, Perspektiven, Stuttgart 1983

Personenregister

Organisationen, Initiativen, Gesellschaften, Parteien

Auf eine gesonderte Auflistung von CDU/CSU und ihrer Jugendorganisationen Schüler Union und Junge Union wurde verzichtet.

Fotohinweise

Reinhard Janke/argus S. 13, 14/15, 122/123, 124/125, 148
Gebhardt/stern S. 16/17
Eberhard Kohlhas S. 50
dpa S. 61, 135
Ann-Christine Jansson S. 99, 109, 143, 146
Markus Rapp S. 111
Bundesbildstelle Bonn S. 120/121
Meisner S. 190
Frank-Dieter Freiling S. 198

rororo aktuell

Herausgegeben von Freimut Duve im Rowohlt Taschenbuch Verlag

rororo aktuell 5031
316 Karten

Politische Atlanten im Großformat

rororo aktuell 4726,
über 60 vierfbg. Schaubilder

rororo aktuell 5237,
40 vierfarbige Karten

2087/1